[美] 罗伊·波洛克（Roy V. H. Pollock） | 安德鲁·杰斐逊（Andrew McK. Jefferson） | 卡尔霍恩·威克（Calhoun W. Wick） 著

学习项目与版权课程研究院 译 | 刘美凤 张善勇 杨智伟 审校

（第3版）（修订本）

将培训转化为商业结果

学习发展项目的6Ds®法则

The Six Disciplines of Breakthrough Learning

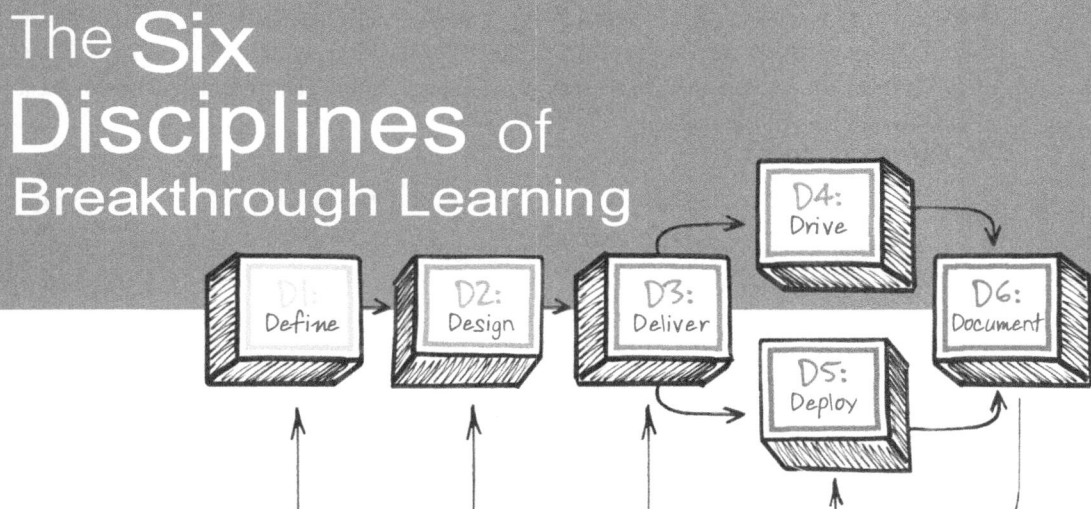

How to Turn Training and Development into BUSINESS RESULTS
3rd Edition

电子工业出版社
Publishing House of Electronics Industry
北京·BEIJING

Roy V. H. Pollock, Andrew Mck. Jefferson & Calhoun W. Wick: The Six Disciplines of Breakthrough Learning: How to Turn Training and Development into Business Results, 3rd Edition
ISBN: 978-1118647998
Copyright © 2015 by The 6Ds Company
All Rights Reserved. This translation published under license with the original publisher John Wiley & Sons, Inc.
No part of this book may be reproduced in any form without the written permission of John Wiley & Sons International Rights, Inc. Simplified Chinese translation edition copyright © 2023 by Publishing House of Electronics Industry Co., Ltd.
Copies of this book sold without a Wiley sticker on the cover are unauthorized and illegal.

本书中文简体字版经由 John Wiley & Sons, Inc. 授权电子工业出版社独家出版发行。未经书面许可，不得以任何方式抄袭、复制或节录本书中的任何内容。

版权贸易合同登记号　图字：01-2015-3292

图书在版编目（CIP）数据

将培训转化为商业结果. 学习发展项目的 6Ds 法则：第 3 版：修订本 /（美）罗伊·波洛克（Roy V. H. Pollock），（美）安德鲁·杰斐逊（Andrew McK. Jefferson），（美）卡尔霍恩·威克（Calhoun W. Wick）著；学习项目与版权课程研究院译. —北京：电子工业出版社，2023.5
书名原文：The Six Disciplines of Breakthrough Learning: How to Turn Training and Development into Business Results, 3rd Edition
ISBN 978-7-121-45417-2

Ⅰ. ①将… Ⅱ. ①罗… ②安… ③卡… ④学… Ⅲ. ①企业管理—职工培训 Ⅳ. ①F272.921

中国国家版本馆 CIP 数据核字（2023）第 083166 号

责任编辑：杨洪军
印　　刷：北京捷迅佳彩印刷有限公司
装　　订：北京捷迅佳彩印刷有限公司
出版发行：电子工业出版社
　　　　　北京市海淀区万寿路 173 信箱　邮编 100036
开　　本：720×1000　1/16　印张：23.75　字数：380 千字
版　　次：2013 年 11 月第 1 版（原著第 2 版）
　　　　　2023 年 5 月第 3 版（原著第 3 版）
印　　次：2025 年 1 月第 4 次印刷
定　　价：98.00 元

凡所购买电子工业出版社图书有缺损问题，请向购买书店调换。若书店售缺，请与本社发行部联系，联系及邮购电话：(010) 88254888，88258888。
质量投诉请发邮件至 zlts@phei.com.cn，盗版侵权举报请发邮件至 dbqq@phei.com.cn。
本书咨询联系方式：(010) 88254199，sjb@phei.com.cn。

学习项目与版权课程研究院
专家委员会

联席院长：刘美凤　　付豫波　　杨智伟

院　　长：张善勇

副 院 长：王二乐　　唐　平　　邹海龙

研 究 员（按照姓氏音序排列）：

　　　　　　陈信泉　　杜卫刚　　董卫民　　金晓丹　　乔　锐

　　　　　　李　墨　　宋洪波　　肖铁岩　　杨忠一

专家委员会成员（按照姓氏音序排列）：

　　　　　　崔学良　　丁　捷　　贾　晶　　蒋跃英　　祁生胜

　　　　　　李文德　　李　勇　　冷　明　　马成功　　邵庆祥

　　　　　　徐升华　　赵俊辉　　赵明辉　　赵少宾　　邹习文

客户评语

人才发展协会（ATD）有幸参与此版的出版工作。该书内容严谨，结构清晰，通过案例、插图及其他生动的内容，帮助读者了解了 6Ds® 法则的精髓。作者在书中分享的实用知识和工具，能够让人才发展行业的从业者受益匪浅。

——考特尼·维特尔·克里布斯
人才发展协会教育部门高级总监

每次翻开这本书，我都会反复思考如何利用更规范、更有的放矢的方法推动学以致用。这本书就像一个知识宝库，为那些注重绩效、渴望创造更多价值、获得更高商业认可度的学习行业从业者提供源源不断的智慧和启迪。

——塞琳·西姆
新加坡文官学院能力与人才开发部门
学习设计和技术分部首席学习设计师

客户评语

罗伊、安德鲁和卡尔霍恩再一次创造了辉煌！他们进一步提升了学习型领导者对自身及自身职能的预期水准。我从几年前开始使用 6Ds® 法则；加入绿山咖啡公司之后，我一直期待引入这一方法，令其发挥强大功效。希望本书能给我们带来更多的启发。

——杰恩·约翰逊

美国佛蒙特州伯明顿绿山咖啡公司人才、

学习与组织发展部门副总裁

6Ds® 法则已然成为中国 T+D 领域最热门的话题之一。第 3 版收录了更多工具、最佳方法及成功案例，为企业协调培训和商业结果指明了方向。

——付豫波

（中国北京）电子工业出版社原副总编

大部分培训类和开发类著作介绍的都是适用于商业环境的技术概念。但是，本书作者却在实用培训技巧中引入了商业概念——这一融合给组织带来了实实在在的价值。这本书值得每一位培训和开发行业从业者拥有。杰作！

——詹妮弗·赫森

芝加哥美国银行行政领导开发部门高级副总裁

过去三年里，6Ds®法则彻底改变了学习的面貌；如今，6Ds®法则已经成为我们学习活动中不可或缺的流程。这些法则极大提升了学习专家的能力；成就证明了我们是可靠的商业伙伴。新版本的内容不仅令人耳目一新，还进一步巩固了6Ds®法则在我心中的地位。

——哈玛拉克什米·拉朱

印度马哈拉施特拉邦孟买塔塔汽车学习负责人

6Ds®法则框架是推动学习转化为成果的基础。作者在研究学习转化的路途中不断前行；本书第3版收录了他们的最新想法和丰富的实用工具。

——鲍勃·萨克斯

加利福尼亚奥克兰凯撒医学集团美国学习与发展部门副总裁

6Ds®法则指引我们通过改变行为来影响绩效。无论你是注重人才发展的商界精英，还是经验丰富的人才开发专家，这一流程将时刻提醒你朝着目标前进：改善商业绩效。

——康妮·沙特朗

美国纽约摩根士丹利公司人才发展部门全球主管

通俗易懂，方便执行——毫无疑问，6Ds®法则提供了关于如何通过学习创造真正商业价值的最全面的指导。谢谢你们，罗伊、安德鲁、卡尔霍恩；在你们的启发下，我们才能不断创造佳绩。

——艾玛·韦伯

澳大利亚悉尼利弗学习转化机构首席行政官

客户评语

很高兴看到第 3 版《6Ds®法则》比前作更加完善。作者将理论方法、实践指导和实用工具相结合，为学习专业人士的日常应用提供了帮助。这本书为每一家学习机构都带来了不可估量的价值。

——谢丽尔·莱特富特

美国费城格温内德默克药厂学习与发展部门总监

培训专家们都希望从每一次培训中获得学习与发展经验，并且推动有效持久的知识转化。这本书就像我们的灵感之源。它向我们展示了学习不仅仅是培训和人力资本开发。罗伊、安德鲁和卡尔霍恩并没有视培训为人力资源辅助职能，而是把它放在了战略商业伙伴的位置。

——格热戈日·普莱西亚

波兰华沙，学习与发展顾问

关于教学设计的书千千万万，但是它们的中心都是流程优化！作者用引人入胜的案例生动说明了培训的所有因素及其对商业绩效的影响。第 3 版和前两版一样充满新意、发人深思，并且新增了许多实用工具。不过，我想给大家一个警告：读了这本书，你就再也不能找借口不去实践这些法则了。

——马库斯·艾森马克

德国慕尼黑辉瑞公司全球商业运营部门职业发展高级总监

所有希望改善培训和信息保留流程的人们，我向你们强烈推荐这本书。在我们团队的技术培训标准化过程中，这一流程功不可没，并且大大改善了培训效果。得益于 6Ds® 法则，我们才能集中培训方法，实现部署简化，推动商业绩效。

——肖恩·托马斯

美国新泽西州平原市百时美施贵宝技术学习解决方案总监

这本书是所有学员的不可错过的经典著作，它带来了创新的方法和实用的建议，指导我们通过培训获得切实有效的成果。

——朱利安·布雷斯

马来西亚雪兰莪州皇家朱兰白沙罗酒店总经理

这本书是所有学习和人力发展领域从业者的必读著作。它就像无价的知识宝库，能够带来实实在在的业务结果。作者提供的这些重要指导，可以帮助我们设计高效的学习项目，从而为组织和学员带来巨大价值。

——塞尔吉奥·克里斯托夫

巴西圣保罗西班牙电信学习服务机构项目经理

第 3 版达到了前所未有的高度。它以确保优化学习为目标，为学习专家们带来了详细全面的指导、工具和方法。这一版本中的逻辑建模部分帮助组织中的学习与发展部门获得了更好的成果、更高的价值。书中不仅为结果规划轮增加了新步骤，还收录了更多影响学习效果的因素。说实话，我觉得这本书带给我们的价值是其他著作无法企及的。

——森克·塔西约里克

阿联酋迪拜 PSQ 国际集团管理伙伴

推荐序

转化·精益·客户成功：6Ds®的解构与重构

《将培训转化为商业结果》（简称《6Ds®法则》）一书已经成为国内学习项目设计的首要方法论，本书的第3版六年已重印十九次，深受教育与培训界专业人士的认可，成为培训专业人士的必读图书之一。"将培训转化为商业结果"系列图书已经出版五本，另外四本分别是《将培训转化为商业结果转化篇》《将培训转化为商业结果实践手册》《6Ds®工作坊》《将培训转化为商业结果：管理者指南》，形成了一套设计学习项目的方法论。2023年年初，开始对《6Ds®法则》一书进行修订，同时对《6Ds®工作坊》进行迭代升级，将一些新的学习理念和中国实践案例融入其中，以更符合中国企业和院校的需求。在写这篇序时，我选择了第一法则（界定业务结果）中的黄金循环模式，从WHY、HOW、WHAT三个层面对6Ds®进行解构和重构，并找出了三个关键词：转化、精益与客户成功。最后一部分是6Ds®在中国的新应用：产教融合，从职业教育视角大大扩展了6Ds®的应用范围，其将对职业教育的发展带来积极的影响。

The SIX DISCIPLINES of Breakthrough Learning

WHY：为什么选择6Ds®

2013年5月，我当时还是企业大学杂志的总编辑，在确定第七期杂志主题时我选择了当年的ATD（人才发展协会）大会，其中的重点文章就是"6Ds®学习项目设计方法论"。我那时已经在企业培训行业有超过十年的时间，一直困扰我的问题是如何创造和呈现培训的价值，当看到6Ds®时就仿佛找到了一把钥匙，它可以解决培训效果这个难题。十年以来，大量的实践案例证明了6Ds®的价值，很多企业不再仅仅满足对课程的学习，而是把学习项目当作培训的重点工作，推动学习转化，实现培训的价值。我认为，6Ds®的核心关键词是"转化"，就是要关注转化，而不是学习。我们之前在做培训时，是以讲师和学员为中心的，关注讲什么和怎么讲，而6Ds®更强调以组织和管理者为中心，关注绩效转化和组织价值，以结果为导向。

《6Ds®法则》的作者罗伊·波洛克曾是辉瑞公司的营销副总裁，他之所以提出6Ds®方法论，是因为他当年对培养医药代表的模式不满意，是从实践中形成的。在教育理论中，梅齐罗（Mezirow）在20世纪70年代就提出了转化学习理论，成人学习者通过对个人原有经验的修正和重构，重新形成审视自己和看待世界的方式，相对于成人教育理论的提出者诺尔斯，梅齐罗更强调通过认知结构的重塑来推动行为变化，这也是转化学习的核心。6Ds®相对于其他学习理论，之所以更容易得到企业高层的认可，是因为它是从战略和业务出发的，而不是从专业入手的。第一法则中的结果规划轮和第三法则（引导学以致用）中的学习价值链是6Ds®的关键工具，都需要洞察业务需求，推动绩效改进。在学习《6Ds®法则》这本书时，特别建议大家学习绩效改进的相关知识，这样可以更好地理解6Ds®的本质。

推荐序

HOW：6Ds®的解构

2016年12月，我们邀请作者罗伊·波洛克到中国做首批授权导师认证，通过培养本土授权认证导师推动6Ds®方法论在企业的应用实践。六年来，6Ds®方法论帮助很多中国企业和职业院校优化了课程逻辑，改善了学习项目的设计流程，减少了学习中的浪费，提升了学习和培训效果，为组织创造了更多的学习价值，也得到了高层领导和业务部门的认可。六年来，我们为平安集团、南方电网、国家电网、交通银行、中国联通、中国电信等公司提供了6Ds®方法论培训，也面向职业培训师、教育培训机构开设工作坊，推动了培训行业从课程导向到项目导向的迭代，还可以从这几年学习项目大赛中看到6Ds®的影响力。之后，我们还将面向企业和培训机构征集基于6Ds®的最佳实践，编写中国实践篇以推动6Ds®，为学习项目设计提供实践指南。

2019年12月，当我们再次邀请罗伊·波洛克到中国做授权导师认证的时候，我就向他请教做6Ds®学习项目设计时的困惑，他一方面解答疑问，另一方面让我思考如何用中国企业的视角去解构6Ds®。经过思考，我找到了"精益"这个关键词，从精益学习的视角解构6Ds®的逻辑，并得到了他的认可。精益的思想来自丰田。其目的是帮助企业提高质量、降低成本，为客户提供更好的服务，这与6Ds®的理念是一致的。精益的思想在业务部门也很容易达成共识，精益的工具如价值流图也可以用于学习项目设计上，在6Ds®中学习废品的概念也可以用精益的思想来解释。如果从精益学习的逻辑解构6Ds®，可以不断呈现学习中的问题，可以更全面地改进学习项目，帮助企业看到一幅完善的未来状态图。通过PDCA循环等工具解决问题、持续改善，这就是精益求精。

WHAT：6Ds®的重构升级

6Ds®方法论基于实践，也是一套体系化的解决方案。为了更好地推动6Ds®在企业的应用，我们引入了相关学习理论以丰富6Ds®方法论，如NPDP（产品创新认证）、AL（加速学习）、理解性学习、梅耶学习科学理论等。2022年电子工业出版社有限公司出版的客户成功系列图书，把商业成果与客户成功的概念联系起来，从外部视角（客户与投资人视角）来诠释6Ds®，就可以跳出培训看培训，真正把学习放在公司战略层面去思考，这是本书第一部分的核心内容。

6Ds®的重构迭代方向有五个：第一，在第一法则和第六法则（总结培训效果）中引入客户成功的概念。第二，在第二法则（设计完整体验）中引入精益创业和产品创新的概念。第三，在第三法则中引入理解性学习和加速学习的概念。第三法则一直是罗伊·波洛克不太满意的地方，在书中讲的比较多的是记忆，不过理解才是引导学以致用的关键，而概念地图是一个非常好用的工具（在《知道做到》一书中谈到在知识过载时代最重要的工作是整合和创造知识，为学员提供少而精的内容）。第四，数字化平台支持学习转化，除了在线学习平台，还需要搭建在线学习转化平台和在线绩效支持平台，通过智能化工具提高学习与转化效率，这也是未来学习技术的研究方向。最近很火的ChatGPT就是典型代表。第五，引入学习服务的概念。6Ds®与ISO 29990国际标准（学习服务的标准）的内涵是一致的，学习服务涵盖了学术性和非学术性的服务支持，可以更系统地设计企业学习与发展体系，与人才和业务体系更好地融合。

推荐序

6Ds®的新应用：产教融合

2019 年 1 月《国家职业教育改革实施方案》发布之后，引发了人们对职业教育的关注。职业教育的难点是产教融合，特别是从企业视角看职业教育的人才培养模式，专业建设要基于企业岗位标准和工作任务，职业院校也要从课程导向转型为学习项目导向，推动基于产教融合的三教改革。6Ds®与 PBL（项目式学习）可以相互融合，形成一套新的方法论，并在职业院校的专业建设和人才培养方案设计方面取得成效，其中一个案例在 2023 年 1 月入围了全国教学成果奖，未来 6Ds®还将在产教融合方面有更多应用，培养更多双师型教师，推动职业教育的提质培优。

实践导向的 6Ds®方法论具有强大的生命力，还将持续迭代。如同罗伊·波洛克所讲的，《6Ds®法则》第 3 版与第 2 版相比，有 40%的内容发生了变化，6Ds®工作坊也将按照精益创业的逻辑，融合新的学习理论和学习技术，与更多的企业和职业院校一起，建立中国的实践研究团队。这也是学习项目与版权课程研究院建立的初衷，在此特别感谢 6Ds®授权认证的导师和学习教练们，正是他们提供了大量的实践案例，推动了 6Ds®在中国的发展，我们也期待在未来有更多共创的机会，理解、应用和创造知识，建立具有中国特色的 6Ds®学习服务体系，创造培训的价值，彰显教育的意义。

张善勇

世纪畅优学习项目与版权课程研究院院长

中国成人教育协会企业教育专委会副理事长

中国教育发展战略学会产教融合专委会副秘书长

The SIX DISCIPLINES of Breakthrough Learning

欢迎加入世纪畅优人才发展微社区
参与双百计划,交流学习心得
将培训转化为商业结果

序

康拉德·斯洛夏厄尔

巴西圣保罗 Afferolab 负责人

我还清楚地记得自己第一次听说 6Ds® 法则时的情景，当时我正在佛罗里达州参加一个会议。时任通用电气克劳顿管理学院领导力培训总监的杰恩·约翰逊在会上进行了发言。她介绍了自己的公司是如何把企业学习与商业成果真正联系起来的。演讲过程中，她数次提到了《6Ds® 法则》这本书。

当时是 2010 年的 4 月初。如果你和我一样比较关注数码新产品，这个时间应该让你联想到某些新闻。没错，当时第一代 iPad 刚开始发售，我也想办法弄到了一部。由于我对这个 "6Ds® 法则" 太好奇，所以我在杰恩还没讲完的时候就在线买了一本《6Ds® 法则》，顺便试一下我的 iPad。杰恩刚讲完，我就读了这本书。

接着，我发现这一方法和我自己对于学习与发展在商业环境中所扮演的角色有着同样的见解，这让我有种终遇知音的感觉，毕竟这些见解是我在拉丁美洲最大的培训公司里工作了20多年才积累起来的。于是，在接下来的休息时间和后来回巴西的航班上，我反复地阅读这本书，同时还做了许多笔记。

回到办公室之后，我立即做了两件事：第一，给我的团队采购这本书，要求团队成员阅读，并组织小规模学习研讨会讨论如何把6Ds®法则与客户工作结合起来。

第二，打电话跟作者聊一聊。我们的沟通很愉快（时至今日也仍然如此）。安德鲁、罗伊和卡尔霍恩不仅是培训行业的佼佼者，还特别乐于接触新朋友、新观点和新方法。我觉得自己特别幸运，能跟他们分享自己的想法。即使到了今天，我们还会就如何改善和提升学习与发展项目的价值讨论各种想法和概念。

从五年前买了那本《6Ds®法则》开始，我见证了这本书在全球深远的影响。我和同事们向拉丁美洲市场介绍了这一方法并取得了巨大的成功。人才发展协会（ATD，原ASTD）开始日益重视学习转化的价值，而罗伊、安德鲁和卡尔霍恩也通过现场和互联网工作坊的形式向六大洲的企业学习专家们传递知识。

新版的《6Ds®法则》体现了这一方法的不断成熟和进化。作者既是从业者，又是专业学者；他们通过工作坊、演讲、在线课程及咨询活动，与真正的培训从业者合作，倾听他们的声音。第3版新增了一些研究观点、最佳创意及方法，这些内容都经过了作者与客户和学生们的讨论。另外，书中还展示了2014版《将培训转化为商业结果实践手册》（简称《6Ds®法则实践手册》）中40多个案例的研究成果。

我相信，第3版《6Ds®法则》会帮助每一位成人学习者更好地应对前所未有的行业挑战。

以下是我个人总结的 6Ds® 法则给企业学习带来的改变。

- 6Ds® 法则把项目内容从以教学为主变成了以业务为主。设计学习项目的时候，我们会从构建第一法则中的结果规划轮开始：既然要界定业务结果，我们就不能像以往那样注重培训本身甚于注重业务需求。当看到直线经理们也开始使用"完整体验""学习转化""新终点线"这些表达的时候，我感到既惊喜又欣慰。

- 6Ds® 法则让我们以正确的方式对待成人学习者。我的博士课程研究的就是成人学习者心理。所以，看到只有少得可怜的项目真正用到了成人教育学理论和工具，我觉得特别遗憾。第三法则通过直观实用的方式推动了经验分享及实践应用。我们没必要不断地向成人学习者灌输新知识，因为要学的内容和知识已经足够了。我们必须通过监督和讨论如何及为什么要应用新知识，来帮助他们改善绩效。

- 6Ds® 法则促使整个企业学习行业重新审视所采用的方法。我们都知道，目前的方法还有很多（真的很多）需要改善的方面。企业培训项目仍然会产生巨量的"学习废品"，即那些学而不用的知识。我们需要重新审视我们的流程、结构和系统，这样才能意识到学习与发展项目可以及应该带来的完整结果。例如，我们目前的能力还不足以清晰界定业务结果。同样，对学习转化进行专业管理，实现最大化影响，也需要学习与发展部门做出改变。在学习机构中执行 6Ds® 法则并非易事。我们现有

The SIX DISCIPLINES of Breakthrough Learning

的方法沿用已久，做出改变谈何容易。但是，根据我与许多不同机构合作的经验，我相信大家为学习转型所付出的努力一定会得到相应的回报。

- 6Ds®法则为企业学习提供了组织、理解和应用新概念的框架。在商业世界中，每一天我们都会听到"新"概念挑战旧方法的故事。根据我对企业和成人学习领域的研究和经验，我个人认为，如果能以概念性思维理解6Ds®法则，你就会发现非正式学习、社会化学习、70/20/10模型等形式，仅仅是设计完整体验（第二法则）中的一部分。换句话说，前期准备、学习转化及成果阶段同样存在着非正式学习、社会化学习及70/20/10模型的机会。

说起6Ds®法则的时候，我总会强调这一法则的简洁性和概括性，这是安德鲁、罗伊和卡尔霍恩为整个企业学习行业做出的贡献。为什么是简洁性？因为我总听他们说"6Ds®法则就像常识，虽然它们还不普及"。他们既没有做无用功，也没有刻意将其复杂化；但是，这一方法仍然颇具深度和创新性。第3版新增了许多最近出版的著作和研究。这些参考内容对每一位学习专家来说都是重要的知识来源。

至于概括性，我指的是作者在创作过程中始终以帮助读者实践6Ds®法则为目标。他们提供了实实在在的实践建议。你要做的就是读这本书，然后开始实践。参加工作坊会让你获得一些额外收获；另外，你还可以从他们的其他著作和指导中寻求帮助。如果你有任何问题，6Ds®爱好者们还在LinkedIn上建立了群组。在我看来，这就是他们为改变和完善这一行业所做的贡献。

序

在读博士的时候，我研究过终身学习。过去 40 年里，许多组织（如联合国科教文组织、欧盟、经济合作与发展组织）都讨论过如何帮助有知识能力的成人继续学习，以应对这个飞速变化的社会。可是，这些组织却从来没有采取过实际行动。面对这一问题，我认为企业学习从业者们必须身先士卒。当我们改善企业学习的质量和意义时，就是在通过关键性、实质性、结构化的行动向终身学习迈进。

借助 6Ds®法则，我们不仅可以帮助企业改善产能和结果，还可以帮助个人提升专业水平，从而推动整个社会的发展。

目 录

引言 认识 6Ds®法则 1

  为什么培训有时会无效 5

  什么时候培训才是答案 10

  学习与关键时刻 14

  学习废品 17

  房间的大象 19

  多重挑战 21

  6Ds®法则简介 22

  界定业务结果 23

  设计完整体验 27

  引导学以致用 31

  推动学习转化 32

  实施绩效支持 34

  总结培训效果 36

  小结 38

  行动指南 39

第一法则 界定业务结果 43

  绩效至上 44

  从"为什么"开始 47

  以终为始 48

  如何界定业务结果 60

  结果规划轮 63

  逻辑模型 79

  管理项目组合 81

  小结 86

  行动指南 87

第二法则 设计完整体验 90

  学习是一个持续的过程 92

  项目成果受多种因素影响 ... 94

  学习—成果流程的四个阶段 ... 96

  阶段一：准备 98

目录

阶段二：学习 115
阶段三：转化和应用 116
阶段四：评估 118
像学员一样思考 122
小结 124
行动指南 127

第三法则　引导学以致用 129
以终为始 131
人们如何学习 132
影响成功的三个因素 154
学习动机 160
检查流程 171
小结 174
行动指南 176

第四法则　推动学习转化 178
界定学习转化 180
仅有丰富的学习体验是不够的 .. 181
学习转化需要得到更多关注 ... 188
问题出在哪里 190
转化氛围 194
管理者的作用 202
小结 224
行动指南 226

第五法则　实施绩效支持 228
绩效支持的力量 230
什么是绩效支持 233
为什么绩效支持能够发挥
　作用 234
实施绩效支持的最佳时机 236
绩效支持的类型 238
什么是优秀的绩效支持 241
让绩效支持成为完整学习体验
　中不可或缺的内容 244
新的技术、新的可能 247
人员 250
小结 266
行动指南 268

第六法则　总结培训效果 270
为什么要总结培训效果 271
指导原则 282
评估面临的挑战 304
培训效果的六步评估法 312
小结 339
行动指南 342

尾声 344

写在最后 352

XXI

引言

认识 6Ds®法则

  学习有机会成为组织中推动战略性协同、系统规划和有力执行的一项职能。

  具有高管理水平的组织，学习就可成为一项不可或缺的重要职能，学习部门在组织目标实现过程中就可以成为具有重大影响力的战略伙伴。

——大卫·万斯
The Business of Learning

  现代商业竞争有两个不容置疑的特点：一是变革的速度越来越快；二是竞争的全球化和激烈程度越来越强。面对当下的竞争环境，"组织未来唯一持久的竞争优势，就是具备比你的竞争对手学习得更快（以及更好）的能力"（阿里·德赫斯，《生命型组织》，电子工业出版社 2016，p.176）。

  决定写这本书的初衷，就是因为我们坚信学习项目对于企业来讲是至关重要的——不仅可以为企业带来真正的价值，还可以帮助企业获得竞争优势。同时，我们相信在未来通过开展更多的学习项目，可以为企业创造出更多的价值。6Ds®法则所讲的流程和方法来自企业学习项目的广泛实践和学习专家们的智慧结晶，并在此基础上进行了不断迭代和完善。

> 学习在未来可以为企业创造出更多的价值。

学习无处不在、无时不在——工作场所或非工作场所，正式学习或非正式学习。企业培训部门存在的价值是能够帮助员工在合适的时间和地点掌握完成关键任务的技能，从而达成组织的目标。实际上，"在组织之所以开展学习项目的唯一原因是，学习可以推动业务结果的实现"。

可惜的是，现在只有很少企业的学习部门能达到大卫·万斯的标准："不可或缺，具有重大影响力的战略伙伴"（大卫·万斯，2010）。相反，无数研究表明，业务经理并不认为培训与发展具有太多的价值。例如，根据企业领导力委员会的一项调查，"超过50%的直线经理认为，即使没有学习与发展部门，也不会对员工绩效造成影响"。很显然，要改变当前的看法并能让直线经理意识到学习的潜在价值还需要做很多工作。

十五年前，我们开始研究为什么大多数学习项目都失败了，这些项目没有从战略层面真正挖掘出学习的潜在价值。我们的目标是开发出一套能够解决这一问题的方法论和工具。从那时起，我们与世界各地上百家不同规模、不同行业的组织进行了合作，在其中我们参与了一些组织的突破性学习项目。虽然有些项目为企业带来了切实的价值，并提升了企业的绩效，但遗憾的是，还

引言 认识 6Ds®法则

有一些项目虽然初衷是好的，但进展得并不顺利，也没有为企业创造应有的价值。

我们在对比了这两类项目（成功和失败的项目）之后发现，世界上并不存在什么灵丹妙药，也没有任何一种简单的解决方案可以帮助组织学习部门从"边缘化部门"变成"战略中心部门"。我们发现，有效的学习项目依赖规范和系统的方法论，同时需要充满激情、追求卓越和对持续改善的承诺。

我们根据推动高效学习的实践总结出六个法则，并在 2006 年出版了第 1 版《突破性学习的 6Ds®法则》，2012 年出版了第 2 版《6Ds®法则》，四年之后又推出了第 3 版（2016 年）。为了方便记忆和运用，我们为每一个法则都选择了一个以字母"D"开头的单词，于是就有了大家熟悉的 6Ds®法则（见图 1.1）。

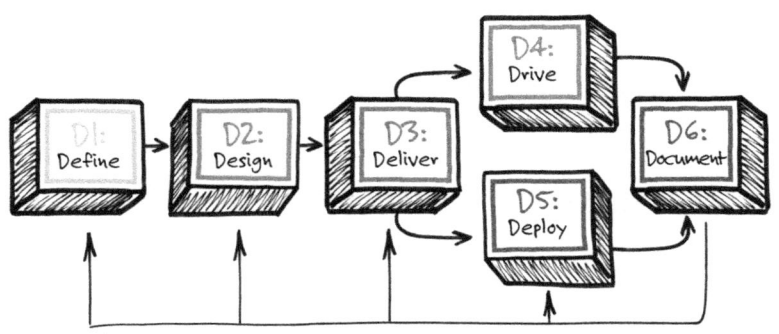

图 1.1　将培训转化为商业结果的 6Ds®法则①

---

① D1，即第一法则"界定业务结果"；D2，即第二法则"设计完整体验"；D3，即第三法则"引导学以致用"；D4，即第四法则"推动学习转化"；D5，即第五法则"实施绩效支持"；D6，即第六法则"总结培训效果"。

The SIX DISCIPLINES of Breakthrough Learning

当前很多世界知名企业的培训与发展部门都把 6Ds®法则作为他们工作的指导原则，这六个法则久经试练，成为重新定义、设计、交付和评估组织学习与发展项目的方法论。我们对第3版《6Ds®法则》做了全面而深入的修订和更新，增加了很多新的观点、研究成果和最佳实践，其中就包括我们在《6Ds®工作坊》和《6Ds®法则实践手册》（修订本）（2018年，电子工业出版社）中使用的检查清单。同时，我们还在书中增加了"实践指南"小贴士，帮助读者将研究成果和理论转化为实践。

关于书中专业术语的说明

在这里，我们给大家介绍一下书中出现的部分专业术语。

本书的主要内容是帮助组织（一般指企业）优化为其员工提供的正式学习项目，不过，6Ds®法则也可以适用于非营利性组织和政府部门。为简化起见，我们把出资开展学习项目的组织称为"企业"、"公司"或"集团"，对于读者来说，也可以选择他们认为合适的词来代替。对于组织来讲，知识和有竞争力的员工都是必不可少的，无论员工是否能为组织创造价值。特别对于拥有有限资源的组织或非营利性组织来说，他们对学习效率和效果的要求更高。

在本书中，我们会经常提到"培训"这个词，"培训"一词已经得到广泛的使用并取得了基本共识，其定义是指经过一定的努力去有意识教授人们如何去正确地做事。但是"培训"与"学习"两个词并不是在所有情况下都通用，否则就会造成误解。培训，特指有目的地教授人们

引言　认识6Ds®法则

如何掌握必要的能力去完成工作任务，如销售、客户服务、监督、安全工作检查等。这里的培训并没有要求有特定的方法或技术，而是整个目的性学习的统称，包括E-learning、课堂学习、结构化学习、社会化学习、移动学习和面对面指导等。

教育，则与培训不同。我们认为，教育是指人们提前做好应对未知（并且经常是不可知的）挑战的准备，因此教育更重视方法论和原理理论的学习，而不是特定的技巧。发展，如"学习与发展"或"培训与发展"都有纵向发展的一面，发展涵盖了随着时间滞延而出现的培训、教育和实践机会，从而帮助个体全面挖掘其潜力。

6Ds®法则的目的是为员工提供有目的的学习机会并能够转化为最大化的商业价值——无论学习的时间、地点、媒介或方法。

为什么培训有时会无效

基于对大量成功管理者的调研，隆巴尔多和艾兴格开发了70/20/10模型（隆巴尔多&艾兴格，1996）。模型表明，卓有成效管理者学习的方式如下：

- 70%的经验来自挑战性的工作；
- 20%的经验来自他人（主要是上司）；
- 10%的经验来自课程和阅读。

麦考尔、隆巴尔多和莫里森（1988）通过进一步的研究指出，"管理者花在课堂上正式培训的时间少得可怜，他们把99.9%的时间都用在了发展上"。这样的研究成果，再加上如今人们可以通过各种技术渠道获得各种信息，不禁让人怀疑培训还有什么价值。还有人认为，"当前员工学习一门新的技能，只需要花费原来学习与发展项目10%的预算、时间和资源"。

第一，需要注意的是，70/20/10模型主要是针对管理者的研究结果，并没有涵盖所有的工作职能和技能，对于不同的工作类型（如销售、技术支持、质量保证、研究），这一比例肯定会有所变化。

第二，这一数据来自个人经验性的估计，所以这种假设性结论是无法验证的，我们也不可能准确评估整个职业生涯期间每种学习资源的效果。

第三，即使我们可以确定每种学习资源的效果，这种结果也不一定可靠，因为研究者没有办法考虑不同学习形式的重要性。比重小不一定代表不重要或者可有可无。例如，学习如何阅读占我们一生中学习的时间是微不足道的——绝对不会超过1%——但是阅读能力的重要地位是毋庸置疑的。

因此，70/20/10模型只是一种估计出来的数据，并不是最准确的比例。大家都清楚，大部分学习都发生在正式的培训项目之外，大多数人的绝大多数时间也都花在这上面。70/20/10模型对在合适的时间对合适的人进行合适的培训这一价值认识是不足的。其实，最开始的研究结果也表明，"包括总经理在内的管理者有时还是非常重视正式课程学习的"。70/20/10模型实际上也说明了正式培训的有效性。员工一年参加正式培训的时间平均不超过 30 小时（不到工作时间的 2%），但这部分时间对学习效果起到了 10%的作用。

70/20/10 模型也让企业学习项目专家认识到，人实际上时时都在学习，只有当把培训、教练、文化和绩效管理系统等都融合起来时，企业学习项目才能真正发挥作用。

虽然非正式学习也很重要，但是有规划和结构化的正式学习对组织仍然非常关键。由专业人士设计和推动的学习项目，可以保证：

- **一致性**：确保学员接受相同的培训，这些培训内容符合公司的价值观和各项政策（如法律法规、公司制度和安全管理条例）。

- **有效性**：有效的集体培训要比一对一培训或员工自学的效果好得多，经过设计的正式学习项目对于新员工非常重要，他们可以快速熟悉公司并掌握工作所需的知识和能力，从而胜任其岗位。

- **学习质量**：比起单纯的非正式学习，借助教学设计的专业知识和外部学习专家的支持，企业学习专家可以设计出更高品质和更高效率的学习与发展项目。"没有明确目标的指引，非正式学习很容易失控，从而浪费了精力和资源。缺少专业训练的人也很难帮助他人成长，无法开展有效的一对一指导。"

- **学习意识**：人们经常不知道自己要学什么，所以即使各种信息唾手可得，他们也无从选择。销售人员需要学习新产品知识；一线操作人员或许意识不到某些行为的危险性；管理人员需要通过360°评估来找到工作中的盲点。

案例 1.1　培训，从未如此重要

维克拉姆·贝克特是印度最大的私营企业——信实集团的首席人才官，在此之前，他还担任过塔塔汽车的首席人才官（主导筹建了塔塔汽车学院），以及印度德勤公司的首席学习官。

维克拉姆告诉我们："企业对培训的需求达到了前所未有的程度，特别是像印度、中国和巴西这些经济高速增长的国家，经济的高速增长让年轻的管理者有更多的晋升机会。不过，当他们被提拔到新的岗位后，并没有得到足够的培训，也缺乏相应的经验。事实上，很多人并不知道他们缺乏经验，这样就很容易令他们遭受挫折，令他们的职业生涯、他们的团队和整个企业都蒙受损失。

"我们还看到，越来越多的年轻人还没有做好准备就步入职场，尽管他们都接受了高等教育，拥有专业技术知识，但是缺少实战经验，很多人并不具备作为员工所需要的背景知识、工作技能和沟通能力。所以就需要企业与大学进行更紧密的合作，才能保证毕业生做好进入职场的准备。

"其实不仅是员工没有准备好，很多企业也没有做好准备。这些企业跟不上日新月异的商业环境和经济形势。组织应该随时调整工作方式，根据年轻一代的需求和学习模式进行重构。新一代年轻人才华横溢，对工作有热情，也愿意接受各种指导，关注学习、成长，要培养他们胜任多种工作的能力。不过，太多公司的工作模式仍然是枯燥乏味、一成不变的，造成优秀人才大量流失，他们对此不可思议。其实，他们应该意识到，最优秀的人才会倾向服务优秀的企业和客户。

"培训不仅是人力资源的一项职能，更是企业的战略职能之一，关乎企业的成败。培训必须与企业的战略保持一致，并且与业务的管理模式一样——目标明确、流程健全，并且有合理的评估。

"大量新技术的广泛应用与互联网的无限信息，并不能取代培训教学，人们仍然需要通过培训来学习如何领导和管理企业、满足客户需求或者解决他们工作中的问题。对于很多工作，我们还需要大量的经验丰富的前辈对新入职的年轻员工进行观察与指导，这种心口相传的培训模式是无法替代的。

"我还没有发现培训的需求在减少，我深信大多数成功的企业都把培训当作企业的核心战略之一，并在合适的时间向合适的对象进行合适的培训。"

企业开展培训与发展项目，是为了提升基于组织成功和核心竞争力的关键绩效（见图 1.2）。因此培训部门的价值取决于绩效改进的效果和效率，而不是项目数量、项目类型、教学技术。职场学习项目专家需要将其工作重点从开展培训课程转移到实现绩效改进上。弗雷德·哈伯格曾说过，"我们的工作不是开设课程、提供学习工具，甚至不是学习与发展项目，我们真正的工作是改善业务绩效"。

只有职场学习专家真正意识到自己的职责是改善绩效而不是开展培训活动，他们在方法论、媒介和学习方式上就会有更多的选择。这时候，如果有其他更好的方式可以有效实现业务目标，就没有必要再进行培训了。

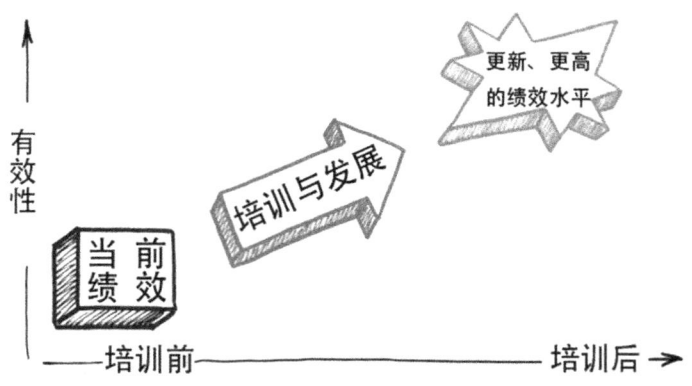

图1.2　培训的目的是改善绩效

什么时候培训才是答案

本书主要讲述如何通过学习与发展项目获得最大化的绩效改善。这并不是说，培训是进行绩效改善的唯一方式或最佳方式。实际上，在绩效改善过程中过多采取培训的方式，反而会造成时间、金钱和精力的严重浪费，也会给公司领导带来不好的看法。那么，在组织培训之前需要思考的第一个问题是，培训是不是最优的解决方案？

工作绩效主要受到三个方面因素的影响：工作者、工作内容和工作场所。这三个方面又会受到组织所处的政治和商业环境（外部环境）的影响。在表1.1中列出了所有层面的关键因素。

引言　认识 6Ds®法则

表 1.1　影响绩效的所有层面

工作者	个人的知识、技能、身份、动机、期望值
工作内容	工作流程、做事方法、操作规程
工作场所	组织、资源、工具、文化、使命、价值观
外部环境	政治和经济形势、社会价值观、社会规范、社会文化

这就是说，工作绩效经常是个人能力与外部环境共同影响的结果。要获得高绩效，就需要克服不同层面的制约因素并将各个层面因素进行有机组合。例如，一个人或许拥有必要的知识和能力，并且业务熟练，但是仍有可能失败，其失败的原因来自低效的工作流程和适得其反的管理制度。

培训项目（正式学习）主要通过提升个人能力来改善组织绩效，这就意味着工作者层面是影响绩效的主要因素，因此，只有当缺少能力或知识是导致当前绩效与期望绩效差距的原因时，培训才是正确合理并且可能有效的解决方案。

从表 1.1 可以看出，还有其他系统因素对绩效带来影响（积极或消极）。"我们经常发现很多组织都会开展针对员工/个人层面的培训项目，比如，领导说这些人需要培训，培训部门就组织开展培训项目，但是真正需要解决的是组织和工作场所方面的问题。"如果工作内容或工作场所层面才是真正的问题所在，如果只是试图提升员工个人能力的培训，最后只能是浪费时间和金钱，项目以失败告终。

问题在于，很多管理者不管真正的问题在哪里，都把培训当作解决一切问题的灵丹妙药。根据参加 6Ds®工作坊学员（都是学

11

习与发展方面的专业人士）的估计，在他们组织的培训项目中，有20%~50%的失败率，因为这些企业出现的真正问题不是员工缺乏知识和技能。马杰和派普（1997）指出，判断培训是不是合理解决方案的关键在于："如果这个员工必须依靠这份工作才能活下去，他的绩效会不会有所改善？"如果答案是"会"，那么这个问题就变成了"我想不想改善绩效"，而不是"我能不能改善绩效"。这一点非常重要，因为"如果能力不是问题的关键，那么你就不用考虑培训了"。

马克·汤普森是麦金利咨询公司的总裁兼首席联络官，每次有人请他去讲课时，他的回答都是"的确，培训应该能帮助你解决问题"。接着，他会邀请客户一起喝杯咖啡，深入了解客户的问题。他说，经过讨论之后，30%~40%的问题需要的其实是另一套解决方案，"例如，有人请我去上一堂专业发展课程，但是经过进一步了解，我发现这家公司需要的是增加领导的透明度，加强员工对领导层的信任。因此我给这家公司开出的药方不是培训，而是360°全面反馈、目标管理培训和教练式辅导。这才能解决绩效的真正问题，如果客户要什么我们就做什么——给他们现成的领导力项目，就有可能面临失败"。

因此，培训是不是必要的解决方案，是需要我们首先要考虑也是最重要的问题。如果不是，那么不管培训设计还是执行得多好，都不会有任何效果。大家可以用示例1.1中的流程图来确定什么是真正的问题。如果绩效差距是由于缺乏能力和知识造成的，就可以使用6Ds®法则来设计、执行和评价正式学习项目，如

引言　认识6Ds®法则

果真正的问题出在工作环境、工作流程或者绩效管理系统上，那么应该帮助管理者对症下药，而不是在培训项目上浪费资源。

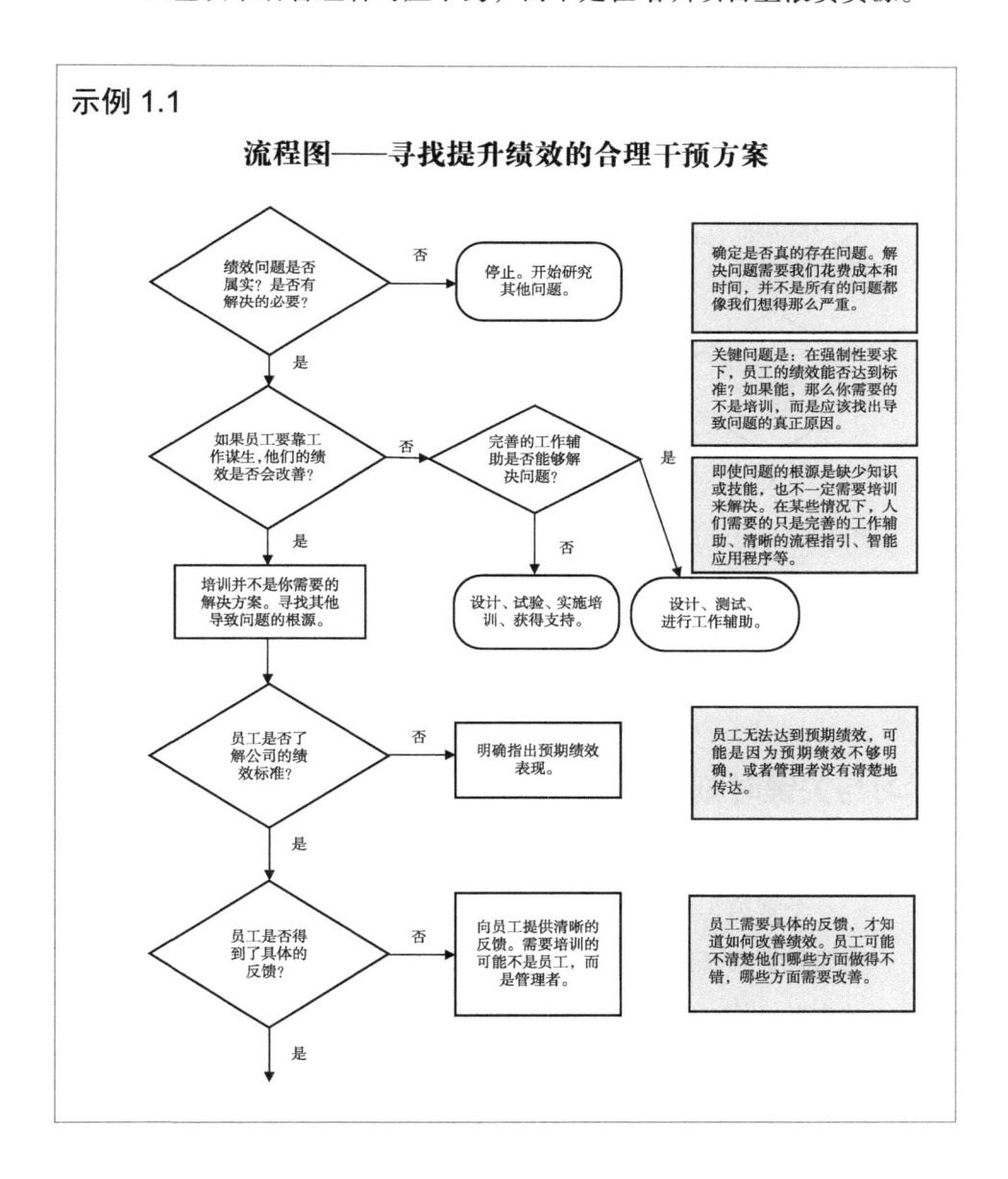

示例1.1

流程图——寻找提升绩效的合理干预方案

绩效问题是否属实？是否有解决的必要？
- 否 → 停止。开始研究其他问题。
  - 确定是否真的存在问题。解决问题需要我们花费成本和时间，并不是所有的问题都像我们想得那么严重。
- 是 ↓

如果员工要靠工作谋生，他们的绩效是否会改善？
- 否 → **完善的工作辅助是否能够解决问题？**
  - 是 → 设计、测试、进行工作辅助。
  - 否 → 设计、试验、实施培训，获得支持。
  - 关键问题是：在强制性要求下，员工的绩效能否达到标准？如果能，那么你需要的不是培训，而是应该找出导致问题的真正原因。
  - 即使问题的根源是缺少知识或技能，也不一定需要培训来解决。在某些情况下，人们需要的只是完善的工作辅助、清晰的流程指引、智能应用程序等。
- 是 ↓ 培训并不是你需要的解决方案。寻找其他导致问题的根源。

员工是否了解公司的绩效标准？
- 否 → 明确指出预期绩效表现。
  - 员工无法达到预期绩效，可能是因为预期绩效不够明确，或者管理者没有清楚地传达。
- 是 ↓

员工是否得到了具体的反馈？
- 否 → 向员工提供清晰的反馈。需要培训的可能不是员工，而是管理者。
  - 员工需要具体的反馈，才知道如何改善绩效。员工可能不清楚他们哪些方面做得不错，哪些方面需要改善。
- 是 ↓

13

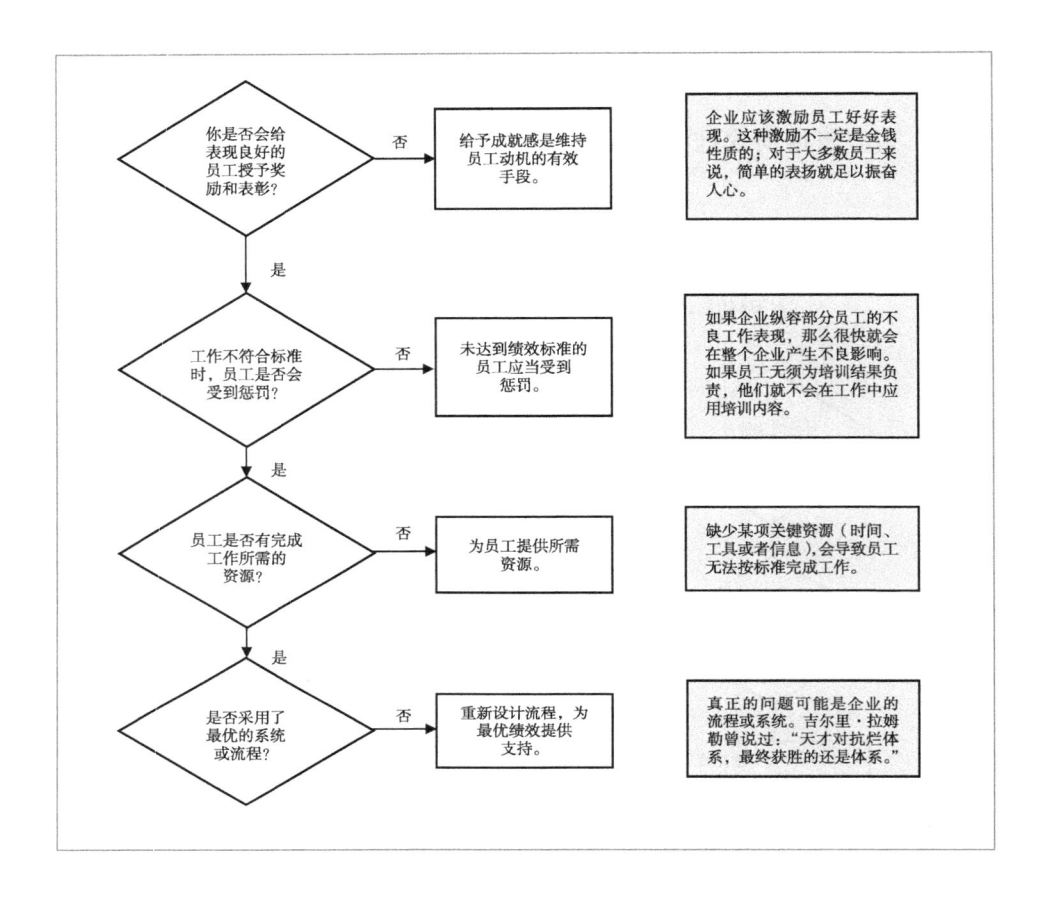

```
┌─────────────────────────────────────────────────────────────────┐
│   你是否会给         否    给予成就感是维持      企业应该激励员工好好表 │
│   表现良好的   ─────────▶  员工动机的有效       现。这种激励不一定是金钱│
│   员工授予奖              手段。                性质的；对于大多数员工来 │
│   励和表彰？                                    说，简单的表扬就足以振奋 │
│         │是                                     人心。                  │
│         ▼                                                               │
│   工作不符合标准     否    未达到绩效标准的     如果企业纵容部分员工的不 │
│   时，员工是否会 ────────▶ 员工应当受到         良工作表现，那么很快就会│
│   受到惩罚？              惩罚。                在整个企业产生不良影响。│
│                                                 如果员工无须为培训结果负│
│         │是                                     责，他们就不会在工作中应│
│         ▼                                       用培训内容。            │
│   员工是否有完成     否    为员工提供所需       缺少某项关键资源（时间、│
│   工作所需的   ─────────▶  资源。               工具或者信息），会导致员工│
│   资源？                                        无法按标准完成工作。    │
│         │是                                                             │
│         ▼                                                               │
│   是否采用了        否    重新设计流程，为     真正的问题可能是企业的   │
│   最优的系统   ────────▶  最优绩效提供        流程或系统。吉尔里·拉姆  │
│   或流程？               支持。               勒曾说过："天才对抗烂体   │
│                                               系，最终获胜的还是体系。" │
└─────────────────────────────────────────────────────────────────┘
```

学习与关键时刻

不管员工通过什么方式来学习新技能，如面授、虚拟学习、模拟教学、在岗学习等，只有在"关键时刻"应用了新技能，学习才有价值。员工在工作中有了使用新的知识和能力的机会，这就是关键时刻。此时，员工将面临两个选择（见图1.3）：使用刚刚学的新方法，还是采用已经习惯的旧方法（可能什么也不做）。

引言　认识6Ds®法则

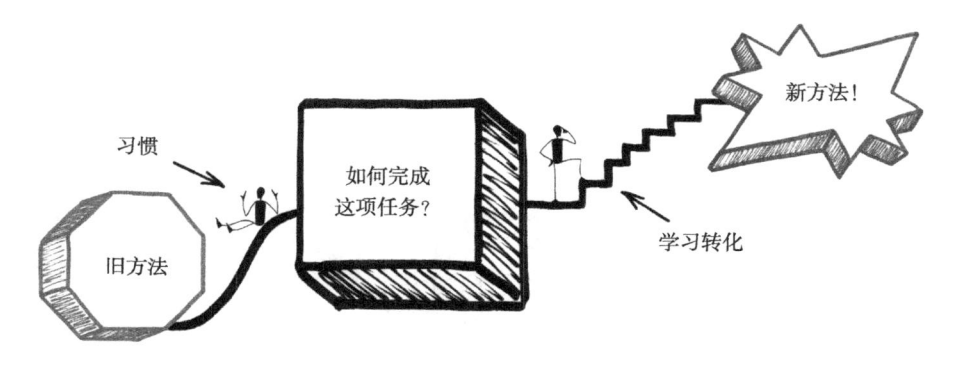

图1.3　在新旧方法抉择的"关键时刻"

如果员工决定采取新方法（并且是更好的方法），那么这次学习就创造了价值。如果他们还是一如既往地使用（或者再次回归）旧方法，那么学习就失去了价值——既不能改善组织绩效，也浪费了投入的资源和时间（见后文的学习废品）。

问题在于，习惯了旧方法的人在尝试新方法（尤其是第一次）的时候，需要付出更多的精力。他们必须持续努力，直到攀登上"新方法"的山峰——这就是为什么我们把图1.3中通往"新方法"的道路画成陡峭的台阶。此外，刚开始使用新方法的时候，总会花费较多的时间，甚至会有"事倍功半"的结果，直到我们熟练掌握这种方法。相反，旧方法总是操作简单，容易掌控，它就像引力一样吸引我们，所以重拾旧方法简直轻而易举。说实话，"习惯的力量非常强大，除非你全力抗争，如养成新习惯，否则你就总会屈服（以往的）习惯"。

员工的选择来自两个关键问题："我是否有能力使用新方法"和"我是否愿意为此付出努力"（见图1.4）。不管员工对新知识

15

的掌握程度和学习方式如何，只有在关键时刻做出了"我能"和"我愿意"的回答，学习才真正为企业创造了价值。

图 1.4 "我能吗"与"我愿意吗"

企业学习需要经过全面分析、设计，并选择正确的培训方式、时机和对象，在良好的工作环境的支持下，让员工可以自信地说出"我能"和"我愿意"（见图 1.5）。否则，一切努力都将付诸东流，学习制造的只是一批废品。

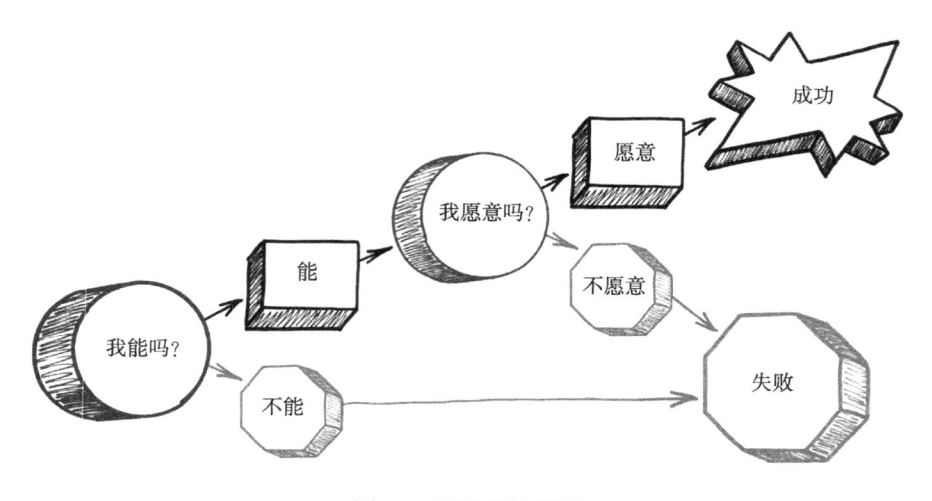

图 1.5 两个关键问题

学习废品

如果一件产品由于未能满足客户的预期要求而必须废弃或返工修复，那么这件产品就属于生产废品。这些废品不仅浪费原材料和劳动力，还损害了公司和品牌形象。此外，本该创造价值的资源被浪费，也造成了机会成本的损失。生产废品的成本如表1.2所示。

表1.2 生产废品的成本

有形成本	无形成本
材料	客户满意度
劳动力	品牌美誉度
返工/召回	机会成本
管理成本	
资金成本	

戴明有句名言："不合格的产品都不是免费的，因为有人制造了不合格产品，我们还要为这些人付工资。"如果一家企业的产品质量和废品率都优于竞争对手，那么竞争结果就不言而喻。出于这个原因，制造类企业都不遗余力地持续改进生产工艺，降低废品率。当前很多企业的质量水平已经达到六西格玛标准——每30万件产品中仅有不到一件不合格产品。

那么，生产废品与培训发展有什么联系呢？在第1版的书中我们创造了"学习废品"这个词，用来指参加完培训却没有人实践（并以此提升绩效）的培训。缺少实践的学习就相当于不合格产品，因为没有满足客户的预期，如业务领导者对绩效改进的预期。

学习废品与生产废品一样都需要高昂的成本，它会导致企业失去竞争优势，这两种废品的成本非常相似（见表1.3），学习废品既浪费了有形成本，如人员（培训师和学员）、差旅、材料、技术、供应商等成本，也浪费了无形成本，如机会成本（学员花费时间来学习，却不能或不愿意应用已经学到的东西）。

表1.3 学习废品的成本

有形成本	无形成本
材料	客户满意度
劳动力	品牌美誉度
重新培训	机会成本
管理成本	
培训工具成本	

和生产废品一样，学习废品也会引起客户的不满。当管理者在一些学习项目上积极投入了人员时间和各部门资源，却没有看到任何改善时，就会产生不满。于是，这次失败的培训就会导致他们以后不再愿意在培训上进行投入。总而言之，企业每年因学习废品而损失数十亿美元，并且失去了很多发展机遇。

当前培训项目的废品率如何？我觉得就如同房间的大象一样（一个英国谚语，是指显而易见而又被忽略的事实）。

引言　认识6Ds®法则

房间的大象

几十年来，培训对于组织绩效的改进效果都不尽如人意。早在 20 世纪 50 年代，莫泽尔就指出，"大量的证据表明，培训在改善工作行为层面收效甚微，甚至毫无成效"（莫泽尔，1957）。30 年之后，鲍德温和福特（1988）在研究了大量文献资料后得出这样的结论："目前，企业培训中的'转化问题'已经受到越来越多的关注。据估计，美国企业对培训与发展的投入超过了 1000 亿美元，事实上只有不到 10% 的培训费用实现了在工作上的真正转化……研究结论表明，大多数组织的培训都没有实现在工作中的成功转化。"

时至今日，情况有所改变吗？我们向数千位职场学习专家提出了这样的问题：

在一个常规的培训课程结束之后，有百分之几的学员能够在工作中做到学以致用，并能持续提升他们的绩效？

绝大多数参与调查的培训管理者都估计，只有不到 20% 的培训能够实现绩效的改善。企业领导者的回答也差不多。麦肯锡公司也做了一个类似的调研，其结论也是，只有 25% 的企业管理者认为培训与发展可以有效改善组织绩效（2010）。

当然，这些数字仅仅是估计值。培训专家们也承认这些数字都是按比较乐观的情况去估计的，也很少有人真正去做培训转化和绩效改进的量化评估。ESI国际公司的一项针对学习转化的研究也得出了同样的结论。在超过3000个的被调查者中，有60%的人表示评估转化成果的主要方法就是通过员工反馈或者"猜测"（2012）。即使是大家普遍认可的10%这样的数据，基本也是估测出来的。

尽管缺少精确的评估工具，大多数企业领导和学习专家都认为培训并没有起到绩效改善的效果。正如前面所说的问题，超过一半的业务管理者认为，即使取消了学习与发展项目，对员工的绩效也不会带来任何影响。培训对绩效改善完全无效这个问题就如同房间里的大象——大家都心知肚明，却没有人去谈论。

大家对这个问题的忽视令我们非常诧异。如果一家公司的其他业务也像学习与发展项目一样令人堪忧，这家公司肯定很难经营下去。为了证明这一点，我们询问几个参加工作坊的培训学员，如果联邦快递的准确投递率只有29%，你们会怎么看？他们一致认为：联邦快递只会关门大吉。

像联邦快递这样成功的企业，他们非常清楚，客户的满意度是首要目标。为了实现零差错的目标，他们持续加大创新、精力、技术和资金方面的投入，以提升工作的可靠性和效率。

莫泽尔在60年前就提醒大家要关注培训转化问题，尽管残酷的现实就摆在眼前，但还有很多企业并不在意培训转化率的问题。这与像联邦快递这样的成功企业形成了鲜明的对比。为了我们自身的生存，以及我们所在企业的发展，作为学习与发展方面的专业人士，我们需要意识到降低培训转化失败率已经迫在眉睫。我们必须与制造和服务等部门的同事一样，加大对时间、创新和技术的投入，以减少时间和资源的浪费，避免产生学习废品。

多重挑战

现在我们深入研究一个关键问题：为什么有的培训项目能够改善绩效，而有的培训项目却产生了学习废品？我们发现，培训项目失败是由多方面的原因造成的：

- 缺乏明确的业务依据和预期结果；
- 培训不是正确的解决方案；
- 错误的培训对象或时机；
- 短时间的填鸭式教学；
- 缺乏实践机会及反馈；
- 缺乏培训后期的支持；
- 缺乏来自学员主管的跟进与支持；
- 无法评估培训成果和行动措施；
- 其他原因。

一直以来，斯皮策（1984）、大菲利普斯和小菲利普斯（2002）与莱瑟姆（2013）等人不断完善上面的列表。通过研究导致培训失败的原因，我们终于明白，只有培训项目流程是清晰、明确的，才能保证学习与发展项目为组织创造真正的价值。我们所开发的项目流程要比教学设计模型（ADDIE、SAM 等）更加全面，能够处理不同层面的问题。因此，尽管学习技术看起来很美，但实际效果并不佳。其实，失败的原因并不在学习本身，而是因为缺失了学习转化。

6Ds®法则是一种以业务和流程为导向的方法论，也是对教学设计模型的扩展和补充，这些法则也可以评量学习与发展项目价值最大化所需的行为规范。6Ds®的价值已经经过大量实践证明，能够减少学习废品，并提升学习项目在业务部门的影响力。

6Ds®法则简介

下面将逐一简要介绍 6Ds®法则的主要内容。从第二章开始，每一个法则都是独立的一章，每一章都将通过实际案例、工具和建议深入解读法则的内容。你可以按照顺序从 D1 读到 D6，或者你先用 6Ds®法则应用计分卡（示例 1.2）进行一下自测，看看哪个法则最有可能提升你们组织的绩效，那么你就可以从这个法则开始。

认真践行任何一个法则都可以改善培训效果，如果你能够同时践行这六个法则，就可以让你所在组织的培训价值最大化。

D1 界定业务结果

第一条法则的价值是清晰界定学习项目为企业带来的预期结果。其中的关键是，学习是为支持组织目标的实现，目标越明确，就越容易设计出有效的策略方案。

由企业开展的学习项目有一个基础逻辑，那就是组织的价值是通过员工的行为来创造的，如客户服务、新产品研发、项目管理、市场销售、领导能力，以及数以千计的其他职能活动。员工的行为绩效越好，组织使命就越容易实现，如实现盈利、拯救生命或服务民众。

因此，通过培训员工来提升执行力和工作效率已经成为组织核心竞争优势之一。企业在学习上的投资是希望通过绩效改善来取得更高的收益，如更高的生产力、更高的客户满意度、更好的质量、更低的员工流失率、低成本高收益等。企业开展的学习项目包括课堂学习、E-learning、在岗学习、社会化学习、教练、外出学习等，其最终目的都是为了支持企业目标的实现。

鉴于以上原因，企业出资开展学习项目实际上是绩效改善的一个手段（见图1.2）。只要学习项目可以有效提升绩效，业务部门就乐于投入时间和资源。有了投入，学习与发展职能就成为企业战略的一部分，没有投入，培训部门就成为可有可无的摆设。

所以，第一法则是最重要和最根本的一个法则，因为所有的学习项目都应该清晰地界定业务结果。这里我们指的是业务目标，而不是学习目标。我们并没有质疑学习目标在教学设计中的重要意义，但我们非常清楚地认识到，仅靠学习目标去争取企业对学习的投入是远远不够的。学习目标只是列举了人们即将学到什么内容，而没有说明学习这些内容有什么用，也没有回答员工和企业领导最关心的一个重要的问题：

- 这个项目到底如何帮助我实现目标？

学习目标说明了在学习项目结束之后，学员可以掌握哪些知识或技能。而培训的业务目标则与之相反，它阐述了学员在以后的工作中该怎么做，以及这样做会给企业带来什么样的业务结果。

第一法则的核心——期望的业务结果——就是把关注重点从学习转到绩效上。这让教学设计变得更有效、更简单，也更容易获得管理层的支持，同时第一法则也是总结培训效果（第六法则）的前提条件。更为重要的是，由于清楚地界定了业务结果，培训部门也能获得大家的认可。因为培训部门知道学习项目如何能为企业带来收益，也就知道如何证明自己的价值了。

把关注重点从学习转到绩效上并非易事。令人难以理解的是，其中一部分阻力竟来自企业的领导层。这是因为很多领导习惯认为培训就像包治百病的灵丹妙药，做一个培训项目就如同叫个外卖一样简单。因此，他们首先要解决的一个问题就是，要实现业务结果，就需要清楚业务需求和开展培训的依据是什么，并且还要意识到他们需要承担的责任是什么。

引言　认识6Ds®法则

让组织学会从业务结果角度开展培训，需要长期的教育熏陶，也需要付出足够的耐心和毅力。不过，这些付出都是值得的。无论是来自组织内部还是外部的培训机构，如果他们能真正把以学习为中心变成以绩效为中心，就能获得管理层与学员发自内心的认可（见案例1.2）。当员工真正意识到培训的价值时，他们就会积极参与并很可能说"我愿意"，回到工作岗位中，他们也会积极践行新知识和新技能。

在第一法则中，我们重点强调了培训是一项能够创造商业价值的业务职能，我们提供了一系列指导原则和工具，帮助业务部门与培训部门达成共识。此外，我们还强调"以终为始"，提前设计评估标准，并为实际应用提供了检查清单和建议。

案例1.2　艾默生——延伸学习的边界

当泰伦斯·多纳休成为艾默生公司查尔斯·奈特学习中心的负责人时，他知道自己必须全力以赴才能胜任这份工作。学习中心的前任总监德高望重、备受赞誉（这个学习中心也是他一手创办的），开设学习中心的主要目的是为来自世界各地艾默生的员工提供领导力培训。在公司领导的大力支持下，学习中心得到了公司上下的一致好评。一直以来，学习中心都非常重视学习转化，那么泰伦斯和他的团队如何在已有优势的基础之上寻求突破，以进一步提升学习效果呢？

他们决定使用6Ds®法则来加强学习中心与公司业务部门之间的联系，推动转化，确保将培训转化为商业结果。第一步就是大力宣传"重新定义终点线"这一理念：新的技能和知识必须经过转化和应用，领导力发展项目才算结束。学习中心的团队成员反复强调培训要以业务结果为导向，并在项目规划和指导手册中明确了要有学习转化和成果评价两个阶段。

"功夫不负有心人。"泰伦斯告诉我们，"重新定义终点线"这个理念得到了所有员工的广泛认可，像艾默生这样的跨国制造企业，员工非常清楚生产废品的影响，所以大家也都清楚学习废品的危害。

例如，有一个部门领导就专门面向其团队所有主管拍摄了一个视频，在视频中，他表示希望大家能推动学习转化，公司也会提供绩效支持，因为最终的成功属于我们每一个人。在印度，每一位参加了艾默生领导力2.0项目的一线主管，在培训后都会积极给他们的引导师打电话，分享他们在实践中的成功。

在艾默生2015年职业发展学习指导手册中，人力资源高级副总裁迈克尔·罗雷尔写道："公司为你们的未来做出了相当可观的投资……我们可不希望任何人成为'学习废品'的受害者。只学习不应用，你就浪费了这笔投资。为了确保每一笔学习投资都能获得回报，我们为学习设立了一个新的终点线。"

艾默生首席财务官弗兰克·戴拉奎很快就接纳了这个理念，并且为公司的旗舰学习项目"艾默生的领先之道"拍摄了一个宣传视频，视频将在工作坊的最后90分钟播放。在视频中，弗兰克首先祝贺所有学员成功结业，并且表示这次工作坊是公司为员工的职业发展所做的投资，接着，他强调，如果想取得投资回报，"前方的道路还很漫长"。"培训的价值取决于培训后你将如何做，换句话说，取决于你在今后工作中的

引言　认识6Ds®法则

表现。接下来的 12 周才是整个项目最关键的阶段。"作为一家拥有 250 亿美元资产的跨国公司的首席财务官，弗兰克明确表明学习转化为行动才是关键。

弗兰克表示："今后，公司高管层和一线经理都将为你们提供足够的支持，陪伴你们迈向新的终点线，这是属于我们每一个人的使命和荣誉。"

D2 设计完整体验

第二个法则"设计完整体验"是大多数学习与发展部门取得成功的秘诀。培训不仅是一场活动，更是一个完整的流程体验。这里所说的完整，是需要付出与设计课程同样的精力，去有意识规划和管理课程前后的活动。这样做的原因很明显，培训前后的活动对于培训效果也有很重要的影响。

利用学习创造业务价值并不是一蹴而就的事情，而是一个艰苦的过程。BAE 首席执行官琳达·哈德森在《华尔街周刊》的一次采访中说："不学习的话，下周你就有可能被时代淘汰。"为了保证培训效果，我们必须把学习当作一个流程并加以管理，运用商业流程工具进行改造和持续改善。在如今以结果为导向的商业环境中，组织必须明确说明通过哪些步骤把学习转化为商业结果，坐等奇迹发生是不可能的了。（见图 1.6）

"我想你应该在第二步说得更具体一些。"

图1.6 设计完整体验

当管理一个流程的时候，我们需要综合考虑所有可能影响成果质量的因素，流程改善的内容包括确定当前的问题——最有可能导致失败的因素，然后系统性解决这些问题。放在培训与发展的背景下，就意味着学习本身只是绩效改善过程中的一个步骤而已。

对于任何流程，最终结果的质量取决于价值链中最薄弱的一环，因此，即使培训项目达成了预期的学习目标，如果在学习转化环节失败的话，整个项目也无法创造价值。实际上，这种问题非常常见。学习转化可以说是导致企业学习项目失败的首要原因，这主要是因为人们总是忽视这个环节。有些企业培训项目之所以成功，是因为他们意识到了学习转化的重要性，并且为这一环节准备好了指导、支持和责任感。

第二法则注意到，对于学员来说，学习体验是一个连续的过程。它先于正式课程开始，并在课程结束之后继续下去。通过观察管理者与同事的行为，以及绩效管理体系的考核要求，学员确定了自己的预期目标。只有学员的预期目标与课程内容一致时，培训才能带来真正的绩效改善。

ADDIE、SAM、Agile 与 LLAMA 等传统的教学设计体系，注重的是课程本身，即规划正式课程的课时和授课方式（见图1.7），但是培训前后也发生大量的学习活动。因此这种学习活动超过了传统的教学设计范畴。学习活动和正式课程同样决定着最终成果。需要特别注意的是"转化氛围"，即员工所处的工作环境和企业文化（学习文化），也是一项关键因素。实际上，工作环境甚至能够决定学习项目的成败。

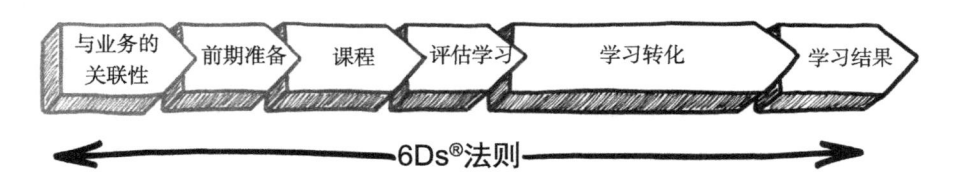

图 1.7 6Ds®法则完善和扩展了教学设计体系，加强了学习和业务及业务结果的联系

我们不是说教学设计不再重要，资深学习专家弗兰克·阮曾说过："虽然我是教学设计专业出身的，但我真的不愿意承认只有教学设计是不够的。"6Ds®法则完善和扩展了教学设计体系，这样才能确保学习创造业务价值（见图1.7）。

第二法则的目的是寻求优化学员的整体学习体验，而不仅仅在教学过程中达成学习成果（如现场授课、在线课程、电子课程或在岗培训）。第二法则提供了一种全新的、刺激的、具有挑战性的范式，扩展了职场学习专家的角色和责任。虽然职场学习专家不能控制学员的工作环境，但他们能也应该学会影响其工作环境，这是他们自己、他们的学员和他们所在组织三方共同的利益。

在第二法则这一章，我们会介绍"完整体验"的内容和原理，其中最重要的因素是两个问题：我能吗和我愿意吗，这两个问题决定了培训是创造价值还是产生废品。我们提供了基于业务结果的方法和工具，其中一部分内容是对传统思维的挑战。改善转化氛围是实现突破的重要机会，我们要求学习部门必须重新定义培训的"终点线"，学员必须在工作中运用所学并改善绩效，这才算真正完成了培训项目。改善绩效才是学习项目真正的终点线。

由于培训与发展项目需要花费时间和金钱，因此只有精心规划和管理学习项目，才能保证项目的成功，并使每一个人受益。设计完整体验才能真正展示学习专家的实力，并创造商业结果。

D3 引导学以致用

第三法则"引导学以致用"描述的是一个强影响力的学习部门是如何引导"学以致用"的。也就是说，他们从一开始就要想好最后达成的结果是什么——项目结束后，学员应该在哪些方面有所不同，在哪些方面有所改进等。然后有目的地选择和设计学习策略，帮助学员顺利跨越"学习"与"工作"之间的鸿沟，待学员重返工作后，就可以自信地说出"我能"。

第三法则的练习是从引导学以致用和工作实践的角度，来选择合适的教学策略、学习技术和教学辅助策略。第三法则的成功很大程度上取决于第一法则所界定的业务结果目标和行为技能目标。除此之外，第三法则还需要深入了解学员（特别是成人学习者）的学习习惯。在这一过程中，还会用到一些教学设计理论，如间隔学习、支架式学习（脚手架）、参与式学习、准备、反思、精心排练及反馈等。朱莉·迪克森曾说过："好的学习体验不是关于内容的，而是关于内容被传授的方式的。"（迪尔森，2012）

学员在实践第三法则时，应该保持开放的心态接纳新的想法和技巧，但是也要避免不加鉴别就盲目跟风学习那些所谓流行的方法。大家可以参考卡尔·卡帕的建议，要选择最有利于实现自己目标的方式，而不是直接就用当下其他人的流行做法。

The SIX DISCIPLINES of Breakthrough Learning

> 只有学习需求与组织需求相匹配，才能真正设计出成功的学习项目……我们关注的应该是学习项目可以为组织解决什么样的问题，而不是盲目追逐潮流。
>
> ——卡帕、布莱尔、麦琪，2013，p.17

优秀的学习供应商都明白这样一个道理："少即多。"不过，大多数企业学习部门所开展的学习项目都希望用尽量短的时间让学员学到尽量多的内容。他们不拘泥于任何一种教学方法或媒介。他们根据项目主题、学员和能力需求，采用多种技术和方法。因为他们关注的不是培训，而是培训带来的绩效改善，所以他们才会花精力去研究工作辅助或绩效支持系统能否满足需求。

在第三法则，我们将介绍如何提升学习效果、推动实践并且让学员自信地回答"我能吗"。另外，我们还将介绍教学设计与授课方式对学员实践意愿（我愿意吗）的影响。例如，学习内容与工作实际的相关性是不是清晰，是不是学习的每个主题和练习都与业务实际问题有联系。最后，我们还准备了实用的工具和建议，帮助学员厘清学习价值链，并建立学习效果的动态监管体系。

D4 推动学习转化

任何一个管理良好的企业，一定拥有基于业务目标的制定、评估、监管和奖励的管理体系。但是，很多企业都缺乏专门的学

引言　认识6Ds®法则

习转化系统，即使有一些学习项目，也要求学员制订行动规划。因此，无论学员、管理者和讲师，都把学习项目当作一次性的工作。课程结束之后，很多企业会给学员颁发证书或奖励（评选优秀学员）。这种做法完全背离了培训的初衷，就好像暗示学员："你已经完成了任务，后续就不需要再做什么了。"实际上，真正的使命——实现学习转化、改善工作绩效——在课程结束之后才真正开始。

"如今在学习与发展项目上还有什么问题？不管你找谁回答这个问题，外行还是专家，大多数人的答案就是培训后缺乏跟进。"不管人们多喜欢参加培训，不管学到多少内容，也不管制订的行动规划多么精彩，这都与培训的成功无关。只有经过转化和应用，学习才能创造价值。这一关系可以用下面的等式来表达：

$$学习 \times 转化 = 结果$$

说到这里，大家应该意识这一点，要想取得好的学习成果，仅靠优异的学习过程是远远不够的。即使学员在学习过程中能得到满分，但如果没有进行学习转化（得分为零），那么项目的结果也只能为零分。对企业的领导者来说，如果绩效得不到改善，那么培训就彻底失败了。如果只是在学习转化的过程中失败了，问题并不大，但是如果不进行学习转化，那么在学习项目上的投资就浪费了，培训也就成为众矢之的。基于这个原因，具有高影响力的学习部门就会积极践行第四法则，在学员回到工作岗位后，他们会通过相关的系统和流程来推动学习转化。在这个过程中他们不会放弃推动学习转化的机会，也不会让学员放任自流。

培训的转化程度取决于企业内部的转化氛围——基于工作环境的一系列因素，如员工是否清楚培训转化的预期和相关的支持。转化氛围决定了员工如何回答"我愿意吗"这个问题。转化氛围会受到多因素的影响，学员的直接领导就是一个非常重要的因素。因此，在践行第四法则的过程中，管理者的积极有效参与将起到非常重要的作用。

在第四法则这一章，我们将介绍影响学习转化氛围和决定最终培训成果的因素。另外，我们还会解释为什么只有学习是不够的，以及为什么学习专家在提升学习转化效果方面要起到领导者的作用。我们除了提供行动的检查清单和行动指南，还提供了一些相关案例和实用建议，以帮助学员能更好地提升学习转化效果。

实施绩效支持

人们在尝试新事物的时候，总是要承担一定的风险。员工在工作中面临新方法（新知识）与旧方法（见图 1.4）的抉择时，在一定程度上要看企业是否提供了绩效支持。工作辅助、应用软件（App）、帮助热线（呼叫中心）、教练辅导以及其他形式的绩效支持手段，都可以增加员工应用新技能的信心和可能性。此外，绩效支持可以让员工旗开得胜，士气大振，从而实现绩效改进目标（见图 1.8）。

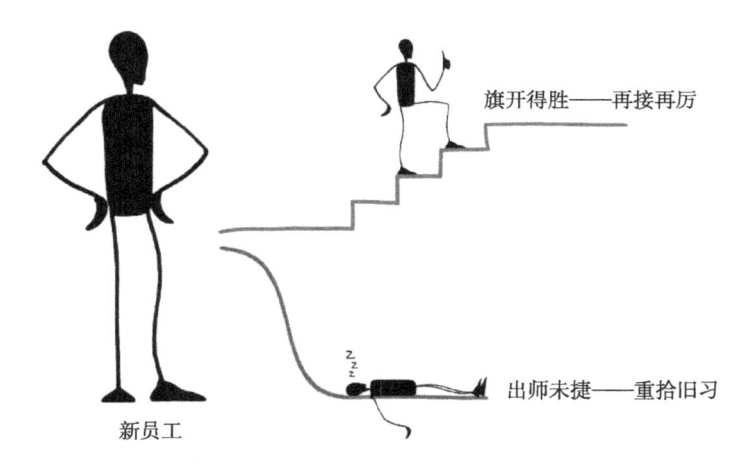

图 1.8　旗开得胜，士气大振；出师未捷，一蹶不振

　　如果一个企业积极践行第五法则，就会得到学习与发展投资所带来的回报：他们把绩效支持作为学习项目的一个不可或缺的要素，并且在课程期间和课程结束之后都提供支持。成功的企业懂得在高管层的领导下，共同营造一种责任感，让每一个人都能尽其所能提供绩效支持。他们也会"把钱花在刀刃上"，重新分配学习资源，在课程和绩效支持两个方面进行平衡。

　　在第五法则这一章，我们就产品支持和绩效支持进行了类比。客户导向的企业都清楚，高品质的产品支持对客户满意度非常重要，这一点也适用于学习项目。我们研究了成功的绩效支持都有什么特征，以及绩效支持在什么时候可以创造更多的价值。此外，我们还强调了学员的直线经理提供绩效支持的重要性，因为直线经理对最终成果影响重大。最后，我们还准备了实用建议、检查清单和行动指南，以帮助学员设计和实施有效的绩效支持。

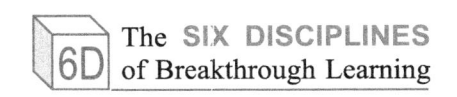

D6 总结培训效果

当今商业世界已经进入竞争的白热化阶段，没有公司能够承担资源浪费（尤其是人力资源的浪费）所带来的沉重代价。每一次进行投资决策的时候，公司都会全面分析投资所带来的业务和前景结果。企业领导承担着合理分配公司资源（时间、人力和资金）的责任，而分配方式必须确保公司长远的发展。因此，领导需要凭借可靠的数据来权衡各个项目的价值，然后进行资源调整，不再投资那些未能达到预期目标的项目。

投资学习与发展项目也是如此。在投资学习与发展项目之前，必须回答两个基本问题：

1. 该项目是否能带来预期结果？
2. 该项目值得投资吗？

职场学习专家必须用心思考这两个问题。在投资之前，领导除了了解项目内容，还需要了解项目会带来哪些绩效改善（见图1.9）。

引言　认识6Ds®法则

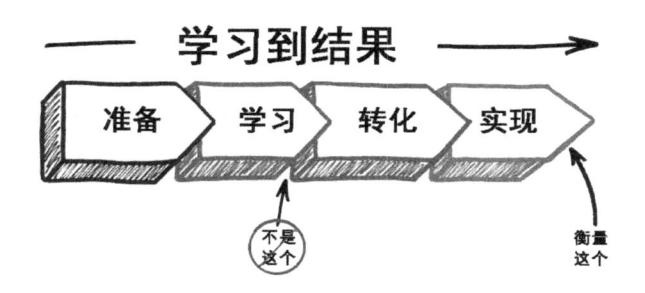

图 1.9　企业真正关心的是学习能否带来绩效改善

因此，优秀的企业会根据第六法则对项目成果进行评价，以便为今后的投资提供依据并持续推动绩效改善。评价项目成果时，应注意以下几点：

- **相关性**：评价项目是否带来了预期行为或结果。单纯评价项目安排、学员满意度或学习内容都不够。项目是否达成预期目标才是关键。
- **可信度**：评价数据和评价方法必须真实可信，也就是说，能够让投资人信服。如果这些数据说服不了投资人的话，他们就会对你的结论产生怀疑，并拒绝采纳你的建议。
- **说服力**：显著的成果加上富有趣味的呈现方式，就能说服投资人采取下一步的行动——继续、延伸、完善或者叫停。
- **高效性**：评价成本绝对不能高于评价结论所创造的价值。注意，只有满足了前面三个标准，我们才会考虑评价的高效性。因为一心求快求省而获得了错误的信息，绝对不是高效。

最后，评价是改善的基础。为了保持竞争优势，公司必须持续改善业务流程的效果和效率。这些流程包括学习与发展项目。但是，由于缺乏相关数据，不清楚哪些活动创造了价值，或者过程中出现了哪些薄弱环节，就无法进行改善。第六法则是为持续学习、创新、调整和改善循环提供支持的关键。我们需要根据上一个项目的成果，为下一个周期界定业务结果，设计完整体验，引导学以致用，推动学习转化，实施绩效支持并再次总结培训效果。这是一个不断创新、不断完善的循环。要让企业的学习与教育跟上变幻莫测的竞争环境、人员变动和业务需求，学习与发展部门应该成为持续改善的表率。

在第六法则这一章，我们将讨论评价学习与发展项目的原因。我们会对比学习项目评价指标（如时间安排、成本、学员反应及学习内容等）以及企业真正关心的问题（绩效是否有所改善）（见图 1.9）。此外，我们将提供项目评价的指导原则和建议，帮助学员评价项目，收集和分析信息，以及汇报成果。

小结

公司投资学习的目的是改善人力资本创造的价值和绩效，从而提高员工实现目标的能力。管理者必须为这些投资负责，确保这些投资带来绩效和竞争力的提升。

我们在这一章简要介绍了帮助学习与发展项目取得突破性成果的 6Ds®法则。通过应用和实践这些法则，企业的学习项目将取得可喜的成果，推动企业走向成果。因此，6Ds®法则得到了商业界的广泛认可和支持。

在第 3 版《6Ds®法则》的策划和写作过程中，参加 6Ds®工作坊的学员和专家为我们提供了大量案例。全球很多企业的学习负责人也坦诚地分享了他们的想法、成功经验和建议。这一切让我们能够快速迭代，从而更好地推动员工、学习部门和组织的成长。我们相信，我们所做的一切将迎来企业教育的真正复路，我们也相信通过本书的学习学员将更加深刻理解 6Ds®法则，并帮助学员创造更辉煌的成就。

期待得到大家的好消息。

行动指南

致培训负责人

- 与团队成员共同学习并讨论这本书。这本书给你的工作会带来哪些影响？
- 将 6Ds®法则融入你的项目和工作流程之中，养成习惯之后，6Ds®法则才能产生最佳效果。
- 面向整个团队展开 6Ds®法则培训，建立共识。
- 从最近开展具有影响力的项目中，对部分学员进行调研，了解他们对"我能吗"和"我愿意吗"两个问题的回答。
- 从你负责的学习项目中选择一个你认为比较重要的项目：
  - 你首先需要确认培训是不是一个有效的解决方案，可以参考示例 1.1。

- 如果培训不是最好的解决方案，那么帮助管理者找出哪些绩效差距可以通过学习来解决，哪些不能。
- 如果培训是解决方案之一，那么使用 6Ds® 法则应用计分卡（示例 1.2）确定哪一项法则可以带来最大的绩效改善。
- 根据本书的相关章节和《6Ds® 法则实践手册》制订行动规划。
- 向管理团队汇报你的调研报告、项目目标、行动规划和业务依据。
- 申请资源和相关支持，开始实施行动规划。
- 评估项目成果报告，推动持续改善。

致业务负责人

- 在学习与发展项目上投入更多的精力和关注，这也是一种战略投资，有机会创造更多价值。
- 写下你对学习与发展项目的真正期望，即你对价值的定义。
    - 你对当前项目的满意度进行打分。
    - 与学习项目负责人交流你的结果
- 送给学习项目负责人一本《6Ds® 法则》，要求他学习并分享他的观点，说明本书对改善学习战略有何影响。
- 要求学习项目负责人和你一起使用 6Ds® 法则应用计分卡（示例 1.2）评估重要的学习项目，然后对比你们的分数。
- 共同制订改善计划。
- 时刻牢记，通过培训创造价值是业务负责人与学习负责人共同的责任。

示例 1.2

6Ds®法则应用计分卡

使用6Ds®法则应用计分卡评估学习项目，寻找改善机会。回答问题时，请选择最符合项目情况的选项。

0=完全不符合　　1=不太符合　　2=部分符合

3=基本符合　　　4=完全符合

		0	1	2	3	4
界定业务结果	1. 很好地了解业务需求，培训的业务预期结果明确，并可衡量					
	2. 以预期业务影响为框架，与学员及其经理沟通课程目标					
设计完整体验	3. 学习准备阶段是教学设计的一部分，促进与管理者的沟通，在练习和讲授中要充分利用前期的准备工作					
	4. 以实现成功转化和实际应用作为培训的唯一终点线					
引导学以致用	5. 培训项目的注意力负载是可控的，为学员提供足够的时间和反馈，确保熟练掌握					
	6. 所有课程和练习都以预期行为和业务结果为基准线，关注学员对于培训的相关性和实用性的认知，并采取相应的行动					
推动学习转化	7. 项目结束后，定期向学员发送提醒，鼓励他们反思，记忆和应用所学知识					
	8. 学员和经理积极参与培训后阶段，对学员的应用情况进行监督和支持					

续表

		0	1	2	3	4
实施绩效支持	9. 培训设计中包括培训后的绩效支持，根据学员的需要提供工作辅助工具、专业辅导、教练和其他支持，推动学习转化					
	10. 培训结束后，学员坚持互相学习，推动相互之间的交流和最佳实践分享					
总结培训效果	11. 在培训开始前与决策者商定预期的业务结果，并以此为标准，在项目结束后对学员的应用和成果进行评价					
	12. 主动收集、分析和利用相关信息，为培训项目准备、讲授和学习转化的持续改进提供支持					

D1 第一法则

界定业务结果

推动业务结果是学习部门存在的唯一意义。

——丽塔·史密斯

Strategic Learning Alignment

说句大实话,其实企业经理真的不在乎培训项目的好坏。他们关心的只有绩效。这是因为在激烈的市场竞争中,企业和个人必须靠着优秀的绩效才能发展壮大;如果你的绩效不如对手优秀,等待你的只有被淘汰的命运。

其实,如果培训项目能够改善企业绩效的话,管理者还是会给予重视的。在他们眼里,培训只是一种实现目的的手段,是企业众多战略中的一种。因此,对于企业来说,学习的唯一意义就是推动企业完成目标和使命。

这也说明了第一法则的重要性:优秀的企业在开始一切学习项目之前,懂得首先界定业务结果。我们会在这一章向大家说明这样做的重要性，以及成功实践第一法则需要满足哪些要求。本章的主要内容包括：

- 绩效才是真目标；
- 为什么要"以终为始"；
- 界定业务结果的流程；
- 如何规划学习项目；
- 管理学习项目的投资组合；
- 第一法则检查清单；
- 给学习项目和企业负责人的建议。

D1 绩效至上

熟悉股票市场的读者都知道，当前绩效和未来绩效是投资者关心的首要问题。如果业务绩效超出预期，公司的股价就会上涨，从而增加投资者继续投资的信心和意愿。如果业务绩效不如预期，企业就会面临股价下跌的惩罚，而投资者则会转投其他更有潜力的企业。

尽管企业的业绩受到多方面因素的影响，但是人力资本却在众多因素中脱颖而出，发挥着越来越重要的作用。"人力资本不同于资金、厂房或设备，它是区分企业成败的关键因素。"员工在一段时间内的绩效总和决定了企业的整体业绩。

吉尔伯特首先提出了"增益绩效"（Worthy Performance）这

一概念，意思是"绩效创造的价值高于实现绩效所花费的成本"。吉尔伯特细致区分了纯粹的活动（行为）和绩效的不同。绩效是一种更全面的概念；它不仅包括活动，还包括活动创造的结果及价值。因此，对于企业来说，"优异的绩效"是指那些以相对较低的成本实现高价值结果的活动。

员工、工作内容和工作环境等方面的因素，都影响着最终绩效是否能够"增益"。学习项目主要通过提升员工的能力和效率来改善绩效（见图 D1.1）。项目成功与否，取决于学员对培训内容的掌握和应用情况，以及工作流程和职场氛围（我们会在后面的章节里详细讨论这两点）。

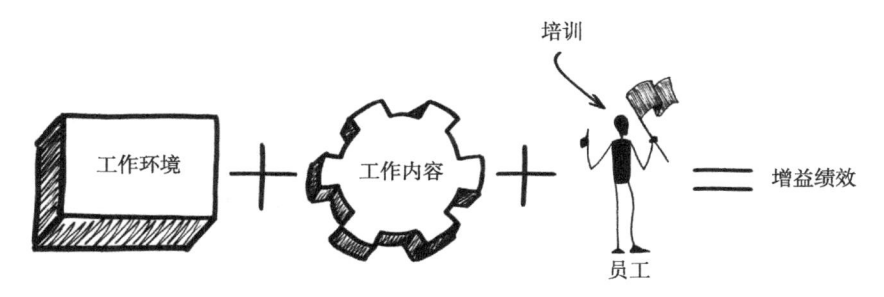

图 D1.1　员工、工作内容和工作环境共同影响绩效，培训只对员工造成影响

这里的重点在于，企业的学习活动其实是一种以绩效改善为目的的商业活动。在《经济学人》杂志人才部门进行的一项研究中，来自世界各地的 295 位企业领导都将"提高生产率"作为员工发展投资的主要目标。领导不仅需要公司的学习专家提供课程、工具和学习项目，还需要他们帮助企业实现业务目标。只有真正实现了绩效改善，企业的学习投资才不算白费（见图 D1.2）。

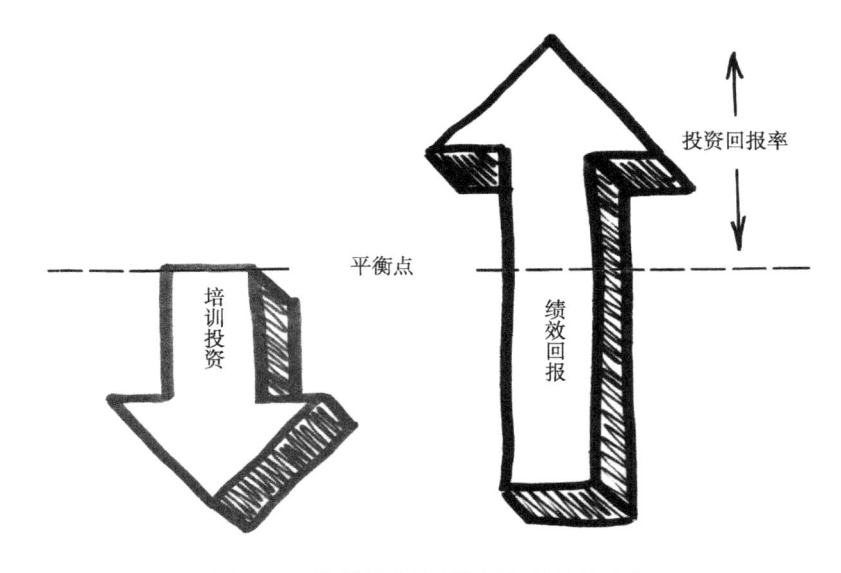

图 D1.2　培训投资的预期目标是绩效改善

和任何业务活动一样，培训部门的绩效也必须实现"增益"，即创造出符合业务目标的结果，且结果的价值高于投入的成本。"培训不是重点；结果才是重点。""（学习）负责人必须了解公司的目标，通过执行计划为公司及客户带来结果。只有这样，培训项目才能发挥战略影响。"

> 培训不是重点；结果才是重点。

实践应用

- 把关注点从实施培训转移到实现绩效改善。
- 员工并不是影响绩效的唯一因素；其他因素包括工作流程和职场政策。

D1 从"为什么"开始

《伟大的领导者如何激励员工采取行动》是西蒙·斯涅克在 TED 发表的一篇演讲,也是 TED 浏览量最高的演讲之一。这篇演讲的中心思想很简单:告诉员工为什么要采取这些行动。斯涅克把这个"为什么"放在了他设计的"黄金循环"(Golden Circle)(见图 D1.3)的中心。它明确了公司的目标及实现目标的方式。斯涅克认为,伟大的领导者和企业始终以"为什么"为起点。他们向员工说明了行动的原因。如果企业从行动内容或行动方式入手,就无法取得有效的结果。

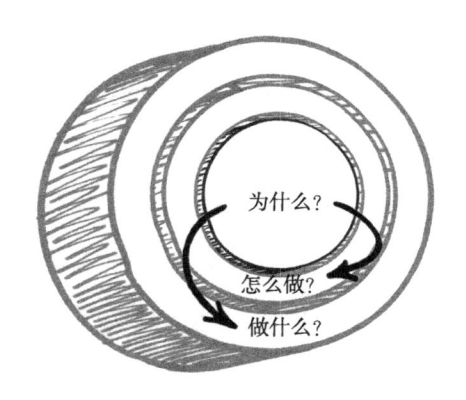

图 D1.3 "黄金循环"的中心是"为什么"

这些道理也可以用在培训上。如果我们想说服人们参加培训及应用培训内容,或者说服管理者组织员工进行培训,或者说服高层领导投入时间和精力推动学习应用,我们都要从"为什么"

这个问题着手。对于企业来说，就是从界定学习带来的业务结果开始（见图D1.4）。

图 D1.4　从"为什么（业务结果）"开始，然后引申到"做什么"和"怎么做"

D1 以终为始

创造价值的第一步及最关键的一步，就是明确价值的定义；用史蒂芬·柯维那句名言来说，就是"以终为始"。但是，如何定义价值？对于企业学习来说，价值存在于企业愿景和使命中。如果学习可以帮助企业实现目标，它就具有了价值，并且值得投资。如果学习能够给个人或社会带来巨大价值，但却与企业目标无关，不能给企业创造价值，那么这类学习就不值得投资。

管理学大师彼得·德鲁克将以上内容归纳如下：

在制定任何决策、采取任何行动时，管理层都必须把经济效益放在首位。管理层只能以所创造的经济成果来证明自己存在的价值和权威性。企业也可能会产生大量非经济成果，如为员工带来幸福感、对社区的福利和文化有所贡献等，但是，如果未能创造经济成果，就是管理的失败。如果管理层不能以客户支付的价格提供顾客需要的产品和服务，就是管理的失败。如果管理层未能令交付于他们的经济资源增值或至少保持不变，也是管理的失败。

——德鲁克，1974，p. 37

德鲁克认为，"令交付于他们的经济资源增值或至少保持不变"是管理者的职责。无论组织有没有设定预期结果都应如此。有时，企业预期的学习价值非常直观，比如，让经理学会如何更有效地提供反馈，从而留住人才，降低人才流动的成本。总之，由企业组织和赞助的学习项目，必须与企业的预期结果保持一致。

> **实践应用**
>
> - 以终（业务需求）为始。
> - 经常思考："为什么？企业的预期结果是什么？"

⊃ "界定业务结果"的重要意义

界定学习项目的业务结果，可以让企业受益颇多。

1. 明确了解企业希望通过学习获得的价值，有助于设计出更有效的干预手段。确定企业对学员今后工作的预期要求，有助于选择学习方法、媒介、时间安排、顺序及相关支持。此外，界定业务结果还可以避免我们设计出"华而不实"的培训项目。

2．培训和组织使命之间应该保持明确紧密的联系，这样可以确保学员的经理提供更多的支持和参与。我们会在第四法则中详细介绍学员的经理对项目成果的深远影响。了解了学习和业务的联系之后，经理会更主动地组织学员进行培训，更积极地为学员的实践过程提供支持。

3．明确整体业务目标，回答学员提出的 WIIFM（它能带给我什么？）这个问题。我们会在第三法则中讲到，如果学习项目拥有明确的业务依据，那么学员就会有更高的学习意愿以及在项目结束后主动应用学习内容的意愿。

4．预期结果为学习项目的优先性提供了扎实的依据。决定优先顺序的时候，可以以结果的重要性和战略意义为基础，不能只看项目的热门程度或学习部门对某种特定方式的偏好。

5．管理层预期的培训结果是评估培训成功与否的标准。企业需要评估这些结果，才能确定项目是否达到了预期目标（见第六法则）。

6．学习组织和企业对业务结果的共识是双方合作的基础（见案例 D1.1）。这种共识把学习专家从"接单员"变成了"受信任的顾问"，让他们也拥有了一定的话语权。

案例 D1.1　马拉松管道公司——全新的合作关系

当史蒂夫·罗德宙斯担任马拉松管道公司人力资源及学习与发展经理一职时，马拉松管道公司的董事长克雷格·皮尔逊要求他把临时工培训审核当作首要职责。

马拉松管道公司的管道每天都要输送数百万加仑的原油及原油制成品。为了保证安全生产并满足联邦及州内法规，公司员工必须得到良好的培训并具备足够的知识技能。皮尔逊想通过把马拉松管道公司转型成"学习型企业"，确保每名员工都遵守安全规范操作，获得令股东满意的公司业绩。

皮尔逊会定期进行实地考察，亲自收集各个层面对公司战略业务计划和实际绩效之间联系的反馈。通过和现场员工及经理的交流，他了解到优秀员工觉得公司的培训项目需要改善。这些员工表示，公司的培训已经过时了，不能满足他们的需求，或者是太偏重于讲座和PPT报告的形式。于是，皮尔逊决定尽快解决这些问题。

史蒂夫与培训讲师进行了一对一的会谈，从中了解了讲师不同于学员的观点。大部分讲师都表示他们可以花更多时间来完善培训内容，但是他们认为培训项目总的来说没有特别严重的问题，除了讲师的目标和方法与员工对培训的预期有一点点脱节。

既然讲师的意愿都是好的，也不存在技术问题，所以史蒂夫判断目前最迫切的问题应该是"破碎的合作关系"。于是，他大胆地采取了行动，将培训中心关闭一个月，邀请所有的临时技师、主任和经理参加两次"检查与调整论坛"，修复这一破碎关系。

"把培训中心关闭一个月,是想明确地告诉大家,我们的培训项目需要变革。我们希望每个人都能意识到,这个决定是非常严肃认真的,我们要通过与现场员工建立强有力的合作关系,实现长期而伟大的变革。

"在两次论坛上,我们邀请讲师和现场员工代表运用ADDIE模型共同评估了目前使用的培训材料。可是后来当我读完《6Ds®法则》的时候,我发现6Ds®模型更适合马拉松管道公司面临的问题。它和之前那些生搬硬套的模型不同。所以,我们从业务目标着手,共同设计了一个新的培训方案来满足这些目标。"

第一次论坛的主要内容是运用第二法则及第三法则评估当前的学习内容和转化情况。史蒂夫明白,解决问题的关键在于明确业务结果,在企业领导和学习负责人之间建立共识。第二次论坛的参加者包括公司运营总监及副总监,以及他们的下属员工和学习与发展部门成员。这次论坛的中心是第一法则(界定业务结果)以及公司成为学习型企业。论坛圆满成功,大家就以下延伸目标达成了一致:

1. 在18个月内把培训临时技工所需时间缩短25%或以上。

2. 改变学习中心在员工心中的形象,让技术人员意识到这些项目能够持续创造价值,具有积极和实用意义,从而对培训项目充满期待。

3. 及时把安全事故调查中收集的信息与培训相结合,防止事故再次发生。

4. 在接下来的两年里,减少50%的在线培训课时。

史蒂夫表示:"这次合作改革之后,员工对学习培训项目的反馈有了180度的大转变,而且越来越好。通过加强业务和学习、培训和业务

第一法则　界定业务结果

结果之间的联系，马拉松管道公司会向着转型为学习型企业的目标不断前进。"

第一法则：一切的基石　预期业务结果就相当于学习设计和转化规划的基石。如果这个基石不够牢固，那么整个上层建筑都有倾覆的风险。因此，第一法则可以说是 6Ds® 法则中最重要的一条。如果你没有遵循第一法则，等待你的只有事倍功半的结局；这时，再精巧的设计、再完善的支持、再先进的技术也无益。"一开始就想着解决方案的话，我们永远都成功不了。"（Israelite，2006，p.210）

> 一开始就想着解决方案的话，我们永远都成功不了。

凯文·王尔德是通用磨坊的首席学习官，他在第 1 版《6Ds® 法则》的序中也强调了这一点："我也犯过这样的错误——一心只想着设计出最好的学习项目，却没有意识到这一切都是以眼前的业务为基础的。最后的结果让我备感挫折，离我原本设想的突破性学习差了十万八千里。"

KLA-Tencor 的学习负责人真切感受到了界定业务结果的重要性，所以他们定了一项政策：所有的学习项目都必须有一个出资人和一份明确的结果；预期结果至少要符合公司四项战略目标（增长、高效运营、关注客户和人才）中的一项。在高通公司，学习与发展部门每年会与各部门的行政领导及员工进行业务需求评估。在英格索兰，学习项目以预期业务结果为基础，和其他投资项目一样居于优先地位（见案例 D1.2）。

> "建立世界一流的培训组织，第一步应该是以成为战略合作者为目标，与各业务层面建立正式联系。"（Schmidt，2013）

案例 D1.2　学习也是一项业务战略

英格索兰公司真切理解了学习的战略意义。公司学习部门副总裁丽塔·史密斯表示："学习部门存在的意义只有一个——推动业务结果。我们必须了解公司的业务战略、关键战略推动因素、外部威胁以及财务指标。我们得在学习和业务两个方面转换自如。"

英格索兰依靠监管委员会来确保学习投资与公司业务存在联系，并且具有业务战略优先性。每一个项目必须拥有一名执行层的出资人，否则该项目将被取消。

英格索兰 CEO 赫伯特·汉高认为，学习是一项关键的战略杠杆；鉴于它的重要性，赫伯特把学习变成了公司战略规划流程中不可或缺的一部分："在制订战略规划的时候，我们的脑子里会不断涌现出想法、战略和对未来的展望。然后我们决定投资哪些内容才能实现这些目标。所以，我会留意我们在有形资产和新产品开发上花了多少钱，以及我们需要多少培训才能实现目标。既然培训是整个流程中的一部分，就说明今后肯定会有这样那样的培训项目。因此，在制定投资决策的时候，我们会把培训项目和其他项目一视同仁。"

可惜，如今仍有许许多多学习项目没能做到这一点：有时是因为培训只是管理者有病乱投医想到的主意，有时是因为为了培训而培训（见图 D1.5）。这些项目注定会失败。它们产出了学习废品，削弱了有效的

第一法则　界定业务结果　6D

学习项目应得的支持。学习专家必须向那些"为培训而培训"的项目提出建设性挑战。

"抓紧时间，我们得组织一次领导力发展项目，这样我在周五的董事会上就有东西宣布了。"

图 D1.5　"为培训而培训"并不是组织培训项目的全部原因

实践应用

- 制定政策，规定必须在坚实明确的业务依据基础上设计或转化学习项目。
- 确保使用业务术语进行表达，避免使用学习术语。

➲ 学习目标≠业务目标

在此，我们想强调一点：我们所说的培训的业务目标或绩效目标，并不是指学习目标。学习目标是进行课程设计的前提条件，"它们准确说明了目标学员应该掌握的知识或者完成

> 学习目标虽不可缺少，却不是唯一目标。

55

规划学习体验后的感受,为课程设计流程提供了指导方向"。但是,这里面有一个问题。尽管学习目标有时候也被叫作"绩效目标"或"行为目标",但它始终围绕"完成规划学习体验"展开。学习目标描述了学员在课程结束后应该具备哪些能力,但却忽略了课程与工作绩效的联系以及课程创造的业务价值。

我们认为,课程目标应该只用于培训专家之间的交流。由于它们的局限性,所以不应用于与管理层或学员的交流。此外,学习目标也无法说明业务结果或依据,"还让学员被迫面对枯燥可怕的课程设计术语"。

我们需要一种更好的方式来和企业领导、学员及他们的经理进行交流。这种方式应该能够说明支持此次时间和资源投资的业务依据。我们需要用企业领导熟悉和感兴趣的语言来介绍预期业务结果。例如:

- 销售增长;
- 客户服务改善;
- 能力提升速度增加;
- 废品减少;
- 员工敬业度提高;
- 时间利用效率提高;
- 事故率降低。

这些结果最终都可以增加企业收入或降低生产成本;它们才是企业领导最关心的问题。

第一法则　界定业务结果

每次讨论培训项目的时候——不管是审核预算还是课程安排——都应该考虑到整体业务目标，因为这不仅是项目存在的意义，也是项目存在的原因。艾默生电气公司全球学习总监泰伦斯·多纳休及其团队牢记这一点，在所有课程说明的开头都增加了名为"业务结果（你会得到哪些结果）"的部分（见示例 D1.1）。因此，他们的项目受到了经理和学员的一致好评。

示例 D1.1

《艾默生职业发展指南》节选，内容明确说明了学习带来的结果

哪些人需要参加：

所有设有直接下属及负责员工绩效和发展的职能部门负责人或经理。没有直接下属的负责人或经理也可以从本次工作坊教授的技能中受益良多。

本次工作坊专为岗位新人设计；不过，经验丰富的领导者也能受益匪浅，不仅可以提升技能，还可以学习艾默生的最佳管理和领导力实践。

时长：3 天

讲师：学习中心认证讲师

战略目标：所有一线领导掌握艾默生的最佳领导规范及标准，从而有效领导员工，推动业务结果。

业务结果（你会得到哪些结果）：

业务结果是评估培训投资最终成败的标准。运用以下技巧，就可以实现预期业务及个人结果：

- 运用所学领导技巧，满怀信心及信任地领导团队。
- 明确界定工作职责及预期，改善团队工作效率及效果。
- 借助有效的绩效管理流程，提高员工的敬业度。

The SIX DISCIPLINES of Breakthrough Learning

- 通过开放互动，建立健康高效的工作关系。

学习目标（即将学到的内容）：

在本次工作坊中，你将学到艾默生的最佳领导规范及实用绩效工具，从而具备领导者应有的关键能力。例如：

- 向团队说明如何为了实现艾默生的使命而共同努力。
- 为自己及直线下属设立绩效目标。
- 确定每一位员工的工作动力。
- 利用严肃的威信力影响其他人。
- 积极倾听。
- 教导员工学会在工作中自我引导。

- 有效地分配工作。
- 提供支持性和建设性反馈。
- 解决员工绩效和其他问题。
- 公平正直。

此次工作坊涉及的 **Lominger** 能力素养：

7	关心你的直接下属
18	工作分配
19	直接下属及其他员工的发展
20	向他人提供指导
23	公平对待直接下属
27	沟通
29	诚实守信
33	倾听
35	管理和评估工作
36	为他人提供动力
54	自身发展

从业务目标入手　对于企业出资的学习项目来说，排在第一位的永远是业务目标。预期结果必须先于学习目标制定；学习目标的唯一作用是为实现业务目标提供支持。

详细程度　预期业务目标应该达到怎样的详细程度？这取决于沟通的目的和对象。如果只是面向管理层的大致汇报或者项

第一法则　界定业务结果

目简介，上面列的那些内容就足够了，如"该项目的目标是增加 X 产品的销售额"。在设计新项目和评估项目成果的时候，就需要更精确地描述来说明内容和时机，如"在下次年度调查之前，让员工的敬业度增加 5 分"。在投资较多或具有重要战略意义的项目中，使用商业案例也需要对预期的财务价值进行预测。

个人目标都是一些非常具体的方面，如销售、市场推广、管理、安全等。因此，业务结果说明也应该围绕培训的具体重点展开："该项目的目标是通过提升值班主任的有效沟通技巧，改善员工保留率。"具体例子见《6Ds®法则实践手册》中关于 Plastipak 公司的案例研究。

有些作者建议设立各层面目标，如反馈目标、学习目标、应用目标、影响力目标、投资回报率目标或者"预期—行动—结果"目标等。这样的想法是好的，但是我们觉得这样的划分太琐碎了，不利于专心建立学习和业务的联系。我们建议大家从简短明了、易于沟通的方式开始。

实践应用

- 每个学习项目都应该有一份明确的预期业务结果说明，以及实现这些结果所需的精心设计的学习目标。
- 始终从制定业务目标开始。
- 向学员及经理说明培训带来的业务结果。
- 学习目标只是课程设计者和组织者的具体要求的说明。

不利因素　奥斯卡·王尔德曾留下一句名言："这年头，话说得太明白了就容易暴露自己。"大多数人都抱怨不知道怎样明确介绍预期业务结果："我们能控制的只有培训环境，这让我们怎么保证预期结果？"我们并不苟同这种看法，毕竟每个部门都需要面对完全在他们掌控之外的情况，而且要保证从中获取结果。例如，产品经理需要提前一年或更久来预测销售额，但是销售团队并不在他们的掌控范围内；工厂经理必须致力于提高产量和降低成本，但他们却无法控制供应商和生产环节中的许多其他变量。

为了实现预期目标，经理必须学会影响那些在他们掌控之外的因素。他们准备了可靠的流程和监管体系；偏离目标时，他们就能通过"预警"及时采取修正措施。如果学习与发展组织希望成为值得信赖的业务伙伴，它们同样需要设立目标并全力实现目标。

> 学习与发展组织也需要全力实现目标。

如何界定业务结果

怎样才能知道企业真正想从培训中获得什么？很简单，问问企业领导就行了。但是，考虑到某些原因，其实也没这么简单。第一，许多企业领导习惯了把组织培训当成例行公事。他们可能没有过多考虑自己想从培训中获得什么，或者他们也不知道自己

第一法则　界定业务结果

需要什么。

这时，你需要运用主动倾听和顾问技巧，帮助企业领导界定最终的目标。我们在后面的结果规划轮部分列举了一些建议。达纳和吉姆·罗宾逊的著作《绩效顾问》（Performance Consulting，1996）中也提供了一些有用的顾问建议。

第二，你需要掌握业务术语和概念，深入了解企业或客户的具体业务，这样才能提出合理的跟进问题。示例 D1.2 中的自我测试可以帮助你了解自己目前的掌握情况。

作为一名职场学习专家，你应该具备课程设计、成人学习理论、学习技术等方面的专业知识。但是这些还不够。由于培训说到底是一项业务活动，所以你必须掌握业务语言，这样才能让人觉得你做了实事。杰夫·瑟尔在 Mastering the Complex Sale 一书中写道："对于自己提出的解决方案，你应该有百分之百的把握；对于你的客户及其业务，你应该有百分之一千的把握。"

示例 D1.2

测测你对业务了解多少

根据你自己的情况回答下列问题。

1．我们公司最重要的收入来源是：

2．我们公司最重要的业务增长驱动因素是：

3．我们公司的核心战略是：

4．我们公司的主要竞争对手是：

5．我们公司面临的最大威胁是：

6．我们公司面临的最大人力资源挑战是：

  如果你想要扎实掌握业务知识，没必要去读 MBA。你只需要对企业创造价值的过程保持强烈的求知欲和真诚的兴趣就可以了，并且愿意投入时间在其中。这份投入会给你带来丰厚的回报——效率、成就和来自业务伙伴的感激。

  你要做的第一步，就是向学员部门介绍你的业务或战略规划。注意要特别关注组织面临的关键机遇与挑战，因为这一部分决定着学习项目是否能够创造价值。你可以利用互联网或其他参考资料学习你不认识的术语，也可以向导师或同事请教。另外，

第一法则　界定业务结果　6D

你还可以申请旁听预算审批和市场讨论；慢慢地，在耳濡目染之中，你将学到许多业务行话和概念。

> 🔧 **实践应用**
> - 想获得话语权，就得深入研究业务挑战及业务术语。
> - 使用业务术语与企业领导沟通，避免使用学习或人力资源术语。

D1 结果规划轮

6Ds®法则结果规划轮是一种经过实践验证的、具有极高价值的简单工具（见图 D1.6）。在你与企业领导进行沟通之前，你可以使用这一工具架构起一个谈话框架，推动谈话双方就学习项目的最终结果即评估标准达成共识。许多学员在 6Ds®法则工作坊之后的跟进采访中表示，使用结果规划轮和界定预期结果是他们做过的最有价值的两件事。《6Ds®法则实践手册》中收录了无数使用结果规划轮获得成功的案例。

⊃ 使用结果规划轮

不管你是企业学习与发展团队中的一员，还是一个独立的培训供应商，当别人请你举办培训时，你可以先问对方四个问题。这种情形大概如下：

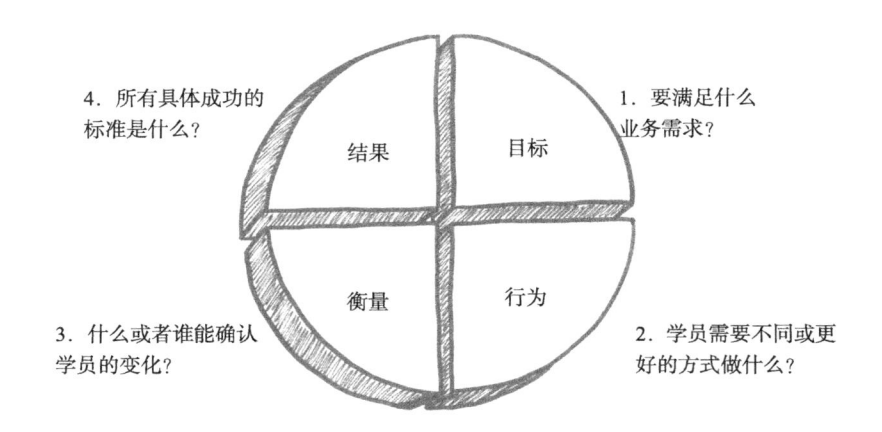

图 D1.6　结果规划轮的四个问题

企业领导："我想办一场关于 X 的培训。"

学习专家："没问题，交给我。"

这时，不管培训是不是合适的解决方案，你都会肯定地表示自己能够提供帮助。这一点确实重要。不过，避免无用的培训和组织有用的培训同样重要。斯托洛维奇和凯普斯（2004）建议大家在遇到这种情况时使用"我可以帮你解决问题"作为回应，因为这句话传递了"友好、鼓舞、支持等信息。它既展示了你的兴趣，又不会做出任何培训承诺。这才是真正专业的回答"。

还有一句话我们也经常说："培训需要时间和金钱投入。我们需要确保你的投资一定能得到回报。所以，我们对你的绩效挑战和预期目标了解得越多，越能设计出有效的培训项目。你愿意花几分钟时间回答几个问题并提供一些额外信息吗？"听了这句话，许多经理都不会拒绝，因为你已经表明了自己是为他们的最高利益着想。

第一法则　界定业务结果

如果企业领导同意当下马上开始讨论，你一定要抓住机会。如果他们没时间，你们可以在之后安排一个 30 分钟的讨论。在会面前，你需要做一些准备：回顾一下业务规划或相关文件，包括业务需求的面谈指南（示例 D1.3）。

示例 D1.3

业务需求面谈指南

准备

- 做好功课；阅读相关的商业规划、商业报告和相关材料。
- 事先计划好与直线经理的面谈安排，明确面谈目标及需用的时间。
- 在开始前就明白此次面谈的目的。

面谈

- 像销售员拜访客户一样开场：见面问候，陈述价值，提出议程，达成一致。
- 准时开始。
- 总结你对已阅读文档材料的理解，并且向直线经理征询意见，看自己的理解是否正确。例如，"从我能够找到的材料来看，似乎你想要完成的最重要的是 X、Y、Z。我总结得对吗？我还有什么遗漏的吗？"
- 使用结果规划轮（见图 D1.6）来规划此次面谈。
- 使用开放性问题，必要时可以重复以使对方理解；探讨更深层次的问题。

- 准时结束。如果还有问题没有解决，可以通过安排跟进面谈或使用电子邮件解决。

跟进

- 在每天结束之后，立即书面总结交谈的内容。示例 D1.4 提供了备忘录模板。
- 给你面谈的对象写一封感谢信，内容包括你做的总结。
- 这么做的目的是：
  - 记录交谈内容并进行总结，能够帮助你对所获知的内容进行反思，并且起到加强记忆的作用。
  - 该记录将在你执行整个学习计划的过程中起到关键的参考作用。
  - 你的总结同时向直线经理表明，你非常感谢和重视他给予的时间和投入。
  - 与面谈对象分享你所做的总结，让他有机会对任何可能的疏忽或误解进行纠正，将对你做出完美的解决方案有很大帮助。

  结果规划轮的应用既是一门科学，又是一门艺术。说它是科学，是因为访问者可以通过问题架构起整个面谈，帮助顾客把关注点从解决方案（培训）转移到预期绩效和结果。"成功架构面谈的关键在于提出深入有力、发人深省、逻辑清晰的问题。"

  结果规划轮的艺术性在于如何提出跟进问题，帮助企业领导明确企业的真正需求。在整个面谈过程中，访谈者应该使用开放性问题（不要使用只用"是"或"不是"就能回答的问题）。交流过程中要不时停下来重复对方刚才说的内容，一是为了表示你

第一法则　界定业务结果

在认真听，二是确保你的理解正确无误。

示例 D1.4

跟进备忘录模板

日期：_____

主题：面谈总结

尊敬的_____：

感谢您昨天能抽出时间和我讨论_____项目。为了确认我对业务需求和项目成果的理解正确无误，本人特别整理了这份备忘录供您参考。

此次培训项目需要满足的业务需求为_____。因此，项目的预期业务结果包括：_____。

如果培训及后续巩固能够成功，学员在工作中将会出现_____和_____（提升/降低）等变化。

评估这些变化的依据和标准分别是_____和_____。

为了确保这些变化发生，员工经理需要采取以下措施：_____；同时，需要对工作环境进行以下调整：_____。

如果项目能够满足_____标准，就可以认定项目成功。

如果以上总结存在任何问题，或者需要更改或增删内容，请随时联系我。再次感谢您为优化项目成果所做的贡献。

此致

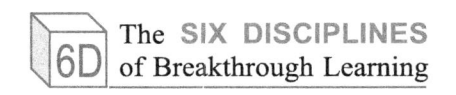

> 敬礼
>
> _____

"你能给我解释一下……"是一句非常有用的表达。它既可以用来寻求答案，也可以用来委婉地指出矛盾或混淆之处。例如，"你能给我解释一下你想要的培训课程是怎么满足你的业务需求的吗？"

我们为每个问题都准备了具体建议。

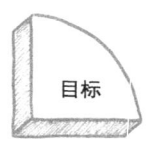

1. 要满足什么业务需求？ 第一个问题的目的是把关注点从讨论解决方案（培训）转移到发现潜在业务推动力，即需求背后的业务问题或机遇。这是为了保证培训是最合适的解决方案。

学习项目与具体业务需求之间的联系越紧密，学员及其经理给予你的认可越多。用业务结果取代学习目标，学习组织也会得到管理层的更多支持。甲骨文公司的帕特里夏·格雷戈里和史蒂夫·阿克拉姆表示：

> 数据最能表明这一转变的价值：在我们刚开始把关注点从课程本身转移到业务需求的时候，70%的销售培训项目属于公开招生，只有30%的项目是由企业出资的。如今，经过几年的实践之后，这两个数字竟然互换了：70%的项目是企业出资，只有30%的项目是公开招生。
>
> 另一项有力的数据表明，我们收到的培训要求增加了。这是因为我们更好地解决了前线的业务需求，并且总结了培训给

第一法则　界定业务结果

工作带来的结果。

最后，身为培训负责人的我们，如今已经不只是企业眼中的培训供应商，更是它们的业务伙伴。我们通过参加前期讨论，获得了更多来自管理层的支持，而且我们的意见也得到了更多重视。

格雷戈里和阿克拉姆，2014，p.283

没有想到的是，许多企业领导都答不出这个问题，因为他们根本没从这些角度考虑过培训问题。你可能需要通过一系列问题，才能掌握对方具体的业务需求。例如，在回答关于业务需求的问题时，有些管理者仅仅是重复了一遍他们的培训需求："我需要一场关于订单录入系统的培训。"这种情况的难点在于如何帮助客户调整关注重点。培训并不是他们的业务需求；培训只是众多潜在解决方案之一。你需要继续了解对方的最终目标，即培训需求之后的业务相关结果："你能介绍一下培训需求之外的业务推动因素吗？"或者"假设这场培训很成功，你的企业能从中获得哪些结果？"

这些管理者之所以首先想到培训，是因为他们相信问题在于"该做的没做"（"销售人员没有向客户介绍相关的辅助产品"）或者"做了不该做的"（"太多失误""不合理的行动"等）。你的目标是明确问题所在以及为什么要解决问题。例如，你可以问对方："你们公司的当前绩效和你的预期存在哪些差距？"或者"当前绩效花费了哪些成本？"

许多关于绩效改善的书，都会提到"缩小绩效差距"这一概念，如鲁滨逊和鲁滨逊（2008）或者古普塔（1999）；但是，这并不是说培训只能用于解决绩效问题。学习项目还可以帮助企业抓住新机遇，如进入新市场或推出新产品。赫伯特·汉高在担任英格索兰 CEO 期间，曾要求所有的业务规划都应该包含培训与发展环节，因为他觉得一切有效的规划都会包含新提案，而新提案是否能够成功，取决于员工是否具备执行提案所需的知识和技能（见案例 D1.2）。

还有一种情况是，企业领导界定的业务需求过于宽泛和概括，无法用于实际操作。例如，"我们需要提升销售额。"遇到这种要求，你需要进一步了解其中的细节、过渡步骤及过程中需要注意的事项："我能理解您希望提升销售额的迫切心情。您能介绍一下哪些方面最需要改善吗？改善的突破点在哪里？"

如果企业领导还是无法明确界定业务结果，你可以参考我们的全球合作伙伴康拉德·斯洛夏厄尔（巴西圣保罗 AfferoLab 负责人）的做法，问问对方对员工有哪些预期目标（问题 2）。通常情况下，领导都清楚自己希望员工做出哪些改善和改变。康拉德是这样引导对方的："假如你有一种万能药，能让所有的员工实现最优绩效。那时会是怎样一番景象？"接着，他会问："这些景象会给企业带来哪些结果？"康拉德发现，讨论最优绩效带来的结果，可以帮助企业领导理清培训项目的业务目标。

第一法则　界定业务结果

2. **学员需要用不同或更好的方式做什么？** 第二个问题的目的是确定影响预期结果的关键行为或表现。这一点反映了布林克霍夫所谓的"培训的基本逻辑"（1987），即学习项目的目的是帮助员工在工作中有更好的表现——用全新的、更有效的方式处理工作。行为改变之所以关键，是因为据说爱因斯坦曾说过："精神错乱的表现之一就是妄想通过一成不变的方式获得前所未有的成果。"如果你希求通过学习改善结果，你就应该知道实现这些结果需要怎样的行动，然后设计出相应的学习和转化环境来为它们提供支持。

你可以用下面的问题请客户描述一下他们心中的预期行为："假设培训成功了，当我们观察人们返回工作中的表现时，会发现哪些不同和改善？"你可以问问对方是怎么定义"更好的表现"的："'坏'的员工表现和'好'的员工表现有哪些差距？如果所有员工都表现得像最佳员工一样，会是怎样一番景象？"

当然，只凭这一场面谈是没办法完成全面绩效分析的。但是，我们认为，这场面谈的重要意义就在于我们开始从企业出资人的角度看问题了，而项目成功与否，最终就是由这些出资人决定的。在之后的跟进中，你可能需要安排额外会面和观察，真正了解预期绩效及必需的技能与知识（见案例 C.1）。有关绩效改进的详细介绍，大家可以参考 Van Tiem、Moseley 和 Dessinger（2012）、Addison、Haig 和 Kearney（2009）、Kaufman 和 Guerra-Lopez（2012）、Robinson 和 Robinson（2008）等人的著作。

3. 什么或者谁能确认学员的变化？ 第三个问题目的是讨论如何判断项目是否实现了预期成果。成功与否不是由培训部门决定的，而是由客户评判的，这就是判断的原则。之所以着重强调前面半句话，是因为出资人才是最终决定最初的动议成功与否的那个人。这一点我们会在第六法则详细讨论。出资人会以预期绩效为依据进行评估。你可以请客户（通常是指企业中的出资部门）讲一下哪些内容是可以衡量的（问题3），从而引出哪些内容应该成为衡量标准（问题4）。讨论成功标准的最佳时机是在设计项目的初期，因为这个评估标准影响着从项目设计到评估策略的所有内容。

在开始讨论问题3的时候，大家可以各抒己见："如何判断项目是否带来了预期结果？谁是第一个注意到这些改变的人？会出现哪些改变？"

你们要讨论的重点是哪些变化是最先被发现的（先行指标）。这是因为你需要尽快了解培训是否发挥了作用。讨论第三个问题的时候，你可能需要抛砖引玉，先提出几个建议，引导客户思考潜在结果问题以及如何评估这些结果。例如：

- 如果我们观察员工在培训结束后重返工作岗位的表现，我们能看到变化吗？这些变化存在于哪些方面？
- 在员工日常互动的对象中，谁会最先注意到这些改变？客户、经理还是直线下属？
- 我们可以使用业务指标（销售额、质量、客户满意度等）来追踪这些改变吗？如果可以，该选择哪种？

第一法则　界定业务结果

我们发现，尽管不同的培训会带来不同的潜在结果，但是可以把这些结果大致归纳成几类，并且找出对应的评估办法。大家在讨论这个问题的时候，可以参考表 D1.1。

表 D1.1　学习成果及评估方法分类

结果类型	数据来源	收集方法
行为变化	学员	问卷
	学员的同事或直接下属	访谈
	学员自己	观察
	学员的经理	
	受过培训的观察者	
利益相关方的看法	客户	满意度调查
	直线下属	采访
	经理	焦点小组
	其他人	
业务指标改善	公司 IT 系统	数据分析
	第三方信息调查	数据购买
工作成果改善（文案、战略规划、电脑代码、汇报演讲等）	工作样本	专家评审
		标准对照
		观察

第三个问题的目的是发现评估结果的多种潜在方法，获得认可，以及掌握客户最关心的内容。

之所以要探索多种方法，是因为这些办法也有优有劣。例如，一个项目的最终目标是提升员工保留率。但是，我们并不能用这一指标来判断培训是否成功，因为这个数据可能要等几个月之后才会逐渐显现。到了那时，我们就不能确定究竟是哪些因素导致了这些改变。是培训、经济形势的改变，还是福利的增加？而且，如果项目没有实现预期结果，到了那时再调整已经为时晚矣。

寻找先行指标，是判断项目是否按计划进行，确定潜在改善的重要环节。另外，早期出现的变化更能证明培训是否有效。面谈的内容大致如下：

"在开始讨论的时候，我们已经一致同意改善保留率是一项长期的业务需求和目标。问题在于，如果我们只凭这一点来判断项目是否有效的话，我们得等上好几个月才能看到变化。到了那时，我们就没办法判断到底是什么因素导致了这些变化。如果我们能评估一些先行指标，就可以推测出项目是否有效。这些先行指标包括调查、员工敬业度评分、360°反馈等。"

4. **所有具体成功的标准是什么？** 讨论过可能出现的结果及潜在评估方法后，我们就该讨论评估内容、评估时机及评估标准了。讨论双方必须就"成功的标准"达成一致看法，因为它属于学习组织和直线经理签订的合约中的可交付成果部分（见案例D1.3）。如果你不知道企业领导是怎么定义成功的，就很有可能偏离轨道。如果你对一个项目的成果很满意，却发现这些成果并不是客户想要的，你可能会经历工作生涯中最严重的打击。

举个例子，有一家公司投资了十万美元进行投资回报率研究，结果只收到了来自首席财务官的一句"这些数据没什么用；我可不是这样定义投资回报率的"（见案例D6.6）。这里的问题不在于投资回报率是不是一种有用的评估标准，而在于它并不是项

第一法则 界定业务结果

目出资人心中的标准。项目负责人应该在规划阶段就了解管理团队对于成功标准的看法。

第四个问题的讨论过程基本上就是一个筛选的过程，即从讨论第三个问题得出的候选选项中选出重要的几项（评估者或评估内容）。此外，还应该就出资人认为的可靠（可信）依据进行深入的讨论。例如，只凭借员工自我评估可以吗？是否需要邀请独立评估人？讨论第四个问题的目的，是为了了解企业领导对结果评估的要求和看法，而不是为了获得详细的评估计划（这是第六法则的任务）。而且，如果你不清楚对方是怎么定义成功的，你就不可能完成第一法则的流程。这个问题没有统一答案，因为一切满意的标准都是由客户定义的。当然，我们不是说学习专家就不能参与标准的制定。讨论评估的方法和内容，应该是一个"有来有往"的过程。盲目地听从他人不切实际的目标，结果必然是失败。

许多学习专家可能都不太喜欢对项目成果制定承诺，但是，巴萨拉布（2011）也说了，这是企业的规矩。有了具体的目标，学习组织就能优化学习体验，改善转化氛围，进行持续改善。最重要的是，双方对预期业务目标达成一致看法后，学习组织的可信度会得到提升并获得相应的地位，从而成为企业真正的业务伙伴。

🔧 **实践应用**

- 使用结果规划轮构建学习项目业务目标的讨论框架。
- 使用更详细的绩效分析对结果规划轮得出的结论进行补充。

案例 D1.3 满意标准

我们曾经问过获奖作者理查德·莱德（与他人合著《工作时吹口哨》和《在火中占有一席之地》）是怎样看待设立目标的，他的回答表明了自己对这一流程的重视：

"我们会要求企业领导设立 COS，也就是满意标准（Conditions of Satisfaction）。你的满意标准是什么？这次项目之后，你想看到哪些变化？你想看到哪些转化成果？有没有具体的期限？

"你可以说这是一种责任分配，但是，当领导者回到领导岗位的时候，他们就成了客户。在领导力发展中，一线领导就是客户。他们提出要求和具体的满意标准。这些情况在培训及之后的跟进中也是一样；他们对培训项目也有自己的满意标准。

"但是，经常会有领导者不清楚自己的满意标准是什么。为了了解会议、培训和交易内容，领导者总要学习一些特定的表达和规范，这样就能扫清疑惑和不解。这应该是常识；总之，关键就在于找准薄弱环节。"

➲ 建立共同责任

其实，结果规划轮一共有五个问题；不过，要想看到第五个问题，你必须先回答前四个问题。第五个问题是："如何保证行为和结果？"（见图 D1.7）

第一法则　界定业务结果

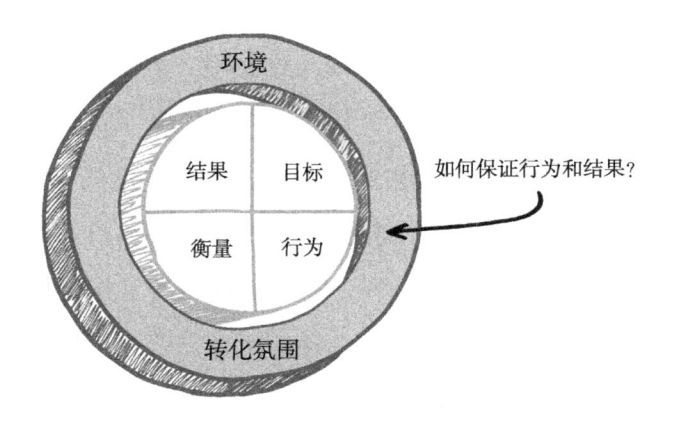

图 D1.7　结果规划轮的第五个也是关键的问题

这种情景就好像："非常感谢你跟我分享你对预期业务结果和相关行为要求的看法。我还有最后一个问题：'怎样才能确保这些行为真正得到了落实，项目结果如愿实现？'依我看来，可用的措施包括监督者的巩固、认可、奖励和惩罚等。我们会确保学员在培训结束之后能自信地说出'我能'。但是，他们会不会在工作中应用学到的内容，取决于工作环境。我们怎么才能保证这一点？"

既然管理者已经说了他们觉得学习会带来哪些必然结果和重要结果（前四个问题），我们就得抓住这个机会告诉对方，项目是否能改善绩效，取决于学习本身，也取决于培训后的环境；这两者同等重要。领导者必须提供相应的支持和巩固（管理者的直接影响范围），学习项目才会发挥作用。大家应该还记得，增益绩效是由工作流程的质量、职场政策，以及员工的技能和付出共同决定的（见图 D1.1）。

当你把关注点从学习体验转移到绩效改善的时候，你就会意识到"学习生态圈"的重要性（Frielick，2004），即学员所处的环境（见表 D1.2）。员工学到的内容，离不开绩效管理系统、奖励体系，以及专门的管理实践和方法等方面的支持。只有具备这几个方面的支持，员工才能生机勃勃地发展和成熟，就像植物必须种植在合适的土壤中一样。因为培训后的工作环境是由管理层控制的，所以管理者的行为会导致两种完全相反的结果。此时，你需要和出资人一起播下种子，因为你需要他们的支持才能改善工作流程和工作环境，优化学习带来的影响。

> **实践应用**
> - 通过第五个问题（如何保证行为和结果？），让管理者意识到自己在推动预期结果实现的过程中的责任。
> - 时刻关注学员的工作环境，它决定着项目的成败。
> - 在书面讨论总结中强调第五个问题的要点（见示例 D1.4）。

表 D1.2　第五个问题（如何保证行为和结果？）的相关例子

所属类别	备　注
反馈	人们都渴望听到反馈，需要借助反馈改善自己的绩效。反馈的来源有很多，包括他们的经理、同事，甚至自我评估。
认可	来自别人的认可是一种非常强大的动力，这也是游戏化的原因之一。总的来说，来自经理的直接认可比物质奖励更有推动力。
奖励	物质奖励虽然不如人们以为的那样重要，但是，如果为应用培训内容设置奖励的话，也可以推动改变。可惜，获得奖励的内容通常都不是培训内容，或者只奖励结果不考虑过程，这些都会对预期结果造成负面影响。

第一法则　界定业务结果

续表

所属类别	备注
绩效管理体系	绩效管理体系、年度考评等一切员工评价体系，都必须与培训内容挂钩，否则培训就会转化成学习废品。
管理实践	"耳听为虚，眼见为实。"学员的监督者必须积极实践，将教学内容常规化，培训才能发挥最大作用。摩泽尔曾在 50 多年前说过："不管培训人员做了什么，企业高层必须通过改善组织氛围或奖励体系，才能真正推动培训向着预期结果前进。只有当培训内容和高层管理者每天传递的内容一致时，培训才会发挥作用。"（Mosel，1957，由原作者标明）
惩罚措施	既然应用培训内容可以获得奖励和认可（萝卜），那么不这么做的话自然也会有惩罚（大棒）。有一句话说得很贴切："推一步，走一步，不推就不走。"如果没人在意员工会不会应用培训内容，他们肯定会选择不用。

逻辑模型

从开始学习到绩效改善就像一次旅程。为这次旅程规划好路线，可以帮助设计者、合作伙伴和出资人对整个行程及终点有一个形象化的了解。这就是丹·罗姆在其著作《餐巾纸的背面》中所说的"视觉思维"。

> 视觉思维是指充分利用人类的视觉优势——真正的眼睛和心灵的眼睛——去发现以往被疏漏的想法，直观快速地完善这些想法，然后简单明了地和他人分享这些想法。（p.3）

逻辑模型是一种显示项目中关键要素的工具，它可以展示这些要素之间的相互联系，以及它们是如何实现预期结果的。逻辑模型让"变革理论"（项目的预期目标）及待评估内容变得清晰明了。人们通常会利用这一工具从整体上展示和评估项目（Frechtling，2007），而且实践也表明，这一工具在设计和评估企业学习项目的时候尤其有用（Parskey，2014）。

> 逻辑模型让"变革理论"变得清晰明了。

图 D1.8 展示了逻辑图的通用形式，以及公司出资学习项目的基本原理：公司在活动（培训、行动学习项目、绩效支持等）中投入资源（时间和金钱），然后获得产出（学员人数、在岗辅导课时数、社交网络中的学员人数等），最终为企业带来结果（客户满意度提升、销售额增加、生产周期缩短等）。需要注意的是，尽管逻辑图一般是按照时间顺序从左至右绘制的（从资源到结果），但我们在制定有效的学习项目的时候，则需要完全反过来，从界定预期结果开始。

在本书中，逻辑图这一概念将贯穿始终，一方面让书的内容更加充实，另一方面展示了各种因素需要怎样配合才能实现预期结果。在流程中的这一环节，虽然你已经和出资人进行过结果规划轮讨论，但是你的逻辑图还非常不完整，仅仅界定了结果而已。不过，我们的目标很明确，这就足以帮助我们选择正确的路线，投入正确的资源。

第一法则　界定业务结果　6D

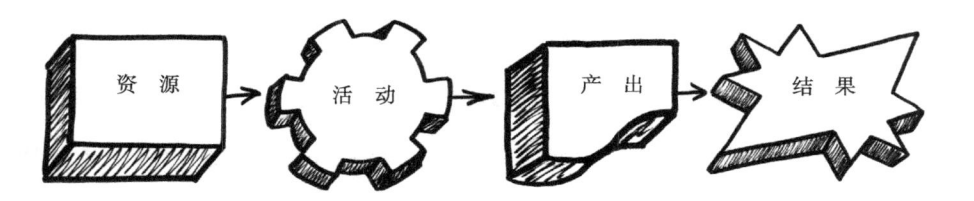

图 D1.8　通用的高阶逻辑图

> 🔧 **实践应用**
>
> - 绘制一份逻辑图，说明活动、产出和结果之间的关系。
> - 使用逻辑图为规划和评估提供指导。
> - 与关键人员共同完善逻辑图，让每个人都清楚目标所在以及实现目标的过程。

D1 管理项目组合

　　伟大的军事战略家克劳塞维茨曾说过，战略的精髓就是把资源集中到"决定性目标"上。企业管理者的主要任务之一就是管理公司的产品和服务组合，进行投资分配。产品的价值各有差异，有的更有助于推动销售增长和盈利。造成这种现象的原因有很多，包括市场规模、竞争，以及产品处于生命周期的哪一阶段。潜力较大的产品，就会获得更多投资和关注；潜力较小的产品，则应该被忽略和淘汰。

　　波士顿矩阵（BCG Grid）是最著名的业务组合管理工具之一。

它使用市场增长和市场份额两个维度来划分业务线,包含四个业务/产品象限或类型(见图D1.9)。

- **明星型业务**。以较高的市场份额进入快速发展的行业或领域。这类业务需要高额资金来维持增长,使其潜力实现最大化。
- **现金牛业务**。在低速发展的领域拥有较高的市场份额。之所以叫作"现金牛",是因为它们可以带来现金,为明星型业务和新的投资项目提供支持。这类业务所需投资较少,因为它们的增长潜力不高;不过,企业必须维持这类业务。现金牛是所有企业都必须重视的一类业务,对于企业发展有着关键意义。
- **瘦狗型业务**。这类业务在慢速发展的成熟市场中占有较低份额。由于这类业务既不能产生大量现金,也没有良好的增长潜力,所以并没有实质性的战略价值。如果把这类业务耗费的时间和资源投入到其他方面,还能获得更高的结果。迈克尔·波特在其文章《什么是战略?》中指出,企业总要做出取舍;"取"和"舍"同样重要(Porter,1996)。企业应该出售或用其他方式处理这些"瘦狗",以便把资源转移到更有利的领域。
- **问题型业务**。产品或业务身处高速增长的市场,却无法发挥潜力占领市场份额。企业需要留心这类业务。如果能够出现转机,这类业务就会发展成明星型业务,产出现金流;否则,它们就会变成"瘦狗",变成组织发展的负担。

第一法则　界定业务结果　6D

图 D1.9　波士顿矩阵

企业管理者的任务是不断评估业务组合并调整投资，确保潜力最大的业务线可以获得所需的时间、精力、金钱和创意投入。

学习项目组合也可以借鉴这些概念。每款学习项目给组织创造的潜在结果各不相同。顶尖的学习组织深谙组合

> 战略的精髓就是把资源集中到"决定性目标"上。

管理之道，把投资的重点放在明星型业务上，淘汰那些低价值、低效率的项目。波士顿矩阵也可以用于学习项目管理，只需要把两个坐标轴改成"潜在业务贡献"和"当前效率水平"即可。我们可以把这种新的矩阵称为"培训潜力/实际效率矩阵"（Training Potential/Actual Grid），或缩写成 TP/A 矩阵（见图 D1.10）。同样，我们可以把学习项目按照下面的定义分成四类：

83

- **明星型项目**。具有关键战略意义的高效项目，如领导效率、新产品宣传、新市场渗透战略等。这些项目配得上最顶尖的人才、创意和投资。
- **现金牛项目**。这类项目具有较高的效率。它们并不夺人眼球，但却影响着企业的整体效率，如安全培训、入职培训及规范培训。和处理现金牛产品或业务的办法一样，企业对这类项目既不能放任不管，也不能过分关注。
- **瘦狗型项目**。这类项目或者完全没效果，或者效果非常有限。它们可能是企业在很久以前为了解决与现在无关的问题而设立的，也可能是在一开始就选错了解决方案。不管怎样，这类项目挥霍着企业的资源、经理和士气，应该马上叫停。
- **问题型项目**。尚未发挥完整潜力的培训项目。人们需要研究这类项目，确定问题所在：究竟是高估了它的潜力，误诊了企业的问题，不到位的培训，还是缺少转化支持？如果它们有潜力成为明星型项目或现金牛项目，人们就要着手解决这些问题；否则，就应该考虑叫停这些项目，以便把资源转移到更有利的领域。

有效的学习项目组合管理，需要由企业领导和学习专家定期（每季度或每年）进行优先级调整。这是因为学习也是一项业务职能。因此，许多企业设有学习顾问委员会。学习专家应该积极地参与到这一流程中。他们应该主动表达看法，推荐淘汰某些项目，把资源分配给那些新的或更有潜力的项目。

第一法则　界定业务结果

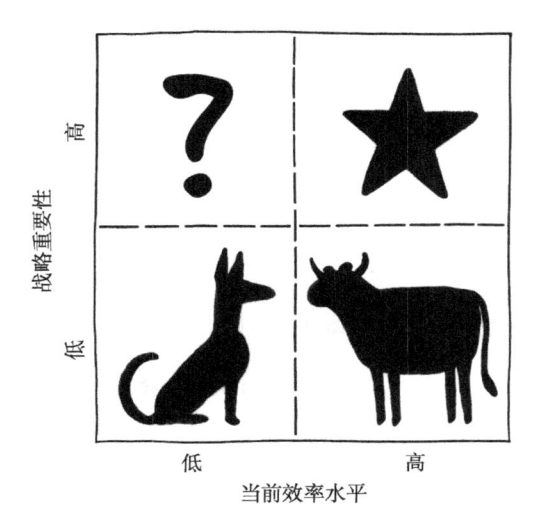

图 D1.10　TP/A 矩阵

值得注意的是，合理的投资优先分配是以项目对业务结果的潜在贡献和实际贡献为依据的，而不是由学习目标、反响评分或存在时间的长短决定的。培训是一项业务职能，也需要人进行管理。管理学习的第一步就是明确界定预期结果（第一法则）。

实践应用

- 学习项目的价值各不相同。
- 投资潜力最大的项目，使项目带来的结果最大化。
- 使用 TP/A 矩阵分析企业中的明星型项目和瘦狗型项目，就相关项目的取舍问题制定战略决策。

D1 小结

使用业务术语界定业务结果（第一法则）是学习与发展项目的第一步，也是非常关键的一步。但是，这一步经常被忽略。成功的学习组织全心关注绩效，坚持以终为始。这些组织和关键出资人并没有只关注学习目标能否实现，还共同界定了项目带来的预期业务结果。他们把精力和资源进行优先分配，集中投入在潜力和成功率最高的项目上。在开始设计项目之前，他们就和出资人就评估成功的标准达成了一致看法。

界定业务结果是一切学习项目的基石。如果学习专家忽略了这一步，他们就把整个项目，甚至整个企业，都置于风险之中。

示例 D1.5

第一法则检查清单

使用下面的清单确定培训是否为正确的解决方案，学习项目目标是否为预期业务结果。

总体项目

☐ 该项目能够解决由于缺乏知识或技能而产生的绩效问题。

☐ 曾经尝试使用培训之外的其他解决方案，但证明是无效的。

☐ 已经通过需求分析确定了改善绩效所需的知识和技能。

☐ 已经确认并讨论过可能影响成功实施该项目的环境因素（如责任

第一法则　界定业务结果

- 分配、奖惩措施及在岗辅导等）。
- ☐ 已经绘制了高阶逻辑图，并在图中展示了学习项目和预期结果之间的联系。
- ☐ 管理层已经了解转化氛围对学习项目结果的重要影响。
- ☐ 管理层已经接受了相关责任和角色，愿意为学习转化创造积极的环境氛围。
- ☐ 出资人的"满足标准"已经确定。

单项项目目标
- ☐ 明显与业务需求或面临的机会高度相关，能够产生高附加值。
- ☐ 能够说明项目将要达到的实际绩效（非知识、能力和技能）。
- ☐ 能够清晰地界定绩效达成的程度和需要的时间。
- ☐ 使用业务术语、业务概念和业务语言来描述。
- ☐ 明确界定衡量项目成功的标准。

DI 行动指南

致培训负责人

- 阅读和思考业务规划。积极地寻找学习与发展项目可以发挥作用的地方。
- 不能因为有人提出开展培训，就轻易地启动培训项目。
  - 经常要问："为什么？项目对企业有什么益处？"
- 在设计项目前，使用结果规划轮与管理层达成明确的一致意见，确定业务目标与评估标准。
- 使用"还需要做什么？"这个问题帮助企业领导认识到，他们的支持以及奖惩措施等因素，影响着培训的成败。
- 检查你负责的所有项目，确保每个项目的目标都与业务有关联。
- 积极主动地管理培训项目。
  - 使用 TP/A 矩阵按照战略重要性和效率对项目进行分类。
  - 如有必要，重新分配资源以实现价值最大化。

致业务负责人

- 把你的真实需求（不是解决方案）告诉学习负责人（如为时一天的工作坊）；他们的工作就是提供最佳解决方案。
- 回顾自己负责的业务单元中的学习与发展项目组合。
  - 这些项目与最急需解决的业务需求是一致的吗？
  - 还有哪些关键需求没有解决？
  - 投入低价值项目的资源可以转移到高价值的项目上吗？
- 如果当前的学习与发展项目没有与最重要的业务需求保持一致，那么你和培训负责人有责任对其进行调整。
- 重新平衡学习与发展项目的资源配置，为那些具有最高潜在回报的项目投入更多的资源。
- 写下你真正需要通过学习与发展项目解决的业务需求。
  - 确定培训是正确的解决方案。
  - 与学习与发展项目合作伙伴使用结果规划轮进行沟通。
  - 与培训负责人达成共识：培训后期望学员改善的行为表现，

第一法则　界定业务结果

以及如何确认行为改变。

- 明确你的"满意标准",即可以通过哪些内容确定项目取得了成功。

• 要求学习与发展团队制订计划实现这些目标。

- 使用 6Ds®法则应用计分卡(示例 1.2)对这些计划进行严格审核。

D2 第二法则

设计完整体验

> 如果你不能把自己的工作流程化,就说明你根本不知道自己在做什么。
>
> ——爱德华兹·戴明

流程是指"一系列把现有投入转化为预期结果的规划活动"(Rummler,2007,p.197)。流程思维由戴明和朱兰等人在"二战"后首次提出,随后引起了巨大的商业变革,最终以更低的成本创造出了更高品质的商品和服务。流程思维重新定义了竞争的本质,于是才有了现在这种说法:"竞争比的并不是人力、产品或者企业,而是流程。"(Tenner 和 DeToro,1997,p.15)拥有清晰流程的组织,可以用最小的成本创造出最大的价值,并在竞争中胜出。

企业出资的学习项目也属于流程中的一种,即把人力、时间和材料投入转化为增值结果(绩效改善)的一系列必要步骤(见

第二法则　设计完整体验　6D

图D2.1）。和其他业务流程一样，学习项目的最终结果也是由因果链中的最弱一环决定的。因此，即使学习项目本身无懈可击，如果在应用环节出了差错，项目就无法为企业带来任何价值。因此，成功的企业学习项目，不仅只关注项目本身（课堂、模拟、E-learning等），也十分重视第二法则——设计完整体验——的意义。

确定及分析需求 → 设计及实施培训 → 实践支持 → 评估成果 → 改善流程

图 D2.1　培训也是一种流程

设计完整体验之所以重要，是因为人们每时每刻都在学习——包括学习培训项目之外的内容。人们学习的渠道非常丰富，如公司组织的培训、来自管理者的反馈、来自其他学员的评价等。举例来说，如果讲师在课堂上讲的内容和学员的预习作业一模一样，那么学员就会心安理得地忽视课前预习。员工很清楚，培训结束后，公司不会有任何跟进项目，也不会在意他们有没有在工作中应用学到的内容。如果想改善企业学习项目的成效，我们就必须重视学习项目中的每个细节，设计和管理完整的学习体验。

本章我们讲学习如何全面系统地设计和管理学习流程——主动规划和干预传统学习项目开始前后的活动——以及由此获得的结果。

本章主要内容包括：

- 学习是一个持续的过程；
- 项目成果受多种因素影响；
- 将学习转化为业务结果的四个阶段；
- 重新定义学习项目的终点线；
- 第二法则检查清单；
- 致培训负责人和业务负责人。

D2 学习是一个持续的过程

"学习不是一件一蹴而就的事，而是一个持续的过程。"大家应该都听过这句话，大多数职场学习专家也都认同这句话。但是，由于以往的观念根深蒂固，我们总会无意识地用"活动"来指代学习项目，最终导致不断地陷入"学习=一场活动"的范式。就连最近出版的《SAM 课程设计与开发》（Allen & Sites，中译本于 2015 年在电子工业出版社出版）一书也用了类似的表达，"剖析成功的学习活动"以及"精练、有效的学习活动"（p.21-22）。

精练、有效的学习体验是学习—成果流程的关键一环。但是，第二法则要告诉大家的是，如果企业把所有的关注、资源和精力都放在"活动"上，学习项目的潜力就会受到影响，学习废品的数量就会增加。作为专业从业者，我们必须摒弃"学习=一场活动"这

> 如果我们把学习当成一场活动，学习效果就会受到影响。

第二法则　设计完整体验

一范式。

通过托马斯·库恩的经典著作《科学革命的结构》（2012），人们了解了"范式"（广为接受的"真理"）的概念及其对思维的影响。虽然库恩认为范式是"常规科学"和日常解决方案中的关键要素，但不可否认的是，现在流行的许多范式都影响了流程的效率，我们必须果断抛弃。学习与发展项目也面临着同样的问题；学习专家不摒弃"学习=一场活动"这一范式，学习项目的效果就得不到改善。

安捷伦科技有限公司（Agilent Technologies）首席学习官特雷莎·瑞秋说过："我希望安捷伦的每一个部门都能坚持创新和学习，创造业务结果。全球学习和领导力发展部门的员工很清楚，如果单纯地以传统方式实施传统项目，不管大家最后对课程的评价有多高，都无法实现这一目标。要想让企业的培训投资发挥最大价值，我们必须拓宽学习时机、学习场合和学习方式的范围。"

鉴于业务问题通常都"牵一发而动全身"，所以几乎不可能只靠一场独立的活动就能解决。"从最基本的层面来看，每一个组织都是一个人员绩效系统。它由人员建立和运营，唯一的目的是为股东创造价值……只有了解了这一情况，才能设计出全面的组织改善方案"（Tosti，2009）。

国际绩效改进协会（ISPI）自成立起就不断强调全面系统地进行人力资源干预的重要性。协会的绩效标准这样写道："之所以强调要用系统的眼光审视问题，是因为企业就是一个错综复杂的开放式系统……系统化的解决方案考虑到了影响流程及其效率的大环境。这个环境不仅指投入，更重要的是指压力、预期、限制及结果。"

范式思维造成了许多问题，其中之一就是让学员觉得参加学习项目就和看球赛或电影一样，只做观众就够了。这种思维似乎在告诉员工："只要上了课，你就完成了培训。"课程活动结束代表着项目的结束；接下来就没安排了。可是，企业学习项目并不能止步于此。学员应该在学习中发挥主动作用，在课程结束后继续学习。这一步才是价值所在——我们会在第四法则"推动学习转化"中详细介绍这一点。

> **实践应用**
> - 注意观察"学习=一场活动"范式对学习和业务人员的影响程度。
> - 避免把学习项目等同于"一场活动"。

D2 项目成果受多种因素影响

要想实现从"活动范式"到"系统思维"的转变，我们必须意识到一点：学习并不能脱离环境独立存在。人们的学习效果会受到多种因素的影响，包括预期目标、学习态度、以往经验、个人天分以及情绪状态。而后续的转化和应用也同样受到无数因素的影响，包括机遇、激励、

> 培训课程的前期准备及后期跟进与课程本身同样重要。

第二法则　设计完整体验　6D

巩固，以及初期的成功或失败（见图 D2.2）。

实际上，研究表明，培训课程的前期准备及后期跟进与课程本身同样重要。因此，企业的学习部门需要重新定义他们的责任范围：从"组织学习活动"上升到"推动绩效改善"。要想实现绩效改善，学习部门必须重视影响学习成果的所有因素以及学习—成果流程的四个阶段（见下文）。

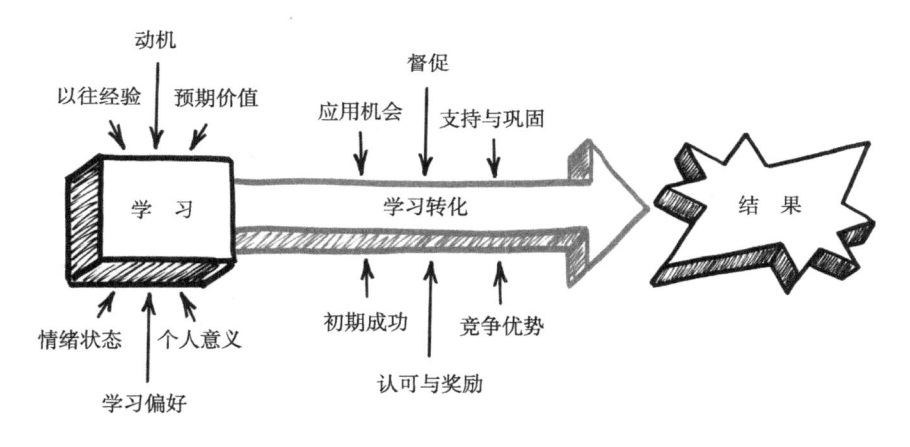

图 D2.2　影响学习体验、转化及结果的众多因素

克罗泽尔在《参与宣言：组织成功的系统方法》一书中写道：

> 学习项目的成功离不开整个系统的支持。项目中的每个人都应该对项目目标、预期结果以及个人收获了如指掌。领导者必须在绩效管理系统中留意新行为的应用情况，思考如何评估这些行为，以及如何奖励实现预期目标的员工。以上这些内容可以确保学习项目能够带来切实、持久的改变。

D2 学习—成果流程的四个阶段

将学习转化为业务结果需要经历四个阶段,即学习—成果流程的四个阶段(见图 D2.3):

1. 学员、学习规划和学习环节的准备
2. 指导性学习
3. 学习转化和应用
4. 评估改善

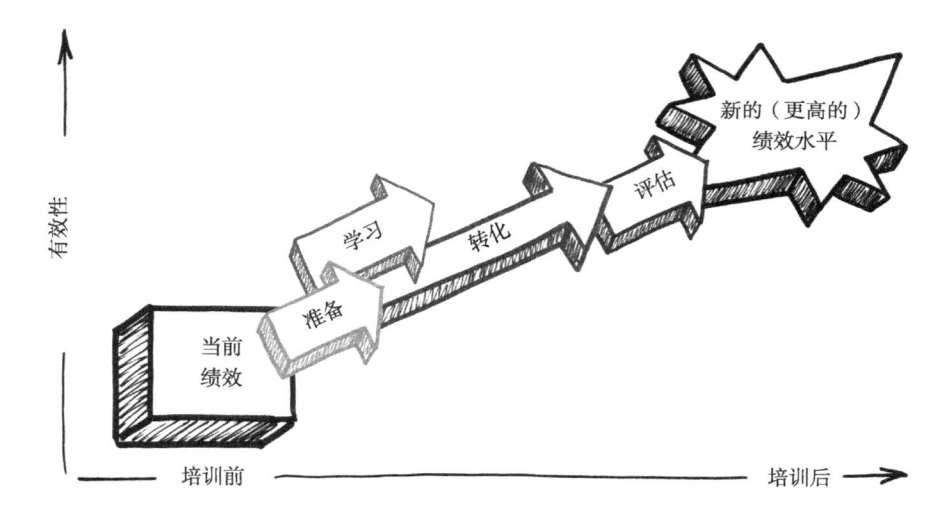

图 D2.3 将学习转化为业务结果的四个阶段

这四个阶段影响着学员运用新知识的能力和意愿,因此也影响着学习项目的有效性。它们是影响绩效改善、企业学习资产应用及战略执行的关键(见案例 D2.1)。

第二法则　设计完整体验

案例 D2.1　UBC 的完整学习体验

美国木匠和工匠联合会（UBC）代表着美国境内 50 多万名建筑行业从业者，他们为社会带来了高效、优质、专业的服务。UBC 主席道格拉斯·麦卡伦一直把学习作为 UBC 的核心战略，希望以此提升会员的竞争力，增加市场份额占有率。

UBC 首席学习官兰迪·埃帕德的任务就是确保学习项目能够达到预期成果，让学习也成为组织的战略资产。UBC 在拉斯维加斯拥有占地 120 万平方英尺的培训中心，为了充分利用这一条件，兰迪带领团队重新定义学习，把关注的重点从"教学活动"转移到"业务流程"。他要求团队给组织带来完整的学习体验，其中必须包括一切能为 UBC 的市场战略提供支持的必要元素。

兰迪的第一步，是把 6Ds® 法则融入团队的日常工作中。他们把全新的"熟练工领导力培养项目"作为重中之重，因为这一项目面向的是那些拥有巨大潜力、能够影响 UBC 未来的群体——熟练工。该项目的目的是让这些熟练工积极实践变革型领导的内容。

在设计该项目的时候，兰迪及其团队在其中融入了学习的四个阶段。他们明确地告诉学员，整个学习项目为期六个月，参加课程目的是推动今后的工作。课程结束后，UBC 的学习团队以全新的学习管理系统、教练及工具为支持，推动了学习转化，确保整个项目圆满成功。

在采用 6Ds® 法则及流程思维之前，UBC 的学习项目转化率只有 35%。当兰迪及其团队在项目中加入学习四阶段之后，这一数字达到了 80%。将学习转化为实践的员工数量也达到了以往的两倍多。

兰迪表示，"UBC 培训中心的学习项目始终以流程思维为核心，以业务结果为重点。我们在设计每一个新项目的时候，都会从设计完整体验出发，确保项目实现最优价值，带来积极影响"。

阶段一：准备

第一阶段是准备。这里的"准备"并不是传统意义上的课前准备，主要包括以下内容：

- 学习规划准备；
- 学员准备；
- 环境准备。

⊃ 学习规划准备

当你学会用流程思维看待学习的时候，学习规划就不仅仅是指传统的课程设计了。你需要为学习的四个阶段分别制订规划：教学活动开始前需要做哪些准备？教学活动结束后需要哪些支持才能推动继续学习和学习转化？

学习项目的逻辑图需要清晰展示学习—成果流程中每个阶段的活动（见图 D2.4）。开展项目之前对整个设计进行审查，确保没有遗漏任何阶段，并且每一阶段都有明确的规划。

第二法则　设计完整体验　6D

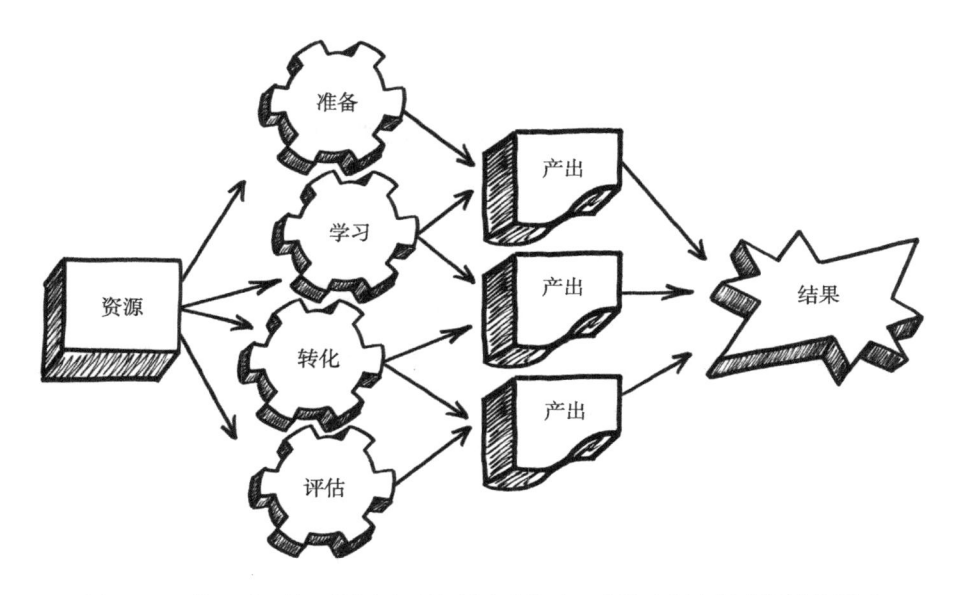

图 D2.4　学习项目的逻辑图需要清晰展示学习—成果流程中每个阶段的活动

○ **学员准备**

大多数学习项目都会布置"课前作业",如阅读材料,完成虚拟学习项目,参加评估等。在第一阶段的学习中,我们会尽量避免使用"课前作业"这种说法(不一定能完全避免),因为这种说法会让学员觉得"课前预习"不如之后的内容重要。实际上,第一阶段也是学习的一部分,和其他三个阶段同等重要。

第一阶段的主要目的是让学员建立统一的知识基础。但是,除此以外,它还有激发学习兴趣、建立学习意愿,以及为课程设计收集信息等作用。

为什么要建立统一的知识基础?因为每一次学习都是把新想法/新技能与已有思维框架建立联系的过程。我们必须确保学员具有相关背景（教育及经验）并且了解课程意义，才能改善项目的效果和效率。这样也可以统一不同水平的学员对新知识的接受能力。

> 每一次开始培训前，你必须对学员的知识背景有所了解。如果你想当然地以为所有学员都掌握了基础知识，那么这种自以为然定会让你付出代价。
>
> ——康克林，2012

第一阶段的另一个重要目标是确保学员拥有正确的学习态度和预期。参加培训的员工并不是等待吸收新知识的白纸。他们当中的大多数都已经对学习项目带来的价值有了大概了解，并会因此来决定在学习中投入多少时间和精力。

特沃斯基和卡尼曼通过一系列精妙的实验，证明了这种"启动效应"的强大影响。这些实验也为他们二人争取到了 2002 年诺贝尔奖。其中，最惊人的实验应该是骰子对法官量刑决定的影响。此外，艾瑞里的实验虽然不似前者这么惊人，但是也证明相同的结论：他在啤酒中加入了不同的原料，然后请学生们品尝；学生们事先是否知道加了什么原料，影响着他们对啤酒口味的评价（见图 D2.5）。

> 项目带来的期望，对员工是否愿意参加学习项目具有重要影响。

第二法则　设计完整体验

"这种啤酒里加了神秘原料。"　　　　　　　　　　"这种啤酒里加了醋。"

"真好喝！"　　　　　　　　　　　　　　　　　　"太难喝了！"

图 D2.5　同样的课程，不同的预期会产生不同的结果

凯莉在麻省理工学院进行过一个经典实验，这个实验也可以直接带入培训中。实验是这样的：学生在课前收到了同一名讲师的简介，但是这份简介有两个版本——只有两个字的差别。可是，就是这两个字的差别，对学生的学习体验造成了巨大影响。有趣的是，美国西点军校的伯纳德·班克斯中校也得出了相似的结论：两字之差对预期带来的巨大影响。

2011 年秋天，我们修改了 PL300（军事领导项目）其中一项主要目标的表述："军校学员在当前领导环境下主动应用相关框架、概念及理论。"（旧版本里是"能够应用"。）尽管我们只是把"能够"改成了"主动"，然后新加了"当前"两个字，但是讲师和学生对课程的态度却有了惊人的转变。

——班克斯，2014

显而易见，如果两个字就能改变学员的学习体验，那么学员

对于学习项目的态度也会影响他们的体验和最终成果。Tharenou 的研究表明，期望——尤其是对项目本身的实际效用期望——对员工是否愿意参加学习项目具有重要影响。如果学习与发展规划者忽略了启动效应的影响，项目就会面临巨大的风险。

哪些因素决定了学员的学习态度？答案是许多，其中主要包括：

- 学员过往的学习体验（学生时期以及工作之后）；
- 管理者有意或无意流露的讯号；
- 项目简介；
- 同事对项目的看法。

过往体验　如果学员曾有过非常难忘的学习体验，他们就会怀着积极的心态参加这次学习；但是，如果学校学习或以往的企业培训给他们留下了不好的体验，他们就会对这次学习充满抗拒。遗憾的是，负面的学习体验往往会带来更深远、更持久的影响。这意味着培训和发展部门在设计和执行项目时，不能出任何差错。枯燥的虚拟学习、杂乱无序的课程安排，或者对于解决问题毫无裨益的培训，只会带来长久的负面影响。这些影响会一直持续到项目结束后，甚至让员工对今后的学习项目也抱有怀疑态度，严重削弱了项目的价值和效果。

对于接受过高等教育的设计师和讲师来说，他们很难意识到并不是每个人都喜欢上学的。加拿大某家电力公司的培训负责人告诉我们："我们的电力工人个个技能熟练，知道怎么安全高效地完成工作。但是他们大部分人对于教育系统的印象都不好，尤

第二法则　设计完整体验

其是特别讨厌学校。要是让他们老老实实地坐在教室里听课的话，他们就会牢骚不断，抗拒到底。所以，面对这些员工，我们放弃了课堂式教学，着重手把手的实际操作培训和其他非课堂式教学方法。"

实践应用

- 了解学员的背景，按照他们的喜好因材施教。
- 确保学习项目的关联性和实用性；负面的学习体验会让以后的项目更难创造价值。

管理者的讯号　管理者的表现是员工判断工作内容重要与否的主要依据。如果一名经理对即将开始的学习项目表现出不屑（"你们又要请假去学习了？"），那么学习项目的价值就会大打折扣，员工的学习意愿也会降低。如果管理者对培训项目不闻不问，那么员工就会觉得培训这件事根本不重要，最终导致负面影响。"闭口不言，拒绝沟通，或者缺乏主动性，这些表现也会向外传递信息——虽然肯定不会是正面信息"（Crozier，2011，p.52）。相反，如果一名经理对培训表现出十足的重视（"我真心希望你们能认真看待这次培训，然后告诉我你们今后打算怎么应用这些知识"），那么员工学习和应用知识的意愿也会随之高涨。

布林克霍夫和蒙特西诺（1995）通过实验发现，如果学员和管理者在培训前和培训后进行过沟通，那么学员应用新技能的情况就会显著改善。费尔德斯坦和布斯曼（1997）发现，在影响学员绩效的众多因素中，有一半都是与管理者的影响有关的。75%的高绩效学员都表示，他们的领导表达过对绩效改善的期待；在绩效较低的学员中，只有25%的人经历过这种情况。有了课程前和课程后的交流，学员和管理者都会实现较高的转化率。最近，牛顿（2014）发现，培训前的交流和三个月后管理者对培训的评价之间有着很高的关联性。

当然，学习成果最终还是要看学员本身。彼得·德鲁克有这样一句名言："发展归根结底就是自我推动。如果企业认为自己承担着发展的责任……那肯定是在夸夸其谈。这份责任最终是在个人。"（1974，p.427）另外，如果管理者一边要求员工个人认真学习，一边无视学习项目的重要性，这种做法不仅不明智，而且对员工来说不公平。了解了管理者对学员态度的影响，优秀的企业就会鼓励管理者和直线下属在培训前进行沟通；有些企业甚至把这一步作为强制要求。

> **实践应用**
> - 鼓励学员的经理及其直线下属在培训前进行简单扼要、目标明确的讨论。
> - 引导管理者了解这类讨论的意义，并提供简单的指导和纲要，推动讨论顺利进行。

项目简介 项目的简介和定位决定了学员对项目的看法。市场营销部门会在产品定位和品牌承诺方面花费大把的时间和金钱，因为他们希望消费者在听到产品名字的时候就能联想到这些

第二法则　设计完整体验

内容。这样做的目的是在品牌和客户预期之间建立积极的联系，并将这种联系深深植入消费者心里。

但是，员工想从培训中获得什么？诺尔斯的成人学习理论和关于员工参加培训动机的研究都表明，只有当成人学习者认为学习内容可以为生活和工作带来实际结果时，他们才有学习动机。这也是我们在第一法则"界定业务结果"中强调项目结果（项目为学员和组织带来的帮助）的原因。为了给学习项目争取认可和支持，你需要明确说明组织此次项目的原因，即项目给学员带来的益处。在这里，你不仅需要介绍项目的内容和特点，还要说明项目的结果（可以给员工带来哪些好处）。PowerUpSuccess 的雷·潘是我们的一名同行，他经常说："介绍了内容，收获自然不言而喻。"可是，"许多人只是单纯介绍了内容，就幻想着买家能自己领悟从中获得的价值或利益。"可是许多买家不具有也不会有这种领悟，导致他们低估了这个机会的价值。

项目结果介绍是所有销售培训项目的一部分。不过，大多数课程简介只把重点放在了课程本身（课时、讲师、学习目标），对于个人和企业获得的结果往往一笔带过或根本不提。下面这份在线课程简介就是一个典型。

战略成本管理是一门为期两天的课程。课程通过案例研究将理论知识和动手操作的学习技术完美结合。你将：

> 介绍了内容，收获自然不言而喻。

- 学会如何为构建成本模型寻找数据资源；
- 掌握采购服务和材料的成本架构；

- 了解管理价格和管理成本的区别；
- 认识和应用一系列成本管理工具；
- 学会在谈判中有效地运用成本模型；
- 学会在长期合同谈判中应用定价原则。

这些学习内容可以给学员带来哪些好处？这就得学员自己来想了。与上面的例子相反，下面这个例子就很好地用 WIIFM（"它能带给我什么？"）这个问题说明了为什么人们要参加这个课程。

各类文体，信手拈来！如何轻松快速地打造一篇拥有完美格式的文章——书信、备忘、报告、提案或者绩效考核？本课程提供文体基础格式和模板，让您轻松应对文案工作，高效传达文本内容。课程之后，您将学会如何精简写作流程并通过注重内容而非格式，节约写作时间。把您的问题告诉我们，我们将为您提供一对一反馈。

请注意上面这个例子是如何清晰地介绍结果的，以及是如何通过提问让你觉得自己也许会从这门课程中有所收获。我们在亚洲举办工作坊的时候遇到过一名学员，她的例子很好地证明了结果在课程简介中的作用。和我们讨论过之后，她重新修改了部门里所有的课程简介，把重点从课程内容（活动、产出）转移到了业务和个人利益（结果）上。之后，虽然课程本身的内容没有任何改变，但是潜在学员及其经理对项目的兴趣却陡然激增——这一切仅仅是因为项目的定位和描述发生了变化。

我们在这里讲的主要是课程简介，但是你在邀请别人参加培

第二法则　设计完整体验　6D

训项目的时候也可以参考。我们见过的大多数企业学习项目的"邀请",尤其是由学习管理系统自动生成的"邀请",读起来根本不像非常有价值的学习体验在前方等待着我们,反而更像判决书(见图 D2.6)。所以,一定要确保学习项目能给人们带来积极的第一印象。

图 D2.6　学习项目的"邀请"≠判决书

在起草项目邀请的时候,尤其是那些具有关键战略意义的项目,我们要采用引人入胜的表达方式。有些公司采用的是来自高层的私人邀请信,有些公司采用了更有创意的方式:UBS 银行重新策划了一份推广视频并重新配音,热情地邀请员工参加一项关键领导力培训项目。埃默里大学学习和组织发展总监万达·海斯邀请往期学员录制了一份视频,用生动的方式介绍了学校的卓越领导力项目带来的结果以及项目的时长和预期目标。如果你不想自己的项目沦为枯燥的任务,那就一定要重视项目简介的内容。

> 🔧 **实践应用**
> - 检查你的课程简介和邀请。
> - 确保你的课程简介不仅强调了课程内容，还强调了课程带给学员的结果。

同事对项目的看法　我们总会受他人想法左右。如果同事和朋友对某部电影的评价不错，我们就很有可能去观看这部电影；如果人们对一家新餐厅的评价不佳，我们可能就不会光临这家餐厅。网友们对产品和服务的评价，日益影响着我们的购买决定。学员对企业学习项目的态度也是如此。

在这个社交媒体高度发达的时代，员工之间的联系和共鸣越来越紧密。过去，同事之间的影响在很大程度上仅限于能够直接交流的员工；但是，如今的"病毒式传播"可以让信息在几小时内传遍整个企业。

他人对项目的评价，影响着人们对项目的预期；反过来，预期则影响着人们学习和应用的动机（"是否愿意？"）。作为学习专家，我们需要加倍重视外界对项目的评价。如果人们说起某个项目时的反应都是"没用"、"无聊"或者"浪费时间"，我们就有必要了解一下问题的根源所在，然后解决它。产品出现缺陷，如果公司能尽快召回并完善，就可以尽量降低事件造成的不利影响；同理，如果无视外界的负面评价，就会给学习项目的口碑和今后的学员造成不良影响。

第二法则 设计完整体验 6D

> 🔧 **实践应用**
> - 注意项目口碑,它影响着项目的效果。
> - 遇到负面评价,应尽快寻找问题根源并解决。

重设预期目标 一直以来,学习专家都把学习等同于一次性活动;学员也是如此。企业的学习项目,基本上都是"上课+考试"这样的模式。学员也很少考虑学以致用这个问题,尽管有些项目的确包含"行动规划"部分。维氏瑞士军刀品牌前总裁彼得·吉尔森说过:"作为一名年轻的企业管理者,我参加过几十次发展培训,但是没有一次培训关心我应用学习内容的情况。大部分培训关心的只是我对讲师的评分。"

> 大部分培训关心的只是我对讲师的评分。

6Ds®法则认为,重设学员的预期,即把成功应用作为企业学习项目的全新"终点线"(见图 D2.7),是项目准备阶段的重要内容;这里的"终点线"不仅指完成课程、活动、模拟或工作坊。只有当学员确实在工作中应用了所学知识,才能获得表扬、证书、纪念品和其他形式的"结业"奖励。这些奖励是为了提醒学员他们的最终目标是绩效改善(见案例 D2.2)。

案例 D2.2 重新定义终点线

家得宝(Home Depot)公司曾开展过一系列大型学习活动,目的是帮助门店经理提升工作和营运效率。三天的培训结束了,每个学员都获得了一个漂亮的水晶饰品作为奖品。时任家得宝加拿大公司总裁的安妮特·维索尔伦认为,这种做法向学员传递了完全错误的信息。她认为学员不应该因为参加了培训项目而得到奖品,而是应该为哪些受训后在工作上应用学习内容,且获得绩效改善的学员颁发奖品。所以,至少在她负责的公司里,只有至少实践过一项学习内容并取得显著绩效改善的门店经理才能获得奖品。这是一个重新界定培训终点线的好例子。

定义和评估全新终点线的方式多种多样;项目的性质和目标决定了终点线的时机和标准。表 D2.1 列举了一些企业重新定义学习项目终点线的例子。

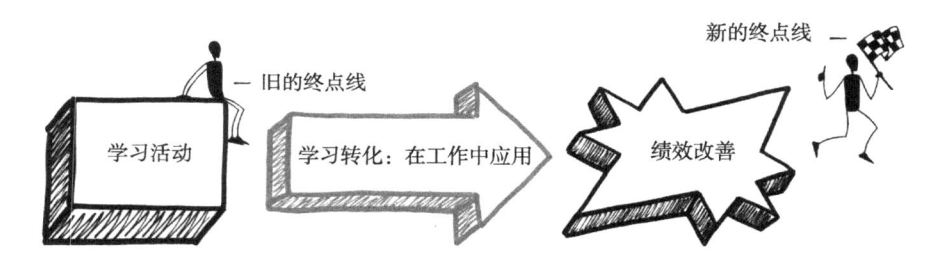

图 D2.7 学习的真正终点线:绩效改善

表 D2.1 重新定义终点线的例子

项目目标	新的终点线	企业名称及参考书籍
改善 PPT 使用技巧	培训结束 90 天后提交三页重新设计的幻灯片。只有通过了"印象测试"(一种标准化评分方案),学员才能获得证书	科磊(KLA-Tencor)(Hughes,2014)

第二法则　设计完整体验

续表

项目目标	新的终点线	企业名称及参考书籍
加强教练技能，从而改善领导效率	完成数字培训课程，掌握教练理论的关键概念和测试知识；参加PPT分享讨论会，与同学们分享他们的应用目标和进展	卫理公会乐泊雅医疗（Methodist Le Bonheur Healthcare）（Keeton, 2014）
应用精益生产原则，提升质量降低成本	应用精益理论，完成改善项目并进行评估和报告	海宝（Hypertherm）（Jaccaci & Hackett, 2014）
改善领导效率	分享个人领导力发展成就，包括应用情况和最引以为豪的改善	美国西点军校（Banks, 2014）

我们在课程简介和与学员的交流中，应该明确说明项目的预期目标。学员在参加培训的时候，也应该明白自己肩负着应用学习内容的责任，并以此来改善绩效，而且实践才是学习的真正终点线。我们在规划项目进度的时候，应该把实践应用的时间计算在内（见图D2.8）。这样的规划才能指导学员完成完整学习体验，而不是上完课就万事大吉。

实践应用

- 重设学员对于学习项目的预期目标。
- 确保所有的材料和交流都强调了应用学习内容的重要性，同时避免使用把学习等同于一场活动的用语。

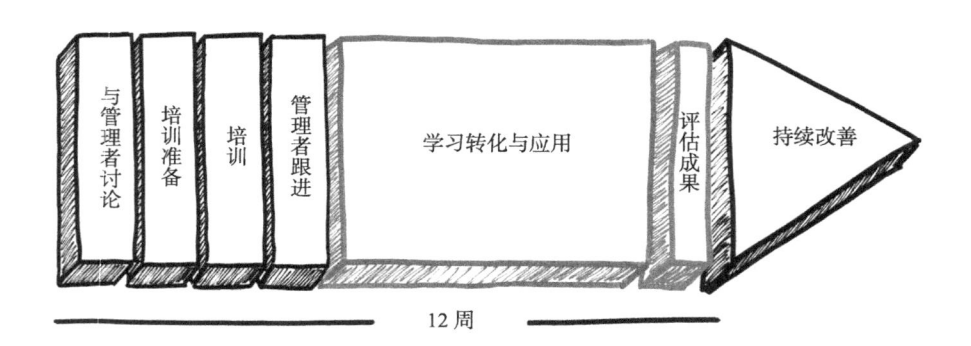

图 D2.8　展示完整学习体验的项目进度图

为改变做好准备　普鲁查斯卡和迪克勒蒙特（1983）提出的行为改变阶段模型是行为矫正领域最著名的理论之一。他们认为，行为改变分为五个阶段：无意识、有意识、准备、行动及维持。在改变过程中，人们在任何一个阶段都可能重拾旧习（见图D2.9）。

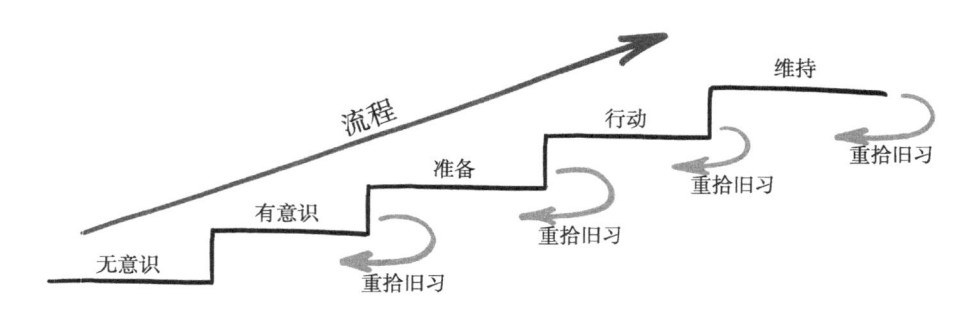

图 D2.9　普鲁查斯卡和迪克勒蒙特的改变阶段模型

如果人们想跳过任何一个阶段，整个过程就会失败——例如，让没有任何改变意识（无意识）的人直接跳到行动阶段。此外，缺少维持改变和防止复原的支持机制（第五法则），也会导致改

第二法则 设计完整体验 6D

变失败。这个模型之所以与企业学习有关，是因为学习项目在一定程度上也是为了帮助员工改变行为。因此，第一阶段的一项重要工作就是把员工从无意识阶段推进到有意识和准备阶段。

底线 如果企业想改善学习项目的效果，可以尝试投入更多精力塑造学员参加培训时的学习态度。这是因为他们的态度基本上能预示他们的学习效果。如果学员认为这将是一次非常有价值的学习体验，那么他们很有可能获益匪浅；如果学员觉得培训是在浪费时间，那么他们的学习效果通常也不怎么理想（见图D2.10）。

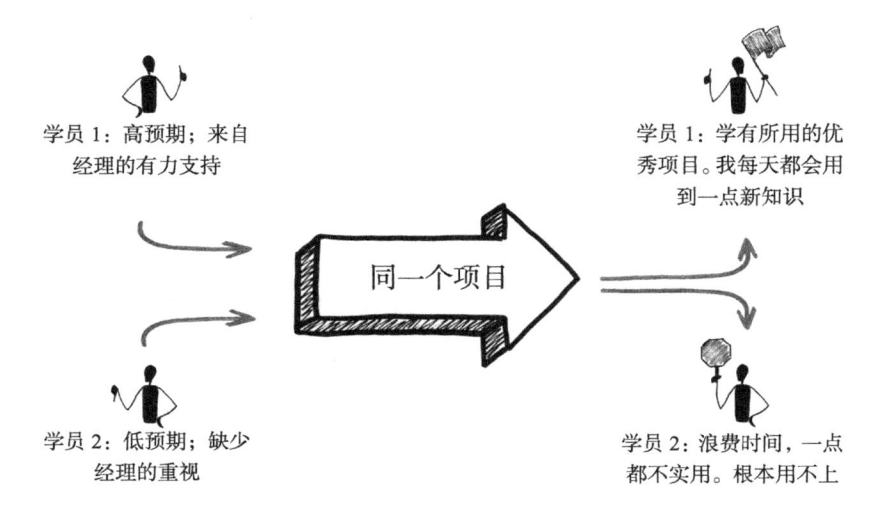

图 D2.10 同样的学习体验，学习效果受到不同预期的影响

⬥ 环境准备

转化氛围，即员工的工作环境，对于员工的应用意愿有着重要影响，并因 | 转化环境的影响不容小觑。

113

此决定着学习创造的是价值还是废料。这一点我们会在第四法则中详细讨论。吉尔里·拉姆勒说过一句名言："天才对抗烂体系，最终获胜的还是体系。"

分析和设计阶段是考虑和准备转化氛围的最佳时机。我们在第一法则的结果规划轮中讨论"除此之外还有什么"这个问题时，也是为了这一步。如果学习环境（动机、语言、奖励、结果、管理层的行为、文化）与预期行为不能保持一致，项目就很可能走向失败。

这里要考虑的关键问题包括：

- 公司高层是否通过口头和行动方式对项目表示了明确的支持？
- 学员的直线上司是否明白他们在支持应用中扮演的角色？
- 管理者是否具有必要的技能和工具进行有效的教练？
- 他们是否各负其责？
- 绩效管理系统是否会为实践预期行为的学员提供奖励？
- 公司是否安排了激励学员实践学习内容的措施？
- 如果学员没有实践新方法，是否会面临惩罚措施？

如果以上问题的答案都是"否"，那么你的项目即使不失败，效果也要大打折扣了。学习专家需要对学习环境有着清晰的评估，并与管理层合作消除任何障碍。这个过程需要一定的时间。因此，我们应该在第一阶段就开始做好环境准备。

第二法则　设计完整体验　6D

> 🔧 **实践应用**
> - 作为分析和设计阶段的一部分，认真评估学员的工作氛围，会给项目带来应有的回报。
> - 与管理层合作，营造有利于学习转化的工作环境。

阶段二：学习

关于阶段二指导性学习的内容，我们会在下一章（第三法则：引导学以致用）进行详细讨论。无论采用哪种学习方式——授课式学习、E-learning、行动学习、在职培训、探索学习，或者多种方式相结合——都需要注意以下关键问题：

- 确保学习体验与最终的预期业务结果是一致的；
- 巩固和强化阶段一的准备工作；
- 选择合适的教学方法匹配期望的行为和技能；
- 遵循成人教育的规律；
- 确保学员能够应用所学内容（"我能吗？"）；
- 确保学员了解这样做的结果（"我愿意吗？"）；
- 确保阶段二和阶段三（转化和应用）之间平稳紧密地过渡。

阶段二是企业学习研究中最重要的一部分。我们可以找到无数关于课程设计的著作、课程和研究论文。尽管如此，这一阶段的学习仍然有很大的改善空间，例如，加强对业务结果的重视，

115

选择合适的学习方式匹配期望的绩效，确保足够的实践时间，以及确保学员了解学习内容的关联性和实用性。最后一点特别重要，因为对于成人来说，只有当学习内容和他们有明确的关联性时，他们才会有更高的学习动机和学习效率。

> 明确的关联性可以为成人提供学习动机。

学习的价值链是一种广为人知的逻辑模型。它可以确保学习内容和学习方法与预期结果保持一致。在选择学习内容的时候，我们可以以业务目标作为标准；在选择学习方式的时候，我们可以参考预期绩效进行决策。有了以这些方式设计出的课程（始终以业务结果为目标），学员可以更清晰地看到学习内容的关联性，更自信地回答"是否愿意"这个问题。

阶段三：转化和应用

"养兵千日，用兵一时"，这就是阶段三——学习转化；同时，这一阶段也是大多数项目的起点。它是决定学习产出价值还是废料的主要因素。不管阶段二涵盖了多少学习内容，如果这些内容不能在实践中改善绩效（见图 D1.2），学习项目就是在浪费企业的成本。学习的一切价值——以及学习部门的一切价值——都取决于学习转化的效果。因此，我们强烈建议学习专家加强对阶段三和转化环境的重视。

如今，学习转化和应用（学习—成果流程的第三阶段），是

第二法则 设计完整体验 6D

企业学习项目中最薄弱的环节（见图 D2.11）。因此，更高效的转化就意味着更高效的企业学习项目。改善学习转化，符合每一方的最佳利益：个人、学习与发展部门、学员的经理，以及整个公司。阶段三理应获得比过去更多的关注。

图 D2.11　阶段三是学习项目中最弱的环节

既然学习转化如此重要，为什么企业学习部门没能对其进行有效的干预？我们认为主要存在以下三种障碍：

1．培训就是一次活动，这种想法仍然占主导地位，并且将关注点主要集中在教学设计上。

2．培训后时期就像一片"空白地带"，培训部门和管理部门没有对学习转化和培训产出做出明确的责任分工。

3．一直以来缺乏有效的流程管理系统。

这些问题将在第四法则（推动学习转化）和第五法则（实施绩效支持）两章中有更详细的论述。我们在此处谈及这一点，是想说明阶段三（学习转化和应用）是设计完整学习体验中的关键一环。项目的成败就在此。优秀的学习部门会把资源集中到这一经常被忽略的关键环节。

117

阶段四：评估

阶段四是学习项目的新终点线。这个时期需要对学员的进步进行认可，从而完成整个学习流程。之所以要将评估纳入完整的学习过程，有三个原因：

1. 它可以带来强大的动力。
2. 它为学习项目设定清晰的目标。
3. 评估本身就是一种学习体验。

⊃ 认可和"是否愿意"

事实表明，来自外界的认可可以给人们带来强大的动力。学员需要觉得自己做出了进步并且得到了外界的认可，才能自信地回答"我愿意付出努力实现改变"并持续付出努力。阿马比尔和克雷默（2011）在分析了数千份工作日志后发现，在工作中获得的成就感，可以带来更高的生产力、创造力和敬业度。

> 在工作中获得的成就感，可以带来更高的生产力、创造力和敬业度。

相反，如果员工觉得自己没有任何进步，或者觉得工作内容毫无意义，他们的动力、创造力和生产力都会受到影响。阿马比尔和克雷默也发现了一个非常遗憾的事实："太多的管理者都没有意识到进步的重要性，所以他们也不会费心去考虑或者采取行

第二法则　设计完整体验　6D

动去提供相应的支持。"

进步带来的成就感是实现持续行为改变的关键（见图 D2.12）。例如，美国全国体重控制登记处的研究表明，定期测量体重的人，更有可能减肥成功并且保持体重。"哪怕只是轻了半磅，也会让我们有一种成就感，鼓励我们坚持控制饮食。我们需要一次次小的胜利，让自己相信这场持久战终会成功。"

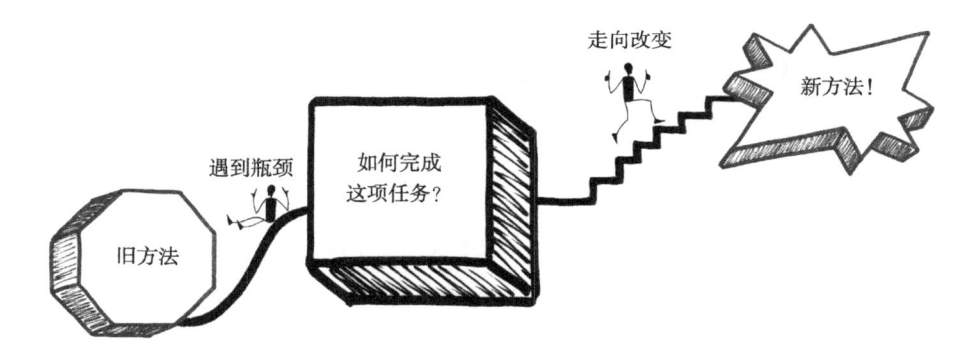

图 D2.12　成就感为行为改变提供了重要支持

如果我们想鼓励员工在回到工作岗位后继续学习，就需要给予他们成就感，让他们看到自己的进步，看到应用学习内容的意义——这才是他们最本质的动力。在《驱动力》一书中，丹尼尔·平克收集了大量关于内在动机的影响力的实例，并得出这样的结论：对于大多数人来说，激励他们出色完成工作并获得认可的推动力，远比金钱和地位重要。

丹·艾瑞里用实验证明了相反的现象：无视人们的努力会造成严重的负面影响。他对比了三组实验对象：第一组

> 我们需要对人们的付出表示认可，才能鼓励他们应用所学知识。

119

的工作获得了认可，第二组的工作完全被忽视，第三组的工作成果则被直接丢弃。第三组则最少。对于培训专家来说，最让他们惊讶的是第二组。这组对象的成果和第三组非常接近。这说明，如果人们的工作被无视，他们的内在动机就会大受打击，这跟工作成果被人破坏带来的打击几乎一样。

作为培训专家，我们需要对人们的付出和成果表示认可，才能鼓励他们应用所学知识。我们可以根据员工的应用情况，采取自我评估、表彰奖励或结业证书等方式。另外，我们可以采取更有分量的认可奖励，如请学员向上司汇报自己的努力和成就（见案例 D2.3）。

过去，培训部门没有采取有效的措施影响学员的内在动机，如在学员应用学习内容的时候表示认可。因此，第四阶段（评估成就）就成了完整学习体验中不可或缺的一部分。

> **实践应用**
>
> - 设计学习体验的时候，应该确保员工在应用新技能的过程中能够获得成就感，哪怕是通过最基本的自我评估。

案例 D2.3　杜邦：传递学习价值

成立 200 多年以来，杜邦公司通过创新性的产品、材料和服务，为全球市场带来了一流的科学与工程技术。每年，杜邦公司都会推出数千

第二法则 设计完整体验

种新产品，涉及农业、营养、通信、建筑、交通和安全等多个领域。

杜邦卓越营销（DMX）是杜邦公司的一项战略营销措施，目的是确保产品成功上市并在全球市场推广。DMX 总监兰德·门德兹的职责是确保 DMX 的基础理论能够引导学以致用和业务结果。

项目团队 DMX 项目是一项以能力培训为中心的项目。该项目以实验性学习和基于项目的学习为主要方式。项目共包含了四组具有较高潜力的项目，每一组都需要进行战略营销规划。在项目团队 DMX 项目中，学员就是从这些真正的项目里学到了基础理论。

在设计这一项目的时候，DMX 团队也用到了 6Ds® 法则。他们首先建立了坚实的基础（第一法则），明确介绍了预期结果。另外，他们还运用第一法则为每个项目设计了项目流程。所有项目必须通过严格的业务审核流程，才能成为 DMX 行动学习体验中的一部分。

课程模块和课后作业的作用是推动学习转化和应用。跨部门的学员相聚一堂，共同完成为期三天的课程，并在接下来的六个月里实践他们学到的战略营销基础知识，把这些知识应用到优先级较高的实际工作项目中。兰德告诉我们："如果学习内容和关键工作密不可分，学习转化就会容易得多。"为了进一步巩固转化成果，DMX 团队在整个项目流程中都部署了教练和领导支持措施。学员向管理团队演示战略营销计划，并且让计划成为杜邦销售流程价值链中的一环，整个项目才到达了"终点线"。

"项目成功与否的标志之一，就是公司会不会问你关于投资回报率指标的问题。他们已经看到了营销计划带来的价值。"

Rand认为，项目之所以能够取得成功，得益于团队在设计项目时认真执行了6Ds®法则和关键成功因素，以及团队为持续改善付出的不懈努力。

D2 像学员一样思考

最后，需要确保学员在整个学习过程中的经历是完整的、一致的。我们认为，培训专业人员做到"身体力行、感同身受"（见图D2.13）非常重要。

图D2.13 像学员一样思考，检查整个项目设计

该观点最初来源于夏皮罗、兰加和史维奥克拉三人合写的一篇文章，该文章发表于《哈佛商业评论》。他们认为，真正明白客户体验（及如何改善）的唯一方法就是让自己融入其中，"感同身受"。换句话说，就是身体力行跟进整个学习项目的过程，全程关注学习过程中的步骤、失败的频率、所处的困境、出错的地方等。

第二法则　设计完整体验

在学习与发展项目中，培训专业人员要时刻把自己想象成学员，共同参与到学习的四个阶段中，参与从认识项目、课程学习、日后的在职应用到绩效改善等过程。在每个阶段都要问一问自己，如果我是学员会怎样：

- 我明白公司对我的期望吗？
- 预期业务结果是否明确、有吸引力？
- 我是否清楚地知道该项目是如何与其他系统、企业价值观及公司活动相关联的？
- 学习项目与我的工作之间有没有明确的关联？
- 课程结束后我是否有能力应用新知识？
- 如果需要帮助，我会去哪里求助？
- 我个人能从中获得结果吗？
- 我是否愿意应用新知识并为之努力？
- 是否有人知道或在意我在工作中应用所学内容？
- 我的上司是怎么想的？她支持这个项目吗？我怎么才能知道她是否支持？
- 在职评估是否能巩固所学知识？

每次我们与客户完成这些对话后，他们都能发现很多需要改进的地方，从而深刻体验到设计完整的学习过程的影响力。示例D2.1中的检查清单可以帮助你设计出完整的学习体验。

实践应用

- 检查整个学习流程，确保涵盖所有因素，引导学员肯定地回答"我能吗"和"我愿意吗"两个问题。

小结

经验证明，体现培训部门高效服务的制胜法宝是应用"设计完整体验"的理念。从学习项目价值定位、培训邀请、阶段一的准备工作、阶段二的课程设计、阶段三的责任与支持，再到阶段四的评估与认可。此外，如何改善和协调转化氛围，也是不可忽视的重要因素。

设计完整的学习体验，这一理念已经远远超出了我们对于企业学习的传统认知。我们需要学习新技能，摒弃旧观念。这是突破学习障碍的唯一途径。

设计完整体验和推动学习转化，能够显著增加教育项目的预期价值和实际价值。将业务结果视为学习项目的终点线，而不是以课程结束为终点。这是个巨大的挑战，但它能够产生实质性的回报。

> 设计完整的学习体验已经远远超出了我们对于企业学习的传统认知。

示例 D2.1

第二法则检查清单

使用下面的清单,确定培训项目能够提供"完整体验"。

		阶段一——准备
☑	要　素	标　准
☐	学员筛选	学员筛选或报名流程。确保选择高潜能人才参与项目;他们具有相当的经验和潜力,并能够从学习项目中获益。
☐	发送邀请	邀请要明确并具有强制性,解释项目带来的结果,设定预期应用目标。
☐	准备(学员)	为学员准备有意义的训前材料,如阅读材料、练习、情景模拟、绩效反馈等,这能最大化学习时间创造的价值。
☐	准备(学员和经理)	学习项目启动之前,要求学员及其经理进行一次正式沟通,向他们提供会谈所需的指导说明和工作表单。
☐	准备(经理)	向业务经理说明学习项目的基本要点、项目目标、希望解决的业务需求,以及为了实现项目价值最大化所需的指导说明。
		阶段二——学习(见第三法则)
☑	要　素	标　准
☐	阶段一的作用	准备工作是为整个项目服务的。如果没有做好充分的准备,就会对后续的学习产生不利的影响(或不允许参加项目)。
☐	学习价值链	教学设计团队和讲师非常清楚地了解,教学设计的每个要素都要关联到行为改变、能力提升和产生业务结果上,并且学员也应对此清楚了解。

续表

阶段二——学习（见第三法则）		
☑	要　素	标　准
☐	关联性	案例、故事、情景模拟、讨论等教学活动的设计能够帮助学员有效地将所学内容应用到工作实践中。可以邀请在职员工或以往学员参与分享，帮助学员强化所学内容的实用性。
☐	实践	预留足够的时间让学员练习习得的技能，上司为学员提供行为改进的反馈和指导。
☐	过程检验	课后的评估包括检查学员所学内容是否实用和与工作相关，学员是否愿意主动在工作中应用知识和技能。

阶段三——转化与应用（见第四法则与第五法则）		
☑	要　素	标　准
☐	绩效支持	为了确保学员应用新知识和新技能，需提供足够的资源支持，包括工作辅助产品或其他支持在职应用的材料和系统。
☐	经理参与	在课程之后，学员与其经理要有面谈。提供面谈的指导材料，引导经理积极参与。
☐	责任	制定跟踪流程，定期提醒学员学习转化的责任，认可并嘉奖取得成就的人。
☐	流程管理	制定流程和系统，使培训负责人能够监控、支持和管理整个学习转化过程。

阶段四——评估		
☑	要　素	标　准
☐	完成	在职应用是项目的"终点线"。制订评估计划，并且要让学员知道计划是什么。
☐	进步	评估计划要让学员意识到自身的进步。
☐	嘉奖	对优异的表现和成就进行嘉奖。

第二法则　设计完整体验　6D

D2 行动指南

致培训负责人

- 回顾你的团队负责的学习项目，确保该项目真正从学员的角度设计了完整的学习体验。
- 绘制逻辑图，图中要包括学习的四个阶段发生的一切活动。
- 当心教学过程中的脱节现象："学不能致用"及教学阶段的相互独立。
    - 这种脱节会挫伤学员学以致用的信心，甚至会让他们对学习项目产生抱怨和批评。
- 检查课程简介和邀请，确保它们不仅介绍了课程内容，还强调了项目带来的结果。
- 让管理层明白他们在优化学习项目带来的回报过程中的重要性。
- 重新定义终点线；学员应用学习内容之后方可获得奖品、证书等形式的奖励。
- 在项目简介、日程和其他交流中避免使用把学习等同于一场活动的表达。
- 设计奖励机制，让学员在应用阶段感受到成就感；对员工的绩效改善表示认可和奖励。

- 邀请学员回答"我能吗"和"我愿意吗"两个问题；了解了答案之后，询问他们为什么会做出这样的回答。

致业务负责人

- 要求培训部门为一个具有重要战略意义的项目绘制逻辑图。
    - 确保项目计划中包括了学习的四个阶段。
    - 业务目标是否明确？安排的活动是否合理？
- 了解自己和其他管理者对学习项目的看法。你传递了哪些信息？你有没有把学习等同于一场活动？
- 询问直线经理他们的工作内容，确保发展项目对其工作起到正面的强化作用。
- 修订相关管理制度，确保直线经理对学习与发展项目的结果负责。
    - 对直线经理参与学习项目的积极性进行评估和奖励。
    - 确保"知行合一"，务必让管理者在参与学习的过程中言行一致，如果做不到，培训就是在浪费时间和金钱。
- 确保建立一套流程以评估、认可和奖励员工的成果。
    - 成功属于大家；项目的成功离不开管理者、学员和培训专家的贡献。

D3 第三法则

引导学以致用

> 如果学不能致用，就说明学习项目失败了。
> ——唐纳德·柯克帕特里克、詹姆斯·柯克帕特里克

企业学习项目的基本原理就是通过提升员工效率改善业务成果（见图 D3.1）。学员学习和应用新方法的情况决定了培训项目的最终价值。要想获得投资回报，项目必须带来满意的学习效果和效率。

图 D3.1 培训的基本原理：通过应用新知识和新技能实现绩效改善

对企业来说，学习的效果指的就是可应用性。学习与发展项目的任务除了传授新知识和新技能，还要推动学员应用这些知识技能实现企业目标。

课程形式——包括排序、方法、结构、时间安排、反馈、媒介等——影响着学员应用新知识的能力和意愿，从而决定了项目创造的是价值还是废品。"一切培训方案都应该基于学员处理信息的方式，否则项目注定失败"（Hodell，2011，p.64）。

学习只有通过实际应用才能创造价值，第三法则引导学以致用讲的就是如何利用课程战略，最大化学习内容在个人和企业工作中的可应用性（可转化性）。

本章的要点在于如何帮助员工学习和应用新知识以缩小"学"与"做"之间的差距。我们总结了几个在企业学习与发展项目中经常遇到的问题，并提供了相应的解决方案。本章的主要内容包括：

- 以终为始；
- 人们如何学习；
- 学习过程中的瓶颈和障碍；
- "我能！"；
- "我愿意！"；
- 第三法则检查清单；
- 行动指南。

第三法则　引导学以致用　6D

D3 以终为始

6Ds®法则（尤其是第三法则）的核心主题是：企业出资学习项目只是实现目的（绩效改善）的一种手段（见图 D3.2）。虽然学习是绩效改善流程中的一个关键环节，但它并不是我们的最终目标。因此，企业培训还是有别于大学教育的。企业出资学习除了要求学员掌握理论知识，还要求他们在工作中最大化地应用这些知识。

既然实际应用如此重要，我们就需要一种实用的授课方式来强调技能发展和实践。此外，我们还需要通过评估来了解学员在工作中应用新技能和新知识的能力——学员仅靠死记硬背理论知识是不够的。

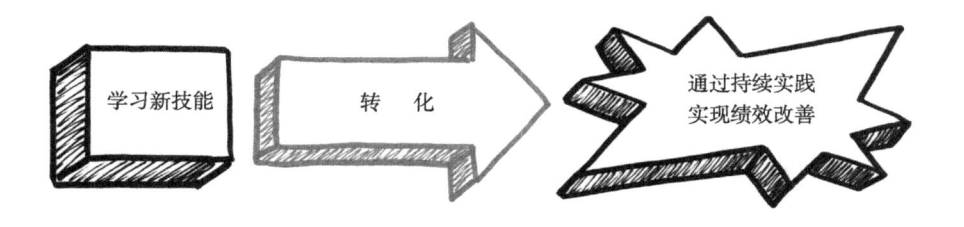

图 D3.2　学习只是实现目的的一种手段

应用新知识和新技能的过程一共包括三个步骤（见图 D3.3）。第一步是寻找应用机会。员工在工作中遇到的问题不可能和培训中讲到的内容一模一样。因此，他们需要确定当前问题的突出特征（线索），并将其与相关的学习内容联系起来。接着，他们需要检索相关信息和技能并应用到新问题中。这就是学习理论者所谓的"远迁移"。

发现相关问题　　检索信息或技能　　应用到具体问题中

图 D3.3　应用新知识和新技能的三个步骤

员工获取信息的方式，影响着他们在这三个步骤的表现，进而影响了他们是否能够成功地应用学习内容。我们所选的教学方法和战略，应该以学习、记忆和实践方面的研究为基础，这样才能优化培训效果。在这方面，目前许多企业培训项目都做得不够好，甚至与项目的初衷背道而驰。为了解决这一问题，我们首先需要对关于学习的神经科学有一个简单的了解。

人们如何学习

人们是如何学习的？哪种教育方法最有效？时至今日，研究人员仍然在不断探索着这些问题的答案。目前，我们可以找到许多关于这方面研究的优秀著作，例如，苏泽的《脑与学习》（2011），布朗、罗迪格和麦克丹尼尔的《认知天性：让学习轻而易举的心

第三法则　引导学以致用

理学规律》（2014），安德森的《认知心理学及其启示》（2010），佩蒂的《循证教学》（2009），以及克拉克的《循证培训方法》。可惜的是，这些著作中的许多观点仍然等待着在企业学习项目中发挥作用。

梅迪纳（2014）在《让大脑自由》一书中，就人类大脑和学习的观点进行了论述。他这样总结："这本书里的研究得出了哪些结论？最大的结论就是，如果你想创造一种教学环境，而这种教学环境恰好与人类大脑最容易适应的环境完全相反，那么你可能会设计类似'教室'的东西。"

这不是说 E-learning 就能解决问题。迈克尔·艾伦表示，"就算是 E-learning 也可能变成以一页页文本为主的授课形式。这种学习方式枯燥无趣。可悲的是，这还不是最糟糕的。枯燥的课程不仅耗费成本，影响积极性，而且效率低下，可以说是一种浪费"。为什么"枯燥"（包括现场授课、数字课程或虚拟课程）的危害这么大？因为我们不会在枯燥的事情上集中注意力；注意力不集中的话，我们就学不到东西（见下文的瓶颈1）。

> 枯燥的课程不仅耗费成本，影响积极性，而且效率低下，可以说是一种浪费。

了解了人们是如何学习、记忆、转化和应用知识以后，你就可以改变学习方式，让学习更具应用性，从而创造更多价值。接下来，我们将概括介绍人们学习的过程，以及这一过程带给培训和发展的启发。

概述

图 D3.4 是一个描述人们学习过程的简化模型。在这个过程中，第一步是输入刺激（1）吸引大脑的注意。这些刺激可以是外部的（如人体的五感），也可以是内部的，如饥饿、疼痛、欲望，甚至是大脑其他部分产生的想象。

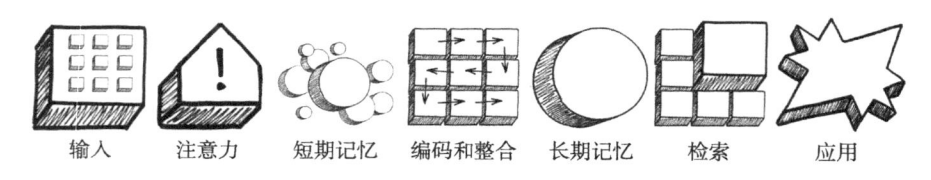

输入　注意力　短期记忆　编码和整合　长期记忆　检索　应用

图 D3.4 人们学习和应用知识的过程

受到大脑注意（2）的输入会被转化成短期记忆（工作记忆）（3）。如果短期记忆足够重要和有趣，大脑就会对其进行编码（4）并储存为长期记忆（5）。日后如果遇到合适的触发因素，大脑就会检索取回（6）相关信息（通常包括程序性知识、陈述性知识，甚至情感），并进行调整和应用（7）。

只有完成了整个过程（包括检索和应用），学习才能创造价值。遗憾的是，这个过程中存在着几处瓶颈和无数潜在障碍。课程设计者和讲师需要了解大多数障碍并采取规避措施，才能有效地实践第三法则。

接下来，我们会讨论这一过程中每个步骤中的关键点，以及如何把相关研究理论应用到企业培训和发展项目中。

瓶颈1：注意力

我们的注意力（包括范围和持续时间）是十分有限的。大脑接收的输入信息的数量始终远远超出了它的注意力范围（见图D3.5）。除了含有危险信号的信息或格外有趣的信息，大多数输入信息都会被大脑忽视，不再进入下一步处理。举个简单的例子，人们在24小时不间断地接收双脚的感觉神经元传来的信息。但是，除非鞋子不合脚、脚冷或者脚腕扭了，你很少会意识到双脚传来的信号（虽然看完这句话后你开始意识到了）。

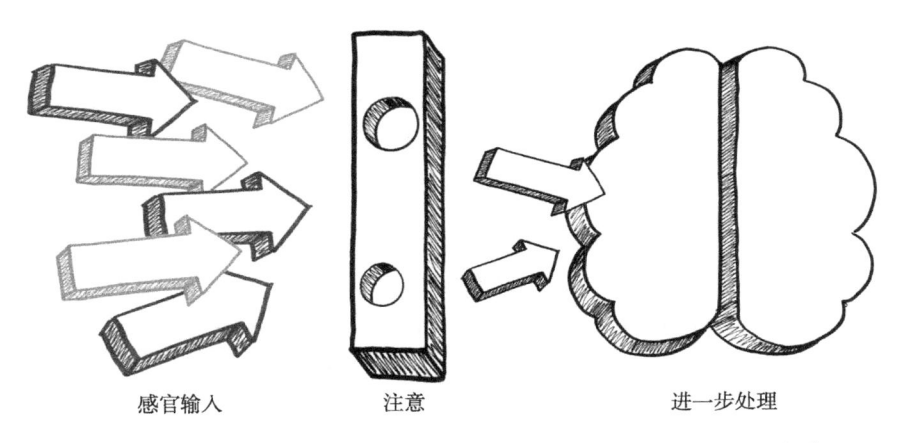

感官输入　　　　注意　　　　进一步处理

图 D3.5　大脑处理信息的能力有限；大部分输入信息都会被过滤和忽略

如果你有意识地注意到某些信息，或者下意识地把这些信息看作危险信号，那么这些信息就会进入大脑的意识层面，而剩下的大多数来自视觉和听觉的信息就会被大脑忽略。人类天生就会自觉或不自觉地被某些声音（如婴儿的哭声）吸引。所以搭乘航班的时候，如果旁边是个婴儿，我们就会感到烦躁不安。

注意力问题是整个学习过程中的最大瓶颈。课程必须能够吸引并保持学员的注意力，否则学习过程就无法展开，项目将收效甚微。因此，加涅把"吸引注意力"放在了"教学过程九阶段"模型的第一位，如表 D3.1 所示。

> 注意力问题是学习过程中的最大瓶颈。

表 D3.1 加涅的"教学过程九阶段"在企业学习中的应用

1. 吸引注意力	课程的第一步是吸引人们的注意。这也是非常关键的一步。可以采用的技巧包括提出问题、列举令人印象深刻的信息、进行演示、播放视频、安排测验等
2. 阐明目标	成人需要先了解为什么他们要学习这些内容，然后才会愿意去学习这些内容。因此，我们需要向学员阐明项目目标，回答 WIIFM（"它能带给我什么？"）这个问题
3. 回顾过往知识	所有的学习都是以过往学习为基础的。如果学员能很好地把新内容和已经掌握的内容联系起来，学习就会变得很简单，效果也会更持久。因此，可以从回顾已有知识开始，或者从学员比较熟悉的概念或个人经历进行延伸。类比是本阶段的一项重要技巧
4. 呈现学习材料	在学员已有知识和经历的基础上提出新信息或新方法。将新术语和概念与学员熟悉的内容联系起来。把学习内容分割成几个部分，避免在短时间内输入过量信息导致认知过载
5. 提供学习指导	提供学习指导，帮助学员把学习内容转化成长期记忆。例如，辅助记忆设备、类比、心智模型，以及讨论和问答等
6. 实践/引导表现	为学员提供实践新知识或新技能的时间，并且要求学员进行实践。熟能生巧，反复实践有助于强化记忆。从简单的情景模拟开始，然后慢慢增加难度。实践方式包括自测问题、游戏、角色扮演、疑难解答、模拟等

第三法则　引导学以致用　6D

续表

7. 提供反馈	无论是培训还是工作，反馈都是绩效改善的关键。确保为学员提供足够的时间和完善的机制，吸收他们实践环节的回答/表现的反馈。设立规范或检查清单来确保反馈得到落实
8. 评估表现	通过评估确保学员完成了学习目标。评估内容要与学习目标和实际需求保持一致。摒弃死记硬背的考试模式
9. 强化学习效果和转化情况	提供工作辅助、工具、模板及其他形式的绩效支持，帮助学员把学习内容转化为工作实践。为管理者提供具体的跟进计划和活动，强化学习效果和转化情况

实践应用

- 项目应该在第一时间抓住学员的注意力，避免冗长枯燥的介绍，否则学员将失去学习兴趣。
- 说明（或者展示）学习项目给学员个人带来的好处，吸引他们的注意；回答"它能带给我什么？"（WIIFM）这个问题。

企业学习面临的主要挑战　企业学习项目主要会遇到两个与注意力有关的问题。第一，人们的注意力范围十分有限。第二，保持注意力集中是一件很困难的事情；人的注意力不可能一直保持下去。

一心多用只是传说　第一个问题是关于注意力范围的。尽管年轻人普遍认为他们可以很好地同时处理多项任务，但是一心多用只是一个传说。人们可以快速切换任务，但是每一次切换间都存在着短暂的休眠期。在休眠期，人们的注意力不在任何一项任务上。这就是为什么边开车边发短信（或打电话）会导致交通事故率翻倍的原因。"一心多用只会导致几件事情同时搞砸。"

一心多用与企业学习的联系在于，如果学员在参加学习项目的时候还在看邮件或发信息，他就无法真正用心学习。参加在线课程时，学员总会忍不住想一心多用（"我就看一眼邮件"）。这会影响他们的学习效率。斯坦福大学的一项著名研究表明，自认为能一心多用的学生，在各项测试中的表现都比较差。该项研究的研究者之一克利福德·纳斯对《纽约时报》的记者说："一心多用的人只能一事无成。"可惜，虽然各种危害显而易见，但是一心多用仍然活跃在商业职场中，仍然有许多人实践甚至推崇一心多用。

无数证据表明，人们只能同时专注于一件或两件事。这是人类大脑处理能力的瓶颈，并不是感觉器官的问题。例如，在一间挤满人的房间里，当你跟人聊得兴头正起的时候，你会自动屏蔽其他人的声音。尽管你还能听到其他人的谈话，但是你几乎不会去注意他们的谈话内容，除非你听到了值得注意的东西，如自己的名字，或者有人因为生气而提高了音量。不用说，遇到这种情况，你的注意力会马上被吸引走。

西蒙斯和查布里斯的经典著作是学习专业人员所熟知的另一个关于注意力

> 一心多用只会导致几件事情同时搞砸。

的例子。两位作者表示，当他们要求人们认真观看视频中的某个片段时，有一半的人完全没注意到画面中心有一个穿着猩猩服装的人在敲打自己的胸膛。这个研究告诉人们，当我们把注意力集中在一件事情上时，就不得不忽略其他事情。

第三法则　引导学以致用　6D

> 🔧 **实践应用**
> - 不提倡一心多用，尤其是在培训中使用手机和邮件。
> - 利用上文的猩猩视频或类似视频来说明一心多用的危害。
> - "失去联络"会导致许多人产生焦躁不安的情绪；提供足够的休息时间让人们检查邮件或其他工作。

集中注意力是一件很困难的事情　人的注意力除了范围有限，持续时间也很短暂，而且很容易被分散。例如，手机只要响一声，就会对学习效果造成显著影响。有趣的是，阅读学习比听讲学习有优势，因为"人们在听讲过程中，注意力很容易被外界的声音吸引。但是，阅读是一项需要注意力高度集中的活动，因此可以减少干扰因素的影响"。

当人们专注于一项工作的时候，他们会花几小时在上面——这种状态就是齐克森米哈里提出的"心流"。但是大多数工作都很难吸引我们的注意力。集中注意力需要强大的意志力，即大脑前额叶皮层的执行力控制。

许多实验表明，人的意志力是有限的。例如，面前放着一盘刚烤好的巧克力饼干，可是你只能吃萝卜。"有200多项研究都是围绕这个问题展开的，并且都得出了同样的结论。意志力不仅仅是一种技巧。它是肌肉，和我们的四肢一样的肌肉。过度使用的话，它也会疲劳，所以就没有力气做其他事了"（奥

> 企业培训要求学员长期保持注意力集中状态，这是不切实际的。

139

尔巴尼大学心理学家马克·穆拉文）。

课程内容越枯燥，学员的注意力越难集中。"如果你参加过那种典型的 PPT 演示会，你就会发现，人们不会把注意力集中在无聊的事情上。"有人曾对一项安全培训进行了深入的（荟萃）分析，得出了这样的结论："培训方式越吸引人（如要求学员积极参与），员工掌握知识的效果越好，事故和伤病率就越低。"此外，成人都是很务实的；他们不会把精力花在无关的培训或者缺少实用性的内容上。

大多数企业出资学习都希望学员能长期保持注意力集中状态，这是不切实际的。正是由于注意力的限制，我们才需要"轻量学习"——把课程拆分为 90 分钟或更短的单位。商业研究表明，这种碎片化学习的效果并不逊于全日或多日项目。

> 不管是哪种学习方式，大脑都需要经常休息。

梅迪纳建议，所有时长的教学都可以分成 10 分钟一个环节——因为大多数人的注意力持续 10 分钟后就会开始游离——并且使用"钩子"来重新吸引学员的注意力。有效的"钩子"都与学习主题相关，而且能够激发情绪，如好笑、焦虑、怀疑、惊讶等。选择好的故事和奇闻逸事也特别有效。

重要的是，学员在学习之前，首先要集中注意力。所以，教学的关键任务是吸引、保持，并且定时引起学员的注意力。"全心投入才能学到知识。"提雅吉的互动教学游戏之所以流行，还有最近兴起的教学游戏化的热潮，都是因为游戏元素能够抓住人

第三法则　引导学以致用　6D

们的注意力和兴趣，吸引人们积极参与——这些都是学习的前提条件。

> **实践应用**
> - 每隔 10 分钟安排一次课间休息；使用"引子"重新吸引学员的注意力。
> - 合理地使用游戏元素激发学员的兴趣。

⊃ 瓶颈 2：短期记忆

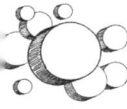

大脑注意到特定信息之后，会将其转化为短期记忆。但是短期记忆的容量非常有限。如果大脑在短时间内接收了过多内容，我们的短期记忆就会超负荷运转，无法有效处理这些内容。在盖瑞·拉尔森的"Far Side"系列漫画里，有个学生告诉老师他的"脑袋装不下东西了"，所以要休息一会儿。我想我们每个人都有过类似的感觉。这就是"注意力负载"：短时间内大量的信息如洪水般涌来，淹没了你的大脑，让大脑失去了处理能力。杰夫·派蒂说过："老师的语速比学生学习的速度至少快了 20 倍。这么快的授课速度会让学生的短期记忆不堪重负。重点、联系和主要原理都被细节淹没了。"

换句话说，过多内容会导致学习效率下降（见图 D3.6）。这不仅会影响学员记忆必要知识——短时间内接收过量信息会影响学员学习基础知识——还会导致学员的学习流于表面；因为他们没有足够的时间处理学到的知识，所以就无法掌握深层架构。企业培训中最常见的错误就是课程的信息量过大，而学员没有足够的时间把知识点串联起来。过分强调内容也会占用学员参与和实践的时间，而后两者是学习过程中的关键要素。

E-learning 中同时出现的过多信息流（图像、文字、声音），是导致注意力负载的另一个常见原因。当两股信息流开始争夺大脑的处理能力时，就会加剧注意力负载——例如，一边阅读文字内容，一边听演讲人说话。这两种信息都需要大脑发挥语言处理功能。相反，图像和文字则是一种互补关系（图像必须与文字相关），因为大脑是分别处理这两种信息来源的。但是，如果只是为了有趣而过量使用图片，反而会让学员分心，从而影响学习效果。

> 重点、关系和原理会被过量细节淹没。

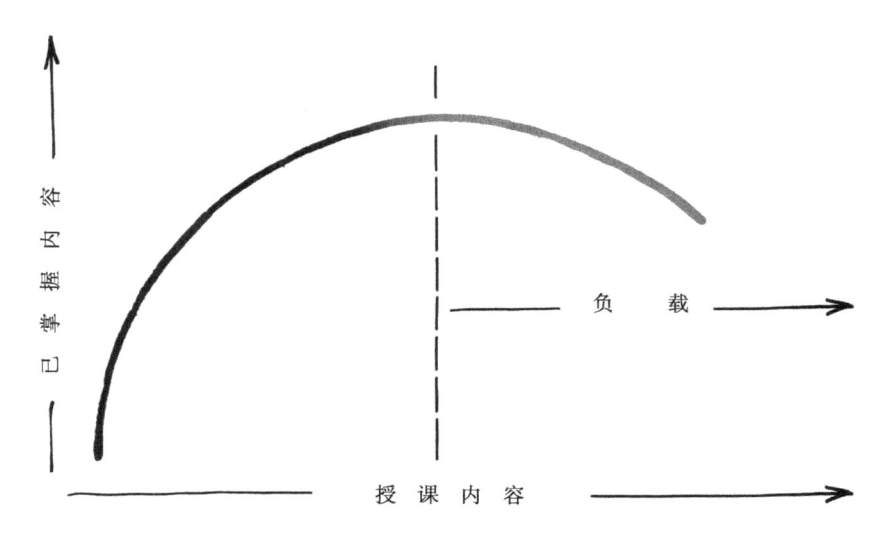

图 D3.6 学习也要注意"过犹不及"

第三法则　引导学以致用　6D

> 🔧 **实践应用**
> - 防止学习项目出现注意力负载。
> - 避免过分依赖音频、图像等形式；摒弃一切影响学员理解的内容。
> - 避免幻灯片中出现大量文字；文字内容会和演讲者争夺学员大脑的语言处理能力。

⊃ 瓶颈3：编码和整合

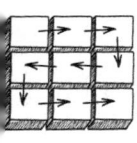

编码是一个将信息和经验转化为有用记忆痕迹的过程。整合是指将新的记忆痕迹与现有知识框架联系起来以便日后检索。这就是学习的本质。编码越详细、联系越全面，日后的检索就越方便。由于每个人的人生经历和思维框架都是独一无二的，所以每个人对新知识的编码和整合过程也各有特点。这一过程需要学员自己来处理，导师没办法给他们提供现成的成果。

大量的编码和联系之所以重要，是因为大脑对信号做出反应的时候，需要检索多个时间点的记忆（见图 D3.7）。从过往的学习经验中寻找相关线索、观点和技巧，是进行调整和应用的前提条件。因此，引导学以致用（第三法则）的一个重要部分，就是运用教学手段强化编码过程，建立长期记忆，协助日后检索。授课方式应该给学员留下深刻印象，这样才能在学员日后的工作中发挥指导作用。

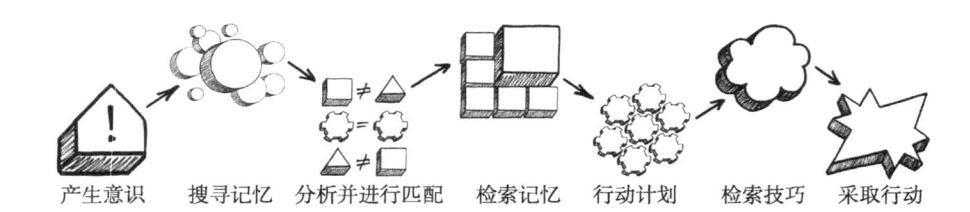

产生意识　搜寻记忆　分析并进行匹配　检索记忆　行动计划　检索技巧　采取行动

图 D3.7　大脑需要检索不同的记忆

当新的信息与人们已存储于长期记忆中的观点、模式和知识产生关联时，人们更容易记住它。如果新的概念能够拓展你现有的知识经验，这些新概念就更容易被记住和应用。例如，记住日、周、月的概念，比记住那些毫无关联的概念要容易得多。新知识和原有知识之间的联系越紧密，就越容易被记住和应用。学员的编码和整合过程越深入，日后的检索和应用就越有效。

编码和整合过程可以通过"先行组织者"进行强化。"先行组织者"是指在教授具体内容之前，对授课内容进行概念性概述——最好使用图像形式。这一做法为新信息和新想法提供了框架。例如，对工作流程进行可视化描述，可以帮助员工建立有效的思维模型，联想到具体的技巧和相关知识。相关图像可以强化记忆保留率，因为大脑的视觉记忆系统能够储存海量的细节。

学员之间讨论学习内容或经验，也可以拓展编码和整合过程。为什么"复述教学内容"（交互教学）是一种有效的教学策略？这就是原因之一。叙述事件或概念可以极大地强化相关联系和日后的检索能力（见案例 D3.1）。每次你向他人复述信息的时候——精细复述——相关的记忆痕迹就得到了巩固和扩展。

第三法则　引导学以致用

案例 D3.1　精细复述

格伦·休斯是科磊公司（KLA-Tencor）的全球学习总监，科磊公司是世界知名的半导体设备供应商，提供过程控制和生产管理的解决方案。当我们问格伦什么样的学习策略能够达到最好的效果时，他马上想到的是"精细复述"策略。

"我想这可能是我个人比较喜欢的学习策略。很多人称赞我记忆力很好，我甚至能够说出 20 年前去日本时见过的庙宇的名字；我甚至能够记住很多电影的台词和字幕；同样地，我能够记住课堂学习的内容、事件及说过的话。直到我看到有关'精细复述'的文章后，我才理解了这是为什么。当我学到某个内容时，我做的第一件事是去分享给其他人。

"培训结束后，我回到家里，告诉我的妻子，'嘿！我今天参加了一个培训课程，这是我所学的……'。周末，当我打电话给我父亲时，我又提到了这个培训课程，然后又告诉他很多我刚刚学到的东西。然后，我会拿起笔，在白板上用图形画出这些知识，同时分享给我的同事。

"有人会对我所说的东西提出质疑，他们逼迫我理清自己的思路，同时给了我很多想法。当然，在我和他人分享我的所知，而他人给予反馈时，其实我同时拥有了两个人的体验。

"这就是我在 48 小时之内针对任何重要的学习经验'编织'知识的方式。我和很多人交流。甚至使用不同的媒介工具来记录，将不同的想法进行关联。这会发生很多有趣的事情，它们来自你的人际网络，每个人都会给你带来意想不到的收获。当然，其他人也从你的分享中收获良多。因此，学习会变得非常容易，学习的转化也不是那么难了，因为你

145

一直在不断地强化。

"这也许是我个人从学习经验中总结出的最重要的一点。我所经历的整个过程,实际上就是'精细复述'的学习策略。"

我们自己建立的记忆联系会比讲师提供的更牢固、更有用。正因为如此,AGES辅助记忆模型才把"生成联系"(亲自创建联系)作为四个关键元素之一。这也说明了为什么生成学习(通过问答学习)比单纯的反复阅读文本有效得多。

精细编码(建立牢固记忆,方便日后检索)需要学员的积极参与;他们必须思考学习内容的意义,以及这些内容与自身经验及过往知识之间的联系。学习活动应该保证人们有足够的时间和动力去积极地处理学习内容。记忆整合是指在大脑神经元之间建立新的物理联系。这个过程需要时间和充足的睡眠(这一点很有趣)。

最后我们要说的是,编码并不是一个选择过程。许多进入编码过程的信息不一定具有关联性,但却有助于我们回顾相关记忆。有些潜水员在水下训练后去参加考试,结果在陆地上的表现反而不如在水下的表现,有些学生只有在自己上过课的教室里才能考出好成绩,都是这个道理。

这一点与企业学习的联系在于,如果学员可以把工作环境中的情境与新知识或新技能进行编码,日后他们就可以更高效地检索这些内容。学会辨别和归纳问题,是应用学习内容的前提。印第安纳大学的一项研究表明,管理培训过分注重内容和技能发展，反而忽略了教导管理者如何辨别问题。

因此，我们需要注意两点：（1）在职培训的优势在于可以把相关情境融入学习中；（2）如果教学和考核都在同样的环境中进行，那么考核结果有可能高估了学员的真实水平。

> **实践应用**
> - 邀请学员分享自己的经历、联系和类比，或者向其他学员解释概念内容，引导他们进行深入、精细的信息处理。
> - 提供足够的思考时间；知识内化需要时间。

⊃ 长期记忆

长期记忆就好比电脑的硬盘，储存着数据供我们在几天、几周，甚至几年之后取用。但是，这两者并不完全相同。硬盘储存的是离散的、精确的文件或图像，但记忆却不是。人类的记忆就像巨大的、相互交错的数据网，遍布我们整个大脑。举个例子，你在头脑里想一个词，如"汽车"或者"经理"；然后，你会立刻从这个词联想到许多事情，例如，你的第一辆车或者第一场事故，你最喜欢的老板或者你最讨厌的经理。每个人由特定概念或事件产生的联想都是不同的。这张联想的大网越密集（信息的连接节点越多），我们在日后检索记忆时越容易。

其实，我们的记忆也是"搭建"起来的。我们检索的记忆是由许多零碎的片段组成的，而不是像录影带一样直接回放就可以了，虽然这个过程在我们看来就是回放。大脑会自动填补其中的空白，但填补的内容却不一定是对的。这就是为什么目击者的证词不一定可靠。我们很难逐字逐句记住长篇的文章或诗歌，也是这个原因。不管原文是什么，大脑总想按照自己的"意愿"选择用词。比起准确的细节内容，人们更擅长记忆事情的梗概。这一点我们会在第五法则中详细讨论。

信息是否可以进入编码整合流程并转化为长期记忆，是由两个问题决定的："我是否理解这些信息？"以及"这些信息对我是否有用？"我们想让学员记住学习内容，就必须使用他们可以理解的方式讲解这些内容

> 只有人们理解并且觉得有用的内容才会被转化为长期记忆。

（理解）。同时，我们还要确保这些内容与学员的个人发展相关（有用）。这两者既相互独立，又相互促进（见图D3.8）。因此，如果某件事情与我无关，即使我能理解其中的内容，我也不会记住它（见示例D3.1：成人教育原理）。

⊃ 检索

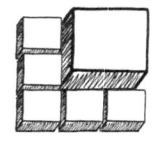

对于人类来说，回忆和应用过往经验的能力，具有重要的生存价值。你不小心吃了某种有毒的果实，结果差点儿丧命；如果你能吸取经验并学会辨认这种果实，今后就不会犯同样的错。记忆的价值在于"能再次用到"，也就是说，在合适的时机检索相关记忆。如果你不能在有需要的时候找到相关记忆，那么，就算你"记住"了这些信息也没什么意义。

第三法则　引导学以致用

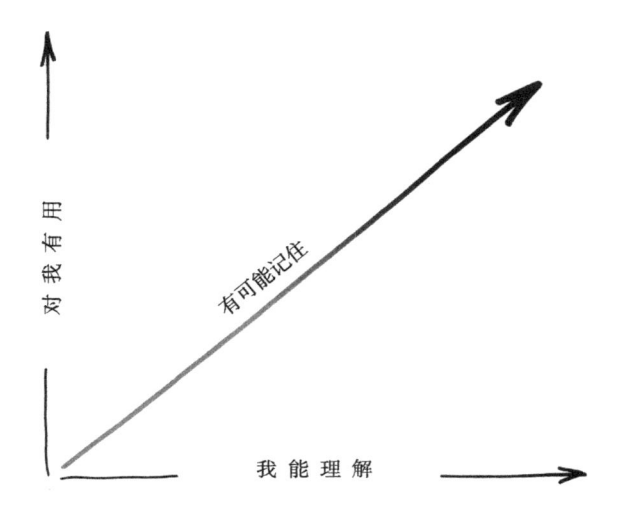

图 D3.8　人们理解并且觉得有用的学习内容才会被转化为长期记忆

因此，检索是学习过程中的另一个潜在障碍。遇到问题时，人们检索信息的能力决定了信息的价值。当然，我们在这时遇到的问题，绝对不会跟我们学习这些内容时的情境一模一样。还拿刚才那个毒果子的例子来说，记住这件事不是说让你记住这棵植物长什么样，而是让你从中吸取经验，日后遇到这类植物时不再犯同样的错。这才是记忆的价值所在。同时，你还要学会辨别有毒的果实和可以食用的果实；如果你把记忆概括得太笼统（"所有的果实都有毒"），那你只能饿死了。你需要学习比较明显的特征（如叶、植株和果实的形状），忽视那些无关的内容（如发生这件事的地点或时间），才能进行正确的辨识。

企业学习也是如此。人们需要记住哪些东西有用，哪些没用（通过直接经验或间接经验），然后在日后遇到相似（不是相同）情境时，能够检索和应用相关知识。因此，学习项目应该利用不

149

同的例子培养学员的辨别能力。出于同样的原因，如果学员能在练习中犯错，学习效果反而会更好；而那些一直表现完美的学员，学习效果就没那么理想。

检索过程的某些重要特征与企业培训有着一定的联系。第一，我们在上文提到过的：编码过程越精细，检索过程越容易、越可靠。第二，实际情境与学习情境越相似，检索过程越高效；这也是长久以来大家公认的事实。第三，记忆检索频率越高，日后的检索越容易。记忆重复检索的效率是重读材料或制作概念地图的几倍。"每一次把信息从长期记忆转化为短期记忆，都是一次再学习"（Sousa，2011，p.134）。

> 用得越多，记得越牢。

实践应用

- 利用与组织和业务相关的故事、案例、模拟和角色扮演，便于日后检索。
- 培养学员的辨识能力，即区分相关情境与无关情境的能力。在合适的时机用合适的方法，这一点很重要。

⊃ 应用

学习过程的最后一步是应用相关知识或方法，解决当前问题。这一步需要学员对相关内容进行适当调整。学员的经验是通过丰富的事件和情境积累起来的，这些经验在应用过程中发挥着重要作用；让我们惊讶的是，这些事件是交织在一起同时发生的。

应用就是学员从"我能吗"到"我愿意吗"的过程。即使学员能够辨识出情境中的关键因素并检索到匹配的记忆，他必须主动利用这些信息采取行动，学习的目的才真正达成。

> **实践应用**
> - 培养学员在不同情境中检索信息的能力，推动进一步转化和应用。
> - 设置"有益的困境"（如有意让学员犯错），督促学员更加努力，从而改善学习效果。

⊃ 记忆辅助模型

AGES 模型（见表 D3.2）是由神经领导力研究所的达瓦契及其同事提出的一种实用记忆辅助模型。AGES 代表了记忆中的四个变量——注意力（A）、生成（G）、情绪（E）和间隔（S）。这四个变量之所以能影响学习，是因为它们影响着大脑的海马体，而海马体在人体的记忆功能中扮演着核心角色。

表 D3.2　AGES 模型

注意力（A）	只有集中注意力才能学习 一心多用会影响学习效果 注意力是有限的；人们无法长时间保持专注，所以要经常调整

续表

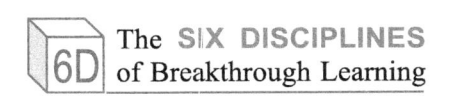

生成（G）	学习是联系新信息与已有知识的过程 每一位学员都需要将知识内化 精细复述有助于强化记忆 学员自己建立的联系比讲师提供的联系更牢固、更有用
情绪（E）	情绪对学习有着强大的直接影响和间接影响 轻微的压力（紧张）可以促进学习；压力过多反而会影响学习 积极的情绪（如快乐、幽默、满足）可以推动学习 消极的情绪，尤其是恐惧和压力，会抑制创造性思维和精细处理，影响学习效果
间隔（S）	定期回顾已经学过的内容，可以巩固学习效果 经常检索大脑中的记忆（尝试回答学习中遇到的问题）比反复阅读学习内容更有用 间隔学习法尤其适合巩固长期记忆

资料来源：Davachi, Kiefer, Rock, and Rock, 2010。

从表 D3.2 所示的通用学习模型中，我们可以了解到注意力（AGES 中的 A）的关键作用。生成（AGES 中的 G）是指学员自己建立新信息和已有知识体系之间的联系——如要求学员"建立、归纳或增加他们的个人经验"。学员自己建立的联系比通过其他形式（如讲师、E-learning 等）建立的联系更牢固、更有用。深入学习"不仅要求学员提供有意识的关注，还需要学员建立相应的概念框架，以便把信息整合为长期记忆"。

AGES 中的 E 是为了让学习专业人士意识到情绪（积极或消极）对学习的重要影响（直接或间接）。例如，人们对学习的看法影响着他们投入其中的注意力。积极的情绪（如幽默或社会归

第三法则　引导学以致用

属感）可以强化学习效果。消极的情绪（如恐怖或潜在威胁）会在提高人们注意力的同时缩小注意力的范围，抑制创造力，阻碍精细编码。遗憾的是，人们总是很容易陷入消极情绪；而且和积极情绪相比，消极情绪的影响程度更深，持续时间更久。

但是，对于学习来说，适度的压力也不是坏事。亨特曾表示，适度的"焦虑感"可以带来更好的学习效果。如果学员没有一丝压力，就不会认真对待学习。与这种情况相反的是学员压力过大（见图 D3.9）。如果学员极度害怕犯错，大脑中的大部分短期记忆就会履行自我监督功能，影响他们的正常学习和表现。

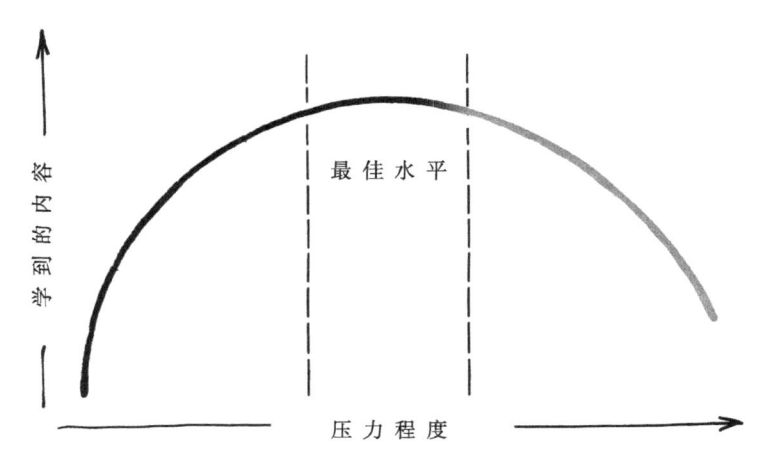

图 D3.9　学习与压力

这一点与企业学习的联系在于，我们需要让员工意识到学习内容或行为与他们的成功或个人安全息息相关，让他们感受到一定的压力。同时，我们还要注意惩罚措施的"度"，否则学员会感到压力过大，没办法专心学习。

AGES 中的 S 代表间隔学习法：每隔一段时间复习一次。这种学习法可以避免注意力负载，推动精细编码。在教学时间相同的前提下，间隔学习法的效果比"学完就过"的教学方法更持久、更牢固。这里就有个例子。卡尔匹克通过研究发现，使用间隔学习法反复阅读材料和复习的学生，记忆效果是使用普通学习法的学生的四倍。大多数企业培训项目还是想在一节课里教完所有知识，即使这种方法的效果明显不尽如人意。微学习（micro-learning，即短期、独立的课程）的原理之一，就是充分利用间隔学习法的优势。

> **实践应用**
>
> - 使用 AGES 记忆辅助模型对课程设计进行审核。
> - 确保学员拥有足够的时间和动力建立对自己有用的记忆联系。
> - 关注学员的压力水平。适度的压力（如安排测试）可以推动学习；恐惧或胆怯会影响学习效率。
> - 在学习过程中设置间隔；定期复习以强化记忆。

影响成功的三个因素

在实践第三法则的过程中，还有三个因素也需要我们格外留意，而企业培训项目却经常忽略它们。这三个因素是：

1. 提供应用指导；

第三法则　引导学以致用

2. 确保足够的练习和反馈；

3. 全"心"投入。

◯ 提供应用指导

如果企业想通过学习改善绩效，那么员工必须先具备改善绩效所需的能力。只靠学习知识和理论，还不足以掌握这些能力；员工必须在工作中应用这些知识和技能。引导学以致用，指的就是为员工提供应用指导。

企业学习项目通常只注重内容和概念，却忽视了如何在工作中应用这些内容和概念。导致这一现象的其中一部分原因，是这些项目的授课人都是某一领域的专家。专家们自己也说不清他们思考问题或者解决问题的流程，因为这对他们来说是一个自然而然的过程。另外，遇到自己喜欢的领域，他们也乐得滔滔不绝。

已故的乔·哈利斯曾为国际绩效改进协会做出过长久的贡献。哈利斯说过："在我的职业生涯初期，我总会问自己：'你想让大家学到什么？'然后根据这个问题来决定自己的授课内容。但是，如果你问某位行业专家（SME）同样的问题，他们就会把自己知道的所有知识都告诉你。"这些知识包括组件理

> 千万不要问行业专家："你想让大家学到什么？"

论、组件历史、18 世纪最伟大的组件发明家、组件政策等。"意识到自己的无知以后，我就换了一个问题问那些行业专家——'你想让员工在工作中怎么做？'"

把学习项目的重点从"知识"转移到"绩效",是为了防止项目陷入"只注重内容、不注重应用"的误区。同时它还提醒了我们要选择合适的教学方法。例如,你要教孩子游泳的话,肯定不会先用 PPT 讲理论然后再把他们扔进泳池的深水区。我们在设计课程的时候,需要给学员安排足够的实践机会,让他们练习今后工作中可能用到的思维方式和行动方法。这才是真正的应用指导。如果培训是为了让员工更好地应对愤怒的顾客,那么员工就得在项目期间练习相关技巧,并且听取他人的反馈。这些只靠讲师授课是不够的。

但是,在如今这个"时间就是金钱"的企业氛围下,互动练习和实践往往是第一个被企业抛弃的部分,因为它们"太花时间了"。Learning Andrago 的总裁马克·拉朗德认为,这种想法完全是捡了芝麻丢了西瓜。有些事情的确用不了多少时间,但是也没有实际用途,所以做这些事情并没有节约时间。马克在一家制药公司担任培训负责人的时候,有人要求他缩短项目时间,他是这样跟培训出资人说的:"除了实践练习和角色扮演,你可以去掉项目中的任何部分,否则我们还不如取消整个项目。"

> 学员懂得应用学习内容,学习才能带来绩效改善。

⊃ 确保足够的练习和反馈

在回顾 200 多篇关于培训和发展的研究论文之后,萨拉斯及其同事得出了这样的结论:"研究表明,学习是通过练习和反馈实现的。"拿自信训练来说,如果训练内容只有理论知识和演示,

第三法则　引导学以致用

项目肯定不会带来任何行为改变。但是，如果训练中能增加一系列角色扮演练习，并且给学员的表现提供反馈，学员就会表现出显著的行为改善。

哈蒂整合了 800 份元分析的结果后发现，"反馈是改善绩效的最有效办法"。

> 反馈是改善绩效的最有效办法。

我们需要安排学员参加相关练习活动，才能提出建设性意见。

"翻转课堂"（Flipped Classroom）这一概念的基本原理就是增加练习时间，减少授课时间。毕竟课堂时间如此宝贵。"翻转课堂"教学法摒弃了传统课程中"讲课+课后作业"这样的模式。以往的课堂授课不复存在，学员也不需要做课后作业；学习主要通过 E-learning、视频讲座等方式进行。学员可以在讲师和同学的指导下，利用课堂时间解决问题，研究案例。

目前，关于"翻转课堂"教学法价值的实证研究还不多，但是现有的大多数研究都表明，使用"翻转课堂"教学法后，学员的表现有了显著改善。因此，这一方法的前景非常乐观。"翻转课堂"的成功离不开讲师和学员的共同努力。如果学员习惯了被动接收知识，可能就没办法完整感受到这一方法的优势。这个问题在商业学习中尤其值得注意，因为商业学习一向不重视课前准备。

> 亲身实践是最好的学习方法。

有些人认为"翻转课堂"只是老生常谈，因为教学就应该是这样的。还有些人觉得"翻转课堂"只是混合式学习的一种延伸，只不过更强调课堂应用而已。抛开这些不同的声音不谈，"翻转课堂"确实让越来越多的人意识到，有效的学习需要少"听"多"做"。

在技能培训过程中，应该给学员安排一些亲身实践的机会，而且要尽量还原真实的工作环境。UPS 全球学习与发展副总监安·施瓦兹表示："我们以为年轻人会喜欢在电脑上学习。没想到他们更喜欢从实践中学习。"因此，UPS 在其中一处培训点配备了真正的卡车车身，让司机可以亲自操作和体验，从中学习。他们发现，亲身实践的受益者不只限于年轻人，"学员亲自实践、检验，然后回到工作岗位应用这些知识。每个人都能通过这种学习方式达到最好的学习效果。"UPS 在实践方面的投资得到了丰厚的回报：学员的绩效得到了显著改善。

这个故事告诉我们，人们正在逐渐认识到"做"才是最好的学习方法。放在企业学习的背景下，这就意味着要减少学习内容，增加实践时间，为学员提供有用反馈，而且实践环境要尽量还原真实的工作环境。

实践应用

- 对比"主动实践和应用"和"被动接收知识"两个部分各自花费的时间。
- 至少把 2/3 的学习时间用于实践及反馈。

第三法则　引导学以致用　6D

◯ 全"心"投入

到目前为止,我们关于第三法则的讨论一直围绕培养学员的应用能力展开。但是,我们在简介部分说过,学员还要具有应用意愿,学习才能发挥作用。绩效改善是通过行为改变实现的。家里有青少年的家长都明白,只靠一张嘴是很难改变他人的行为的。"如果你想让别人改变……千万别以为只靠语言就能说服对方,你得找一些新奇的方式让他们亲自去体验。"也就是说,除了向对方传授知识理论,你必须让他们全心投入改变过程。

国际职业体系公司创建者贝弗利·凯是员工发展和保留领域的领路人。他表示:

> 为了保证学习与发展项目带来最大化的价值,员工需要武装头脑,全心投入。我们在设计和执行项目的时候,也会遵循这一原则,让学员可以充满自信地离开培训教室,怀着"我能"的心态投入实际应用中。我们的项目会让学员的肾上腺素增加。我们引导学员全心投入学习,这样他们才有热情积极应用所学知识。培训结束时,学员的心里都明白,自己才能为自己的发展和绩效负责。所以,学会为自己的未来发展负责,不是光靠理论学习就能实现的。
>
> ——凯,2005

新加坡 ROHEI 公司的首席顾问普莱兹·莫克也表达了同样的观点:"我们需要营造一种学习环境,让学员能亲身体验,从而调动他们的头脑和热情。这样才能实现持续改变。"

> **实践应用**
>
> - 学习不只是一项智力活动；学习还应该营造一种体验，调动学员的头脑和热情。

D3 学习动机

对于大多数人来说，掌握了知识或技能就是一种收获。人类在婴儿时期就展示出了强大的内在学习动机。这种对学习的渴望会持续一生：从成年继续学到老。学习与年龄无关。可是，成人会从一种非常务实的角度看待学习（见示例 D3.1）。"开始学习之前，成人会先弄清楚为什么他们要学习这些内容。"

为了弄清员工的学习动机，来自耶鲁管理学院的维克托·弗鲁姆设计了期望模型。弗鲁姆认为，员工愿意付出的努力是和动机成正比的（见图 D3.10）。职场中的动机主要通过以下三方面反映：

- 期望——员工期望新方法能改善绩效；
- 手段——员工期望绩效改善能够带来回报；
- 效价——回报带给个人的价值。

第三法则　引导学以致用

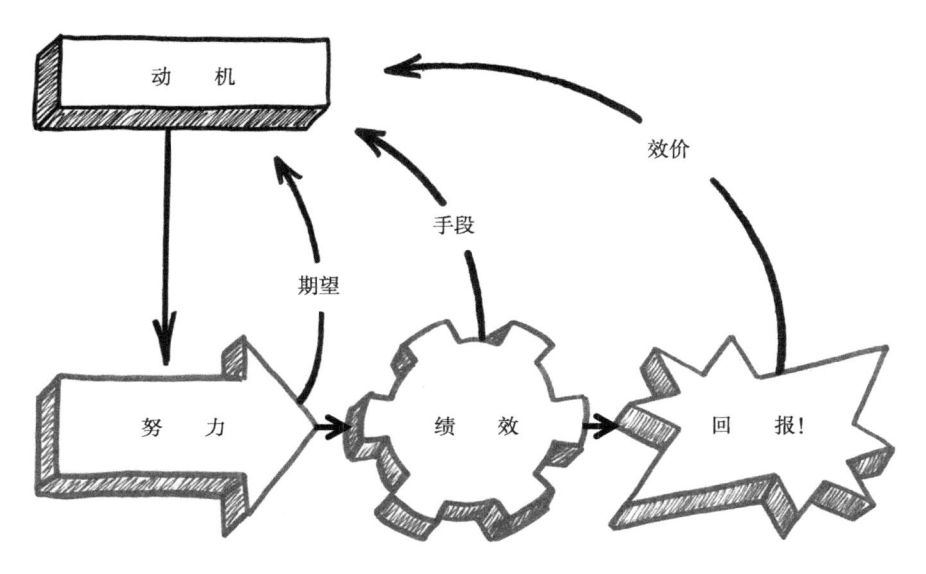

图 D3.10　期望模型

示例 D3.1

成人教育原理

"学以致用"的原则在很大程度上遵循了诺尔斯等人在其著作《成人学习者》中提出的成人学习原理。人的一生都在持续不断地学习着。然而，为了确保学习卓有成效，必须考虑到成人学习者持有的学习特点和偏好。具体包括：

- 实用导向，成人的学习内容与实践的关联很重要。
  - 在工作环境中，成人不会为了学习而学习。
  - 成人在学习之前会思考学习的理由，他们想知道"这对我有什么好处"。

- 理论、概念、案例和练习的关联性明确、清晰；成人希望看到实际运用的案例。
- 目标导向。
  - 相对于以内容为中心的方法，成人更青睐以问题为中心。
  - 成人想知道课程将会怎样帮助自己达成个人目标。
- 从经验中学习。
  - 在安全的环境下，提供模拟、角色扮演、练习实践的机会，应用新知识和技能进行练习。
  - 给予正确行为的强化反馈，对失误进行反思。
- 需要被尊重。
  - 成人拥有丰富的经验和知识，这应该被人尊重和认同。
  - 在课堂上平等地对待成人学习者，并鼓励他们分享智慧和观点。
  - 绝不取笑成人学习者或"以高人一等的口气"对他们说话。
- 自主学习和自我导向学习。
  - 成人需要积极参与到培训的过程中，并在活动中承担责任，如小组讨论、演说等。
  - 当讲师作为引导者推动课程时，成人学习是最有效的。讲师引导学员自己获取知识和得出结论，而不是仅仅把事实告诉他们。

因此，实践学以致用的时候，必须明确回答 WIIFM（"它能带给我什么？"）这个问题。项目必须能"打动人心"（创造期望），让员工相信可以通过学习和应用新方法实现卓越绩效。

许多企业学习项目都存在一个问题：只强调教学内容和方

法，不说明为什么要学习这些内容，即学习和使用这些新方法会带来哪些好处。为了激发员工的学习意愿，我们需要从他们的角度出发，用真实可信的原因，鼓励他们的积极性（见案例 D3.2）。同理，如果我们需要经理鼓励和支持直线下属参加学习项目，就必须清楚地说明项目会给经理及其部门带来哪些好处。

案例 D3.2　以终为始

我们在绿山咖啡公司办工作坊的时候，遇到了两名学员，他们当时正为了公司的安全培训项目头疼不已。虽然这个项目一听就很重要，可是员工的出席率实在太低。

我们当时认为问题应该出在宣传方面，课程设计和内容应该不会有什么问题。所以，我们半开玩笑地建议给项目改个名字："安全工作规范"这个名字就算了，改成"安全工作，平安归家"倒不错。

课程总监接纳了我们的建议，开始采取一系列措施。他们先拍摄了一个小短片，邀请了生产线上的工人们谈谈他们的家庭。有个工人分享了一张照片，照片里是他的妻子和孩子围在圣诞树旁边；另一位工人跟大家分享了她的宠物狗的故事；还有一位工人告诉我们，他是母亲的支柱……总之，每个人都表达了自己内心的想法："这就是我安全工作的原因，因为我要平安地回到自己爱的人身边。"

视频在他们的学习门户上发布以后，收到了热烈的反响。培训课程一改往日的萧条景象，大家都争先恐后地报名。学员也不再敷衍了事，而是积极地提升个人及身边同事的安全意识。

员工的反应之所以出现如此鲜明的对比,是因为企业把"为什么"放在了项目的开端。员工参加培训不仅是为了学习知识,还有感情方面的原因。

除了参加项目的原因,学员还要知道学习每一项主题和练习的原因,尤其是那些难度比较大、费时费力的内容(见图D3.11)。马戈利斯和贝尔(1986)发现,学员经常搞不清为什么要做练习。这的确是个问题。如果学员不知道培训练习和他们有什么关联(它能带给我什么?),就不会认真、积极地对待练习并从中学习。

"请问一下,斯维妮女士,这些数字将用在哪里?"

图 D3.11　学员想知道培训对他们有什么好处

第三法则　引导学以致用

马戈利斯和贝尔认为，导致这种脱节的主要原因在于讲师引入练习（课堂练习或在线练习）的方式。许多培训项目都会采用"管理式方法"，不说明"为什么"就直接从"怎么做"入手。典型的例子："在接下来的十分钟，我会把大家分成几个小组……"或者"为以下情境选择最合适的最下一步行动。"

这种方法存在一个问题，就是引入练习后，学员不会马上开始思考练习的目的和结果是什么，而是在想自己有没有足够的时间做练习，以及自己喜不喜欢这样的形式。这样一来，练习就失去了意义，学员也失去了实践的机会。

马戈利斯和贝尔建议，引入练习的时候，第一步应该说明练习的意义以及它与工作绩效的联系。"这样做既符合学习逻辑，又培养了学习动机……简介部分回答了学员共同关心的一个基本问题：'我为什么要做这件事？'……我们应该抛开讲师或组织的身份，始终站在学员的角度看待问题背后的原因。"

实践应用

- 坚持以终为始——不管是引入学习项目、具体主题还是练习，都要先回答"为什么"这个问题。
- 介绍流程前，请说明这样做的意义及好处。

⊃ 建立关联

为了实现最优学习效果，学习项目需要满足以下四个条件：

1. 明确定义业务结果及预期好处。
2. 确定所需的绩效表现（技能及行为）。
3. 筛选学习内容，只留下与工作相关的必要内容。
4. 教学方法与预期绩效匹配。

第一个条件需要企业认真执行第一法则。第二个条件需要进行绩效分析。第三个条件需要我们进行批判性思维，决定哪些内容是实现预期绩效所必不可少的（有可能会伤害行业专家的热情）。第四个条件需要我们选出最有效的教学方法来实现预期绩效。

通过扩展逻辑图（见图D1.8）得到的学习价值链是满足上述四个条件的有用工具，而且能保证这四个方面的连贯性。以下三个理论，为学习价值链奠定了基础：

- 波特的学习价值链分析理论；
- 布林克霍夫的影响地图；
- 逻辑建模。

我们可以把学习价值链看成"放大版"的逻辑图。它展示了具体的学习活动与预期结果之间的关系（见图D3.12）。逻辑图一般按照时间顺序从左至右制订学习规划——活动获得产出，产出带来结果——但是我们发现，如果按照从预期结果到活动规划这样的逆向顺序来绘制逻辑图，效果会更好。

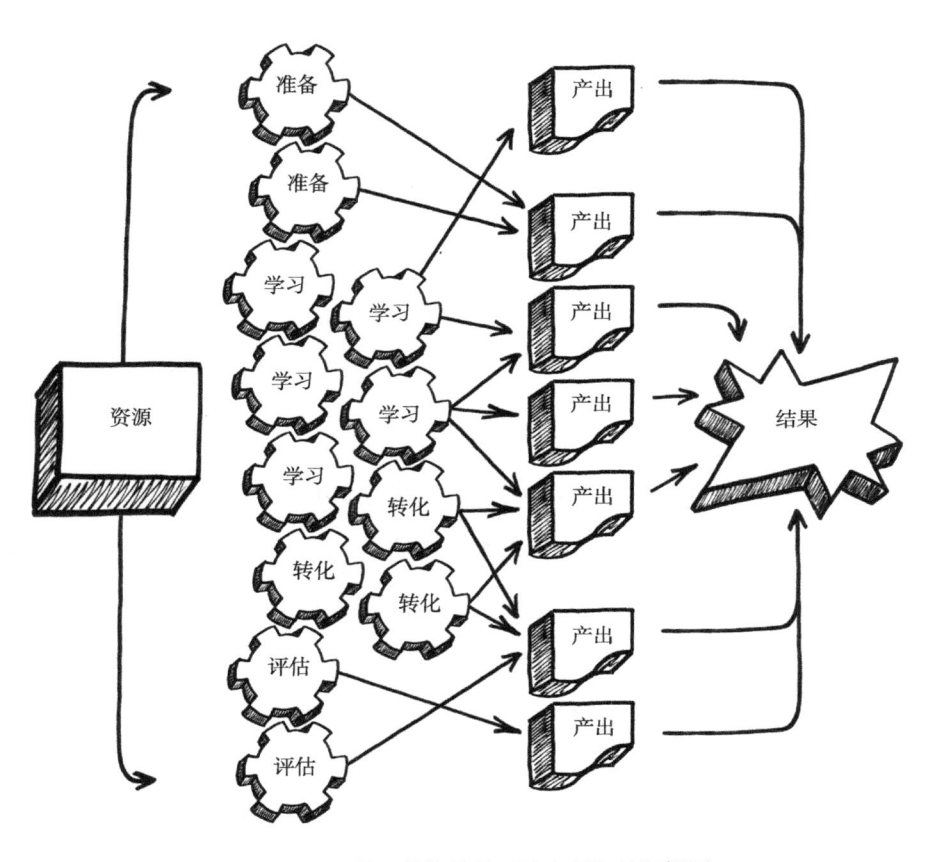

图 D3.12　学习价值链是"放大版"的逻辑图

在学习价值链中，预期结果就是项目的业务目标，即结果规划轮的第一象限（见图 D3.13）。预期产出是指学员习得新技能和新知识。活动是指具体的学习体验和支持机制，这些机制可以帮助人们掌握并且坚持应用所需技能。在波特的学习价值链中，如果所有连接都牢固有力并且互相增值，就可以使企业的竞争优势最大化。

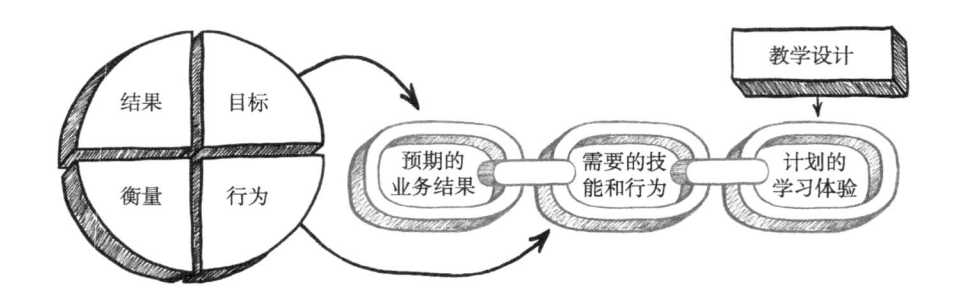

图 D3.13　学习价值链展示了学习和业务目标的关系

学习价值链主要有四个作用：

1. 明确了学习活动和预期结果之间的逻辑联系；
2. 帮助讲师和学员看清每一项内容和每一项练习的关联性；
3. 过滤掉了与绩效不相关的内容；
4. 帮助设计团队发挥创意，批判性地思考"这种教学方法是实现预期结果的最佳选择吗"。

建立学习价值链需要三个步骤：

1. 列出项目需要满足的关键业务结果。
2. 列出每项业务结果需要员工具备的关键行为。
3. 根据每种关键行为设计学习体验，确保员工达到必需的绩效水平。

练习带来的好处就像一棵大树，每项学习内容都和所需的技能或行为相连，然后又与业务结果相连（见图 D3.14）。

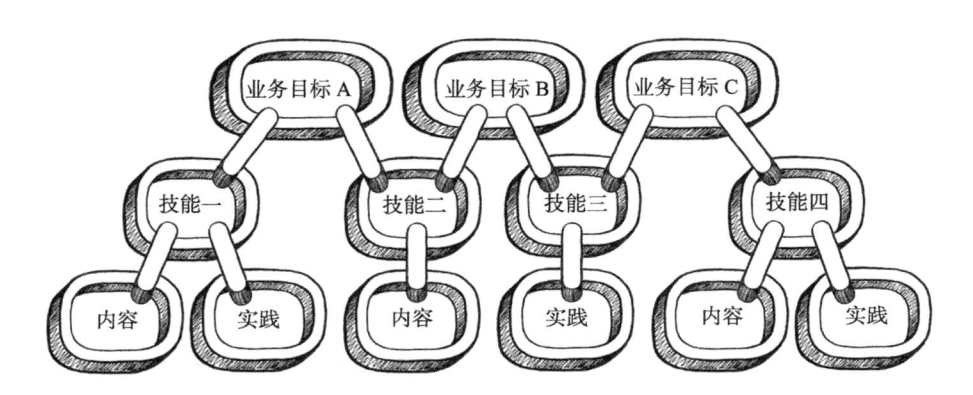

图 D3.14　完整的树形学习价值链

在设计第三层（学习体验）的内容时，要确保设计出完整的学习体验（准备、课程、在职学习、社会化学习、绩效支持、成就认可等），这样才能保证学习效果，鼓励学员不断巩固学习内容。其中的关键问题包括：

- 这是最合适的教学方法吗？
- 我们设计的学习体验完整吗？
- 这个主题/内容真的是实现预期绩效的关键吗？
- 实践和理论内容是否平衡？
- 学员是否有足够的时间进行思考、内化、编码和整合？
- 我们是否建立了足够的脚手架和先行组织者？
- 项目的顺序合理吗？
- 项目中的联系是否清晰合理？
- 我们是否发挥了间隔学习法的优势？

我们发现，如果大家在设计学习价值链的时候能集思广益，效果会更好。丰富多彩的观点和经验，共享的想法，建设性的设计……这些都有助于学习价值链的构建。此外，便利贴也是个好工具。我们可以把想法移来移去，随意增删、替换。艾默生创新提出了用色彩对学习内容进行编码，用以区分主动习得的内容和被动灌输的内容，让我们可以非常直观地看到这两者之间的平衡。

有了学习价值链，就可以保证每一个人——包括学员、学员的经理和教练、讲师——都能理解每一项学习内容的目的和原因。此外，它还可以过滤掉多余的内容；如果学习内容或练习与预期绩效无关，它们就不应该在学习项目中出现。

从理论上来说，我们可以把整个学习价值链纳入项目的逻辑模型中；但是，由于这里面的细节太多，会让整个模型变得冗杂，反而让逻辑模型失去了作为交流工具的价值。我们建议大家设计一个详细的学习价值链来指导学习设计，然后只把学习价值链中的高层内容作为逻辑模型的关键组成部分，如图 D3.15 所示。

> **实践应用**
>
> - 设计新项目的时候，可以绘制一份学习价值链。这样就能确保项目包含了一切可以带来价值的内容，而且这些内容与业务结果息息相关。
> - 绘制学习价值链，重新评估现有项目，确保项目中没有不相关的内容，实现最优设计。

第三法则　引导学以致用

D3 检查流程

引导学以致用的目的是确保学员在完成学习体验后有能力应用所学内容。明确了学习和业务的关联后，员工就会有动力去学习和应用新技能和新知识（应用意愿）。

但是，我们怎样才能知道流程有没有发挥作用？

我们建议大家在流程中随时检查，这就类似于检查生产过程一样，这样才能保证关键的分支流程能按照预期进行。既然我们已经知道了关联性对成人学习者的重要意义，所以，掌握学员对学习的关联性和效用性的看法，自然也十分重要。

> 如果员工觉得学习内容和工作不相关，他们就不会花工夫应用这些内容。

课程结束时（第二阶段学习），我们可以请学员进行评分，了解他们应用所学知识的动机、能力以及他们对学习内容关联性的看法（见示例 D3.2）。课程结束后立即收集的反馈信息，大部分都价值有限，我们会在第六法则（总结培训效果）中详细讨论这一点。再好的评价也不能预测学习会不会被转化，或者绩效能不能得到改善。另外，如果学员对项目关联性和实用性的评价（如示例 D3.2 中的问题）较低，其实就说明项目存在某些缺陷。

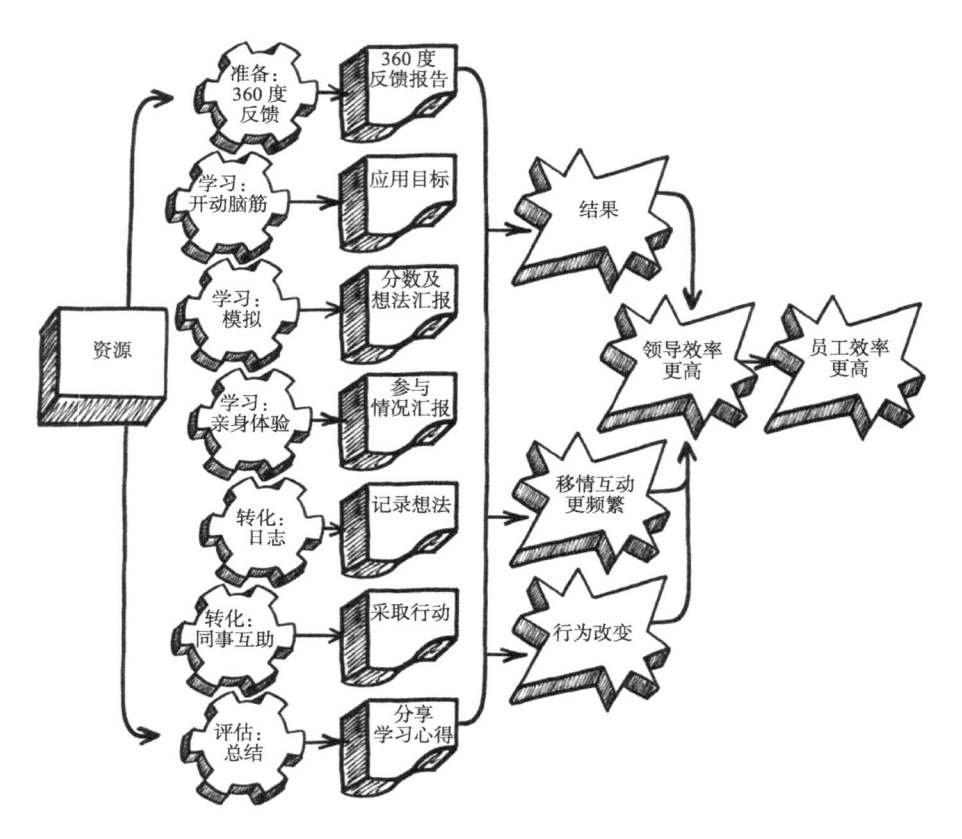

图 D3.15　逻辑模型

示例 D3.2

课程实用性评估的问题示例

请根据你对学习内容的理解，在下列描述中写出你个人的评价等级。

1. 课程内容与我的工作直接相关。

　　非常不同意　　不同意　　中立　　同意　　非常同意

第三法则　引导学以致用

> 2. 我已经完全准备好"学以致用"了。
>   非常不同意　　不同意　　中立　　同意　　非常同意
> 3. 应用所学内容能够提升我的绩效。
>   非常不同意　　不同意　　中立　　同意　　非常同意
> 4. 课程内容能够激励我"学以致用"。
>   非常不同意　　不同意　　中立　　同意　　非常同意

为什么？因为如果员工觉得他们学的内容缺乏实用性或关联性，他们就不会花工夫去应用这些内容（"我不想应用"）。不能带来绩效改善的项目就是失败的项目。之所以要强调员工的"看法"（而不是客观事实），是因为真正起影响作用的就是他们的看法。人们对某事的看法决定了他们的行为，不管这种看法是对是错。

很显然，一家企业肯定不会在一个它觉得没有关联性和实用性的学习项目上投资。但是，不管出于什么原因，只要学员觉得项目缺少关联性，项目就成了一堆废品。如果学员对项目实用性的评分过低，企业就必须采取行动，找到问题的根源所在，然后解决。这些原因多种多样：有可能是受众不对，或者受众对了时机不对，也有可能因为没有清楚地说明关联性，等等。重点在于找出并解决问题。责备抱怨是没用的，一定要解决问题。

员工对项目实用性的看法远比一般的反响数据重要，因为后者通常没什么实际意义。重要的不是员工"喜不喜欢"这个项目，而是他们是否觉得这个项目有用，愿不愿意应用学到的内容，以

173

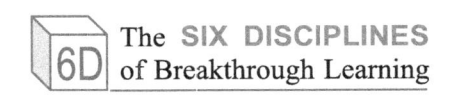

及有没有能力应用这些内容。

> 🔧 **实践应用**
> - 如果你的课后评估里没有关于学员对项目关联性和实用性看法的问题，请进行补充。
> - 定期检查评分结果，调查导致评分较低的原因，并采取行动解决根源问题。

小结

在本章中，我们强调了教学设计和方法的重要性。它们为员工在个人和组织工作中应用新知识和新技能提供了支持。

我们简单了解了关于学习的神经科学，重点介绍了一系列影响学习过程的关键瓶颈。我们还特别强调了注意力的首要地位：人的注意力非常有限，容易被分散，而且很难长期集中。我们讨论了短期记忆的限制以及过多信息导致的注意力负载和学习效率低下。此外，我们还了解了新知识编码过程的重要性，以及学员需要时间和激励去建立自己的记忆联系。

我们强调了成人学习者对学习关联性和实用性的重视。课程设计师和讲师需要帮助学员发现课程与工作的联系，回答 WIIFM（"它能带给我什么？"）这一问题。课程中的每一项内容都需要精心筛选和设计，为实现最终目标（绩效改善）提供支持。学习

第三法则　引导学以致用

价值链应该覆盖每个主题和练习，保证学习内容和所需行为及最终结果紧密相连。这些联系需要非常清晰，也需要与学员及其主管达成一致。此外，教学方法的选择一定要与学习内容的应用目标保持一致。

使用示例 D3.3 中的检查清单评估第三法则实践情况。

示例 D3.3

第三法则检查清单

☑	要素	标　　准
☐	激励	课程的描述、教学材料的使用、教学方法的应用能够回答学员"这对我有什么好处"的问题
☐	匹配	能够非常清晰地描述课程内容、目前业务需求、工作职责之间的关系，教学中的每个主题和相对应的练习与活动都需要保持一致
☐	关联	能够激励学员主动将习得的内容与其过去的经验产生关联，帮助学员长久记忆所学内容，增加学习内容的实用性
☐	校准	新信息和新技能的量要适度，防止注意力负载
☐	例证	教学过程中，使用大量的成功案例传递"榜样"的力量
☐	分享	根据成人学习原理，鼓励学员之间分享各自的最佳实践和体会
☐	练习	留出足够的时间，让学员练习并给予反馈
☐	支持	提供"工作辅助材料"支持学习转化和在岗应用
☐	监控	教学内容需要与工作实际相关且实用，征询学员的反馈和建议，保持跟进并贯彻实施
☐	评估	就教学内容是否有效进行评分，分析学员学习转化和应用目标的质量，确保教学内容和学习转化目标真实地反映了既定的课程目标

行动指南

致培训负责人

- 绘制详细的学习价值链,注明每一项学习活动与预期业务结果之间的联系。
- 在项目的逻辑图中增加主要活动。
- 课程结束后,评估学员应用所学知识的能力("我能吗")。
  - 确定导致评分较低的原因并解决。
- 在课后评估中询问学员对培训的关联性和实用性的看法("我愿意吗")。
  - 如果学员对这些问题的回答不是那么乐观,就需要分析其背后的根本原因并采取完善措施。
- 计算学员用在被动接收知识和主动实践技能/解决问题上的时间。
  - 至少把2/3的学习时间用于主动学习。

致业务负责人

- 对学习项目进行一次盘点,确认该项目对你负责的业务能够产生多大的影响。
  - 你觉得项目对你来说有用吗?还是说你觉得学习过程很枯燥?

第三法则　引导学以致用 6D

- 如果你不了解项目原理，可以请设计团队向你说明，并查看项目的逻辑图。
- 通过直线下属了解学员对项目关联性和实用性的看法（不只是喜不喜欢这个项目！）。
  - 如果学习部门还没有掌握这些信息，要求他们去收集。
  - 如果评分不理想，要求学习部门制定相应措施来解决问题。
- 向你的下属经理核实：他们的直线下属在回到工作岗位之前是否做好了充分的准备。
  - 如果没有，你需要和学习团队一起解决这些问题。

第四法则

推动学习转化

学习是实现绩效目标的一种手段,而不是终点。

——哈罗德·斯托洛维奇

企业学习项目能否创造价值,取决于员工是否把所学内容转化为日常工作,并以此来改善个人和组织的绩效。不管学习内容有多深刻、多有趣、多动人,如果不能用在实际工作中,那么只能算是"废品"。员工只有具备了应用所学知识的能力和意愿,企业在学习中投入的时间、精力和资源才没有白费。

这就是为什么那些成功的学习部门会如此重视第四法则——推动学习转化。在这里,我们特意选择"推动"(Drive)这个词,是想说明企业追求目标的过程和运动员向终点线迈进的过程在本质上是一样的。"推动"的意思是在某件事上投入精力,让事情向前发展。它与以往常见的放任自流的学习转化法是截然相反的(见图1.6)。

第四法则　推动学习转化

学习活动的目的是改善员工的工作效果和效率，从而提升业务绩效（见图 D4.1）。单靠知识是很难改变员工行为的。"要想改变员工的行为，得到预期成果，你需要指导、支持和责任感。"纵观那些实施高效学习项目的企业，它们都在"指导、支持和责任感"三方面投入了大量资源，这样才能保证学习转化和在职应用。它们知道，工作环境（转化氛围）和学习本身一样重要，都决定着员工对"我能吗"和"我愿意吗"两个问题的回答。因此，它们会评估转化率，监控整个过程，并且对持续转化投入了和其他关键业务项目一样的关注和严谨。

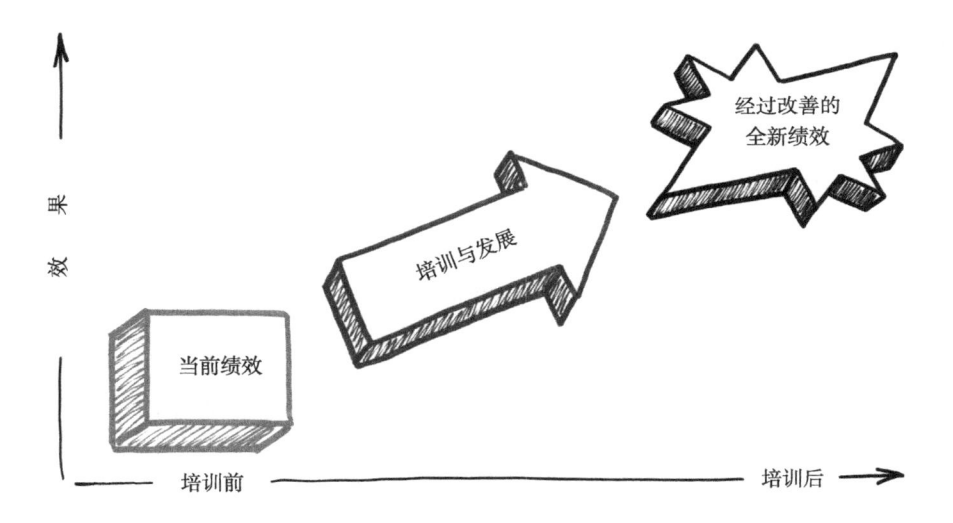

图 D4.1　通过培训改善绩效

本章的主要内容包括：

- 界定学习转化；
- 仅有丰富的学习体验是不够的；

- 学习转化需要得到更多关注；
- 哪些人需要对转化负责；
- 影响转化的因素；
- 转化氛围及改善方法；
- 第四法则检查清单；
- 行动指南。

D4 界定学习转化

学者们对学习转化的定义千差万别。人们经常把学习转化和知识转化相混淆。知识转化是指知识从讲师或老手传递给学生或新手的过程，跟我们在这里所说的学习转化完全不同。把知识从一种媒介或人传递到另一种媒介或人并不能创造任何业务价值；只有学习转化及其应用才能创造价值。

在教育文献中，学习转化的定义是"过往的学习可以推动学员习得当前知识"以及"人们在学校习得的技能和知识可以用来解决和处理实际生活中的问题和事件"。后者也是企业培训面临的主要挑战。企业学员必须完成"远迁移"，即"把学校学到的信息迁移到实际生活（学校之外的）问题上"。

学习转化是在工作中应用学习内容以实现绩效改善的过程。

我们认为，在企业背景下，学习转化的准确定义应该是"在

第四法则　推动学习转化

工作中应用学习内容以实现绩效改善的过程"。因此，只有应用了学习内容，学习转化才算成功，并且转化可以带来持续的绩效改善——这也是组织培训项目的初衷。

有时，学习转化也被定义为"培训内容在工作中的转化率"，但是这种说法并不准确。首先，我们无法精确评估学习的转化程度。其次，鉴于许多课堂或 E-learning 项目都涵盖了巨大的知识量，就连那些相对短期的课程也是如此，就算学生的效率再高，也只能勉强应用一小部分内容。

我们认为，培训后达到特定绩效改善标准（满足一定条件）的员工数量，是评估转化效果更好、更直观的办法。因此，如果有 4/5 的员工能达成第一法则中设定的工作绩效目标，那么项目的转化率就是 80%。这样看来，目前大多数培训项目的转化率只有 10%~50%。

实践应用

- 根据达成绩效改善目标的员工数，定义和评估学习转化。

D4　仅有丰富的学习体验是不够的

学习活动的成果等于学习内容（能力）和转化内容（意愿）相乘的结果。它们的关系可以用下面这个等式来表达：

学习×转化=结果

我们可以从中得到两个明显的结论：第一，丰富的学习体验依然很关键。人们没办法转化他们没学过的内容，这也是第三法则引导学以致用如此重要的原因。第二，丰富的学习体验是不够的：如果转化率为零，即使学习内容无懈可击，整个项目带来的实际影响依旧为零（见图 D4.2）。

学习 × 转化 = 结果

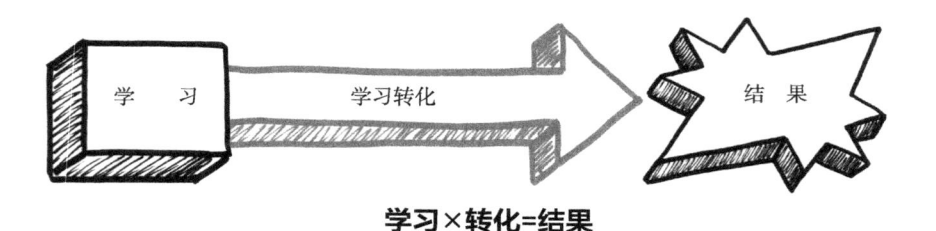

图 D4.2　只有学习没有转化，项目就等于零

尽管如此，大多数企业学习从业者还是把所有的关注都放在了学习体验上，几乎完全忽略了转化这一步骤。他们觉得，如果培训内容足够吸引人、打动人，就可以产生足够动力，帮助员工度过从学习到成果的艰辛过程。这就好比儒勒·凡尔纳的科幻巨著《从地球到月球》（1865 年出版）中的情节：拿着大炮打太空中的目标。

当然，现在我们都知道，仅凭一次爆炸产生的驱动力是没办法满足物体逃离地球引力所需的逃离速度的。在飞行过程中，空气阻力和重力的作用迟早会占据上风，发射物会因此渐渐失去动力，最终掉落地面（见图 D4.3）。

第四法则　推动学习转化

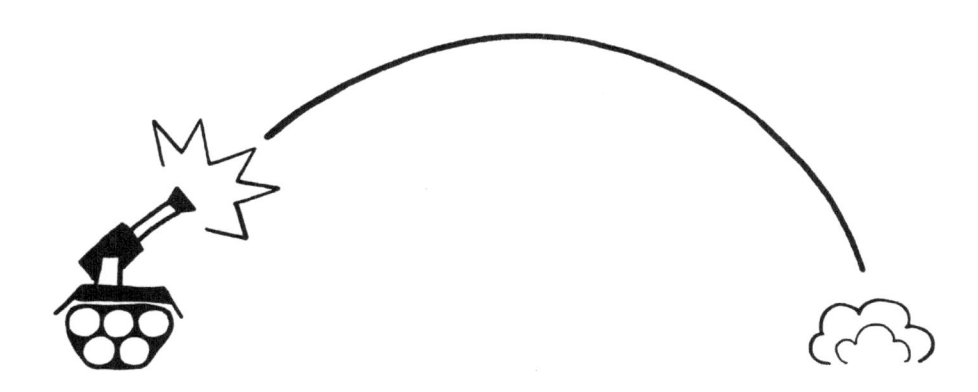

图 D4.3　世界上最具威力的大炮发射出的炮弹，最终还是会掉到地面上

企业培训和发展项目也是一样。无论一个项目最初能带来多大的动力，但对改变的抵触和旧习惯的影响，会使学员逐渐失去学习转化的动机，最终回到培训前的行为模式上（见图 D4.4），即行为改变模型中的"重拾旧习"（见图 D2.9）。正如火箭的持续运行一样，培训项目也需要对学员进行长期持续的动力支持，帮助学员达到"逃逸速度"。

图 D4.4　学习转化需要持续的动力

183

为什么防止学员旧习惯的复发需要持续的动力呢？咨询师和畅销书作者约翰·伊佐给出了如下解释：

学习就像坐着雪橇从刚下完雪的山顶上滑下来。第一次尝试时，你能开拓不同的路线。但是第二次滑下来的时候，雪橇会循着你上一次滑雪时的路径前进。之后的每次尝试都在重复之前的痕迹，使这条路径更深，而你也更难滑出另一条路。这与大脑工作的情况非常相似：当你多次重复一个特定动作时，你的行为就会变得不由自主，并且难以改变。对于人类生存来说，这是必不可少的。因为，如果我们必须时时刻刻去思考每个新的动作，人体就将无法正常工作。但人类大脑这样运作的模式意味着，无论是"处理特定任务"还是"与他人打交道"这类长期养成的习惯，都需要花费很多努力才能改变。

神经学家也证实了伊佐的说法。频繁的重复会在大脑中留下印记；和肌肉一样，大脑也会通过锻炼变得更大更强。一旦习惯在大脑中留下印记，我们就需要通过长时间的持续努力来改变它们。这也说明了为什么学习新习惯比改掉旧习惯要难。所以，虽然一次精彩的学习体验可以教给学员一种更有效的方法，但它不足以带来持久的改变。

> 丰富的学习体验不足以带来持久的改变。

"学习×转化=结果"这个公式也解开了学习专业人士和业务专业人士对彼此的常见误解。学习专业人士认为，成功是由人们学到的内容定义的；业务人士认为，成功是由绩效改善定义的，而绩效改善需要通过学习和转化实现。业务人士觉得学习和学习

第四法则　推动学习转化

转化没有差别。如果投资了培训却没有看到绩效改善，他们就会认为"培训项目失败了"，虽然问题可能出在转化环节。从业务的角度来看，在没看到绩效改善的情况下就说学习项目很成功，大约就跟"手术很成功，但是病人死了"是一个意思。

千万别低估改变的难度。到了"不改变就没命"的时候，没人会拒绝改变。但是，研究表明，在那些曾经做过心脏冠状动脉搭桥手术的病人中，只有10%的人在术后成功改变了他们的生活方式来降低可能出现的致命心脏病的发病率。甚至在面临"要么改变、要么死亡"的抉择时，许多人都很难改变自己的旧习惯。

对于个人和组织，"惯性"也是存在的，这种惯性会阻碍改变的发生（见图 D4.5）。正如牛顿第一运动定律所描述的那样，"一切物体在没有受到力的作用时，总保持匀速直线运动状态或静止状态，除非作用在它上面的力迫使它改变这种运动状态"。事物会保持原有的状态，直到有足够大的外部力量帮助它克服惯性。因此，培训和发展部门面临的挑战是，如何提供足够的动力，发动行为变革，帮助绩效更上一个高度。

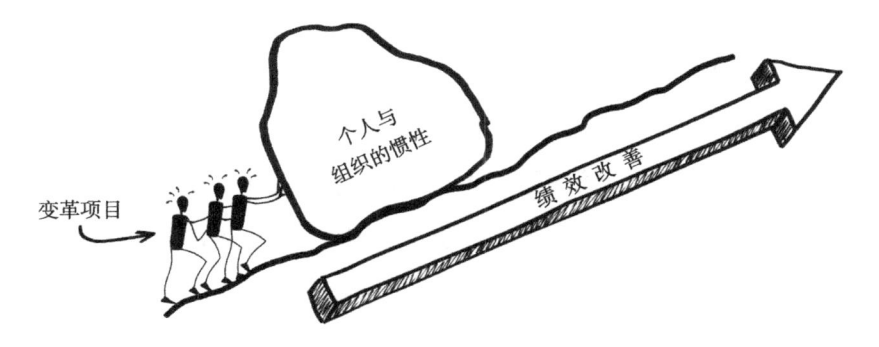

图 D4.5　个人与组织都具有抗拒变化的惯性

> **实践应用**
> - 记住"学习×转化=结果"这个公式,确保你的计划和管理可以实现最优结果。
> - 不要低估变革的难度,只有学习体验是不够的。

⊃ 实践的重要性

关于怎样才能到达卡内基音乐厅,有一个经典的故事。一位在纽约旅游的游客问警察:"你能告诉我怎样才能到达卡内基音乐厅吗?"警察回答:"练习,练习,再练习!"事实证明这个警察是对的。最近的调查显示,无论是国际象棋、商业、体育,还是表演艺术等,在人类所从事的所有行业中,实践练习的次数是成为世界一流专家还是成为普通人的区分标准。商业巨头杰克·韦尔奇、网球选手大小威廉姆斯、音乐家莫扎特……提到这些精英时,我们倾向于将他们的成功归功于他们的"自然天赋"。我们往往会对自己说:"因为我们天生就没有那些天赋,所以我们永远不能像他们一样卓越。"

然而,杰夫·科尔文在其著作《哪来的天才》中,对很多实例进行了研究,发现事实与我们的想法并不吻合。他认为,"自然天赋"远没有常人认为的那么重要。众多世界各地的研究者聚在一起讨论"专家的形成",最后他们得出结论:在很多行业里,专家之所以不同于普通人,其中一个重要的因素是练习次数的多

第四法则　推动学习转化

少，练习的次数能够决定结果的好坏。换句话说，莫扎特之所以成为莫扎特，正是因为他从 4 岁起就开始比常人多付出百倍的努力进行练习。格拉德威尔表示，披头士之所以如此成功，是因为他们曾经在汉堡的酒吧进行每周 7 晚、每晚 8 小时的高度密集的演出。他们在第一次取得成功之前，已经进行了超过 1200 次的现场表演。

当然，不是所有的练习都能带来成就。研究显示，一种"特殊的"练习是必要的，调查人员称之为"有目的的练习"。"有目的的练习"是指同时注重技巧和结果的重复训练。这种练习要求精力高度集中，对表现及时反馈，以及花时间进行深思反省：什么行为能带来积极的结果，并应该继续坚持？什么行为会减损预期的效果，所以应该减少和避免？

> 天才之所以为天才，是因为他们付出了更多努力进行练习。

科尔文在其发表在《财富》杂志的文章中写道："不管是科学的实践研究，还是趣闻轶事，都充分证明了有目的的练习是卓越表现的源泉。"丹尼尔·科伊尔在其著作《一万小时天才理论》中关于"天赋热点"的研究也得到了相似的结论。有目的的练习（科伊尔称之为"精深练习"）在任何人类行为中，都是取得卓越表现的前提。"精深练习是个自相矛盾的过程：你竭尽全力向着一个目标奋斗，你会感到能力有限，会犯错，但就是因为你的努力，才使你变得更加机敏。"

所以，虽然参加培训、在岗训练和自学都能催化学习，但不管在哪个行业，要想成为某个领域的专家和熟手，都没有捷径可言——必须通过大量的练习。毋庸置疑，培训是否"有效"，即培训是否改善了工作绩效，很大程度上取决于学员在培训结束后，是否积极迅速地实践他们学到的新技能。因此，促进有目的的练习也成为提高培训回报率的最有效方法之一。

D4 学习转化需要得到更多关注

从流程改善的角度来看，学习转化率越高，项目的整体成果就越好；这比改善学习体验有用。这是因为大多数企业为了改善课程体验，已经投入了巨大的精力、创意和技术，但是对学习转化却视若不见（见图1.6）。

这一现象的结果是：大多数学习供应商都非常擅长设计和提供优质的学习体验，但是对于如何改善学习转化却知之甚少，不以为意。虽然学习策略和技术的提升也很重要，但它们对于绩效的影响却不如学习转化。

> 大多数企业都对学习转化视若不见。

我们来看个例子。韦伯的一项研究发现，在一群参加了同一个培训项目的咨询师中，有一部分人在培训结束后又参加了一系列有规划、以行动为导向的教练谈话，而另一部分人却没有这种转化支持；结果，前者的销售额增长是后者的三倍。辉瑞公司也发现，如果学习转化可以得到具体的支持的话，领导力发展项目的投资回报率就会提高40%以上。莱姆巴赫和昂德的研究总结表

第四法则 推动学习转化

明,如果企业可以重视学员的准备情况、学习转化的设计和组织内部的团结一致,那么学习转化率将提升近70%。

⇒ 情景模拟

假设你是一家汽车工厂的总经理。经销商在销售你们的汽车的时候,发现有一半产品都出现了故障(虽然这些汽车在下流水线的时候完全正常),导致消费者严重不满。社会上出现了许多关于你们的负面报道,而经销商也都扬言要放弃你们的产品。很明显,问题就出在生产和运输环节之间,而且很严重。这时,你有两个选择:

- 把汽车产量翻倍,生产出足够多可以正常使用的产品。

或者

- 尽管这件事超出了你的责任范围,但是仍然调查问题所在,采取行动解决问题。

这样一对比,我们就会发现第一种解决方案有多不明智。其实,这个问题和企业在培训失败以后会选择重新培训还是改善课程设计,其实是一个道理。

实践应用

- 重新调整创意、精力、专业人才和资源的分配,改善学习转化。

D4 问题出在哪里

我们在引言里说过，企业培训项目的"废品率"一直居高不下。关于这个问题，业界已经讨论了 50 年。但是，问题到底出在哪里？我们认为，主要有三方面的原因：

1. 责任不明确。
2. 缺少未雨绸缪的措施。
3. 流程管理系统不完善。

⇨ 责任不明确

业务部门管理者认为，培训是培训部门分内的事，与己无关。他们没有意识到自身在培训中扮演着不可或缺的角色。正如吉姆·特林卡所言："通常情况下，业务部门经理都认识到培训或学习很重要。但是，他们却说，'是的，培训很重要。但是你看，我非常忙，我只能将这个工作交给培训部门来做。这是他们的工作，不是我的'。"

同样地，对于很多培训专业人员来说，他们会认为培训后的工作转化不属于他们的职责范围，是业务部门的事情。罗斯马丽·卡法雷拉在《成人学习项目规划》（*Planning Programs for Adult Learners*）一书中写道，许多培训专家"从来没把

> 培训项目的成功与失败，培训部门和业务部门应该责任共担。

第四法则 推动学习转化 6D

学习转化当成他们分内的事"。他们认为:"我的职责是确保利用最有效的方式向学员传授符合课程目标的内容,但是之后会发生什么就不是我所能掌控的了,那是业务部门管理者的职责。"

事实上,不管培训项目成功或失败,培训部门与业务部门都应担负其应有的责任。只有双方积极合作推动学习转化,才有可能学以致用。否则,双方的积极性都会受到打击,就像两个人站在一条即将沉没的船上,却在争论船的哪一端水漏得更快(见图D4.6)。当学习转化为绩效的过程失败时,是谁的错已经不重要了,因为每个人都不是赢家。

图 D4.6 培训没有产出,其实每个人都不是赢家;是谁的错已经不重要了

道理虽是这样,但我们相信,培训专业人员在解决学习转化问题时,应该发挥领头羊的作用,因为他们是最大的受益方。原因如下:如果培训之后,绩效没有提升,管理层会得出结论"培

训是失败的"。但事实可能是,培训本身是成功的,但是学习转化失败了,却没有人在意事实到底是什么。这可能导致的后果就是培训项目预算的缩减或者项目的取消。

当培训部门与直线经理携手确保学习得以转化和应用时,每个人都会受益。转化是大多数组织学习价值链中最薄弱的环节,这意味着转化是组织发展的关键节点。确实,只有培训部门和直线经理共同承担学习转化责任,应对挑战时,培训才有可能为组织做出真正有价值的贡献。

⊃ 缺少未雨绸缪的措施

惯性对人们的影响已经不是新鲜事了;转化是影响学习—成果流程成败的关键环节,这一点也无须赘述。但是,学习专业人士和企业领导却始终没能未雨绸缪,提前做好预防措施。

我们可以参考组织安全中的概念,展开"事故预防调查"。与其等转化失败后再亡羊补牢,不如在一开始就采取"预防"措施。

召开防范会议,在会议中向有经验的人请教如何防范问题发生,对可能出现的失败了如指掌。掌握了这些信息,研究者就可以避免一系列问题。这种方法快速、简单、易于执行、成本低廉,更重要的是,可以让我们100%掌握可能出现的问题。

——康克林,2012

第四法则　推动学习转化

这个方法放在学习中，就是向项目出资人和设计者询问："哪些原因可能导致项目无法带来长久的行为变革？"接着，根据他们的回答，制定一系列防止问题发生的战略。既然学习转化是最有可能导致项目失败的环节，我们就要在这方面做最充分的防范。

⊃ 流程管理系统不完善

学习转化问题之所以能长久存在的第三个原因是缺少适用于企业学习规模的系统和流程。随着越来越多学习转化和绩效支持系统的出现，这一问题逐渐得到了解决。这些系统包括 ResultsEngine®、Qstream®、Cameo®和 TransferLogix®等。它们让培训后续工作实现自动化，随时提醒学员回顾和应用所学知识。

不过，支持系统只是解决方案的一部分，而且只能在合适的环境（转化氛围）中使用。转化氛围受无数因素的影响。因此，对于学习转化问题，自然没有"一劳永逸"的办法。面对这么多的影响因素（见图 D4.7），我们必须从多方面应对。

> **实践应用**
> - 承担起学习转化的责任，要像规划课程一样认真规划学习转化。
> - 让业务负责人意识到他们在确保学习创造价值这一过程中的责任。
> - 和业务领导初次讨论学习项目的时候，思考"还有哪些欠缺"这一问题。

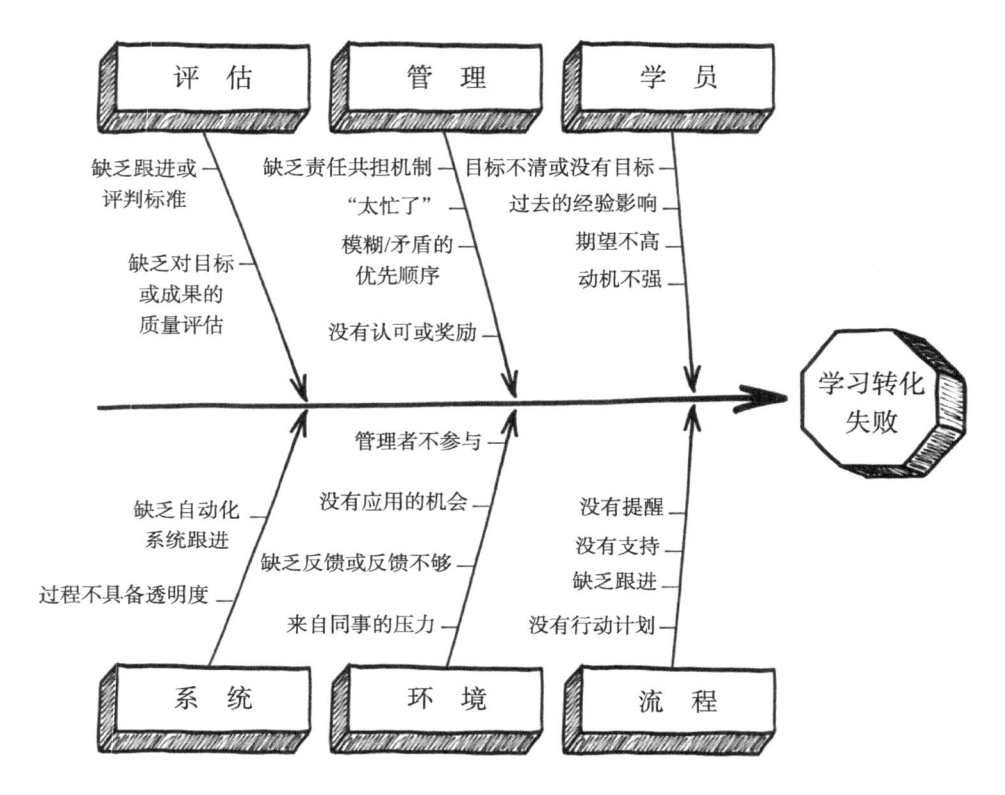

图 D4.7　鱼骨图：导致学习转化失败的因素

转化氛围

　　学习转化的氛围影响培训的效果，美国运通公司 2007 年进行的一项调查充分说明了这个观点。这项调查的最初目标是评估三种教学形式的效果，分别为传统课堂教学、混合式学习和电子化学习。培训结束三个月后，根据参加培训的管理者岗位不同，

第四法则　推动学习转化

以时间周期、转化率、收入影响、预测准确性、销售额、客户满意度、处理时间等作为评估参数，将这些参加培训的管理者分为"高绩效领导者"和"低绩效领导者"两类。

这两种管理者的评估结果差异极大。从收集到的报告和数据看出，"高绩效领导者"的生产率平均提高了42%，然而"低绩效领导者"的生产率仅仅提高了16%。正如这项调查所示，教学形式并不是影响培训结果的关键因素。在三种教学形式中，都存在"高绩效领导者"和"低绩效领导者"，所以一定有其他因素造成了培训结果的不同。

> 转化氛围是任何项目成败的关键。

问题的关键在于转化氛围。调查人员通过一项训后调查，找到了问题的答案。他们发现，得到"较多改善"的学员具备以下特征：

- 主动与其直接主管讨论和沟通如何应用所学内容于工作实践中的次数超过四次。
- 两次感受到其直接主管的支持和赞同。
- 两次以上期望因行为发生改变而获得肯定或奖励（这一观点支持本书之前章节讨论过的弗鲁姆期望模型）。

这项调查的发起人总结如下：

- 学员培训结束后回到的工作环境如何，能最准确地预测培训带来的真实效果。
- 为了使学员在回到日常工作后能够坚持学以致用，必须提供高度支持的学习转化氛围。

- 学习转化氛围能够真正让公司提高投资回报率。
- 对学习转化氛围重要性的理解,以及如何创造一个良好的学习转化氛围,应该在最初发起培训项目时就重点考虑。

其他调查研究也得到了相似的观点,即学员培训后回到工作岗位的学习转化氛围,将对培训的效果产生深刻影响。欧洲管理学院的伊贝拉教授曾就高层管理者辅导与教育的话题在《哈佛商业评论》撰文。他指出:"设计一流的培训课程会激发个人学习的积极性,可能带来极好的效果……但我的研究表明,培训的问题在于,培训结束后,这些高层管理者回到工作场所,面对日常的工作任务,会发生什么?"换言之,一项培训项目是否能够有效地改善绩效,很大程度上取决于学习转化的氛围(见案例 D4.1)。

案例 D4.1 文化胜于培训

罗西·巴哈尔·休尔森在康奈尔大学担任行政总监期间,学到了重要的一课:文化胜过一切。"领导的话和培训的内容并不重要,除非企业的文化和价值观深深地影响了员工的日常行为方式和交流方式。如果言行不一致的话,那些振奋人心的演说、引人深思的价值观,还有那些精心设计的培训,不仅不能带来积极影响,甚至会造成负面影响。

"领导应该对企业文化负责。他们的首要职责就是设计和规范职场环境并提供相应支持;在这个环境中,企业文化逐渐繁荣,然后带来大家期望的结果。

"这里的关键在于可持续性。企业文化的形成包括三个步骤:(1)设

第四法则　推动学习转化

计优秀的培训项目并要求员工参加；（2）建立明确的预期目标、评估标准和责任机制；（3）通过最佳规范、政策和流程，支持新文化的发展。这三个方面并驾齐驱，才能实现文化变革，从而得到期望的成果。"

改变一个企业的文化比改变它的结构或者战略困难得多。这个过程需要很长时间，但是带来的回报也十分惊人。罗西用了十几年的时间，在同事、四个工会，以及一支由将近2000人组成的专业支持团队的协助下，构建了一套协作文化。每一名员工——工会成员和非工会成员、全职员工和兼职员工——都需要参加领导和员工发展项目。每个人都要成为岗位上的模范。

从"我行我素"到以价值为导向的协作文化，这样自上而下的变革，需要变革者具备惊人的毅力。但是付出总有回报。员工间的信任增加了，员工心里的不安减少了。创意和创新蓬勃发展。生产力一飞冲天。客户服务质量显著改善，整体标准提升了一个档次。

对另一所大学进行的同行评审也表明，康奈尔的领导力发展投资的确获得了辉煌的投资回报。由于该机构内部不良的文化风气，员工怨声载道，企业也经常官司缠身，损失惨重。在同一个十年间，康奈尔只收到了一次诉讼——而且胜诉了。即使在这样一个高度工会化的环境里也没有进行仲裁，所有决策都以企业利益为出发点。

罗西的新书名字就是对这整件事的最好总结：《领导力——有志者事竟成》(*Lead Like it Matters...Because it Does*)。

但是，还要明确的是，学习转化氛围包括哪些方面，哪些方面对学习转化有益，哪些方面有害。霍尔顿、贝茨和罗娜在2000

年开发出了"通用学习转化系统清单"。这份清单能帮助评估学习转化氛围，判断哪些因素为培训带来正面影响，哪些因素带来负面影响。这份清单被证实是一个有效的诊断工具，能够帮助和指导学习转化系统的完善。这个工具在许多情境和领域中都富有成效。

正如其名称的字面意义，"学习转化系统清单"明确了学习转化环境是一个复杂的体系。换句话说，学习转化的效果受到许多复杂可变因素的影响。影响学习转化的三组主要因素为应用的能力、应用的动机和工作环境。这三组因素通过内部的相互作用，直接和间接地影响了学习转化活动（见图 D4.8）。

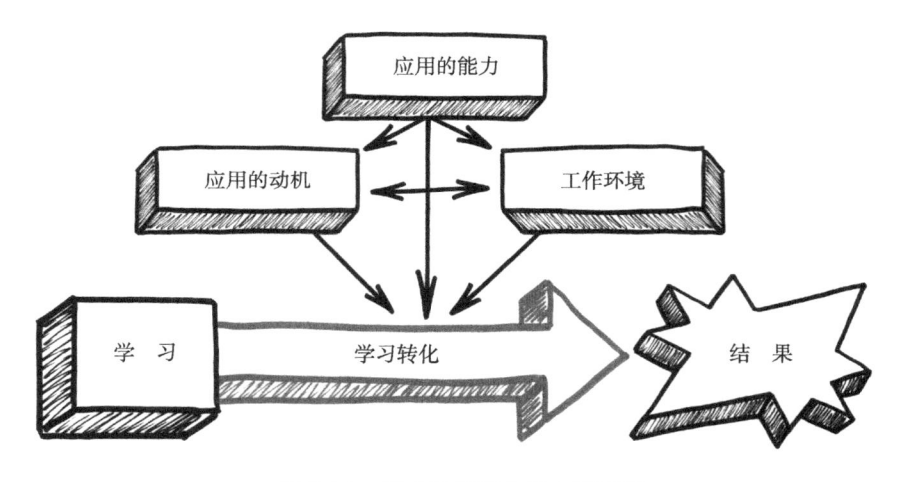

图 D4.8　影响学习转化的主要因素

应用的能力

学员应用新的学习内容的能力主要受到四个因素的影响：

第四法则　推动学习转化

- 学员必须具备工作中自我改变的能力（时间、精力、心理空间）。
- 学员所从事的工作必须为他提供足够的机会来应用新技能和新知识。
- 学员掌握了应用方法；学习设计和课程必须以应用为主，而非理论内容。
- 学员需要感受到培训内容的关联性、有效性和实用性。

⊃ 应用的动机

学员应用和转化新知识的动机主要受到三个因素的影响：

- 学员相信应用新技能可以改善绩效的程度。
- 学员相信工作绩效的改善能够被认可和奖励的程度。
- 学员对潜在奖励和认可的重视程度（见弗鲁姆的期望模型）。

⊃ 工作环境

影响转化氛围的第三个因素是员工工作环境中催化或阻碍转化的因素。工作环境因素包括经理的影响、同事群体、管理层的表现以及奖励系统。在转化系统清单中，管理者的影响主要包括：

- 管理者提供反馈和教练的次数；
- 学员所感知到的管理者对学习转化的支持和推动程度；
- 学员所感知到的管理者对学习转化的负面评价的程度。

同事的态度包括学员在准备学以致用时，同事对这种改变所表现的接受或抵触的程度，以及学员在应用新技能和新知识的时候，同事接受或反对的程度。奖惩机制包括：（1）学员是否通过应用新技能获得了正面结果；（2）学员未学以致用而导致的负面后果（见图 D4.9）。

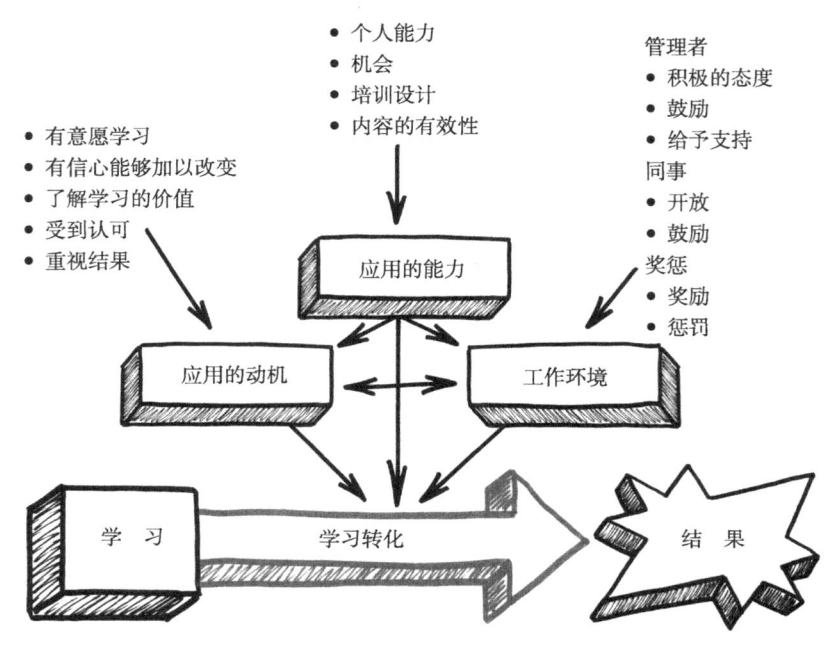

图 D4.9　学习转化系统清单中的 16 个因素

值得注意的是，我们在上文以及第三法则中有关关联性和实用性的讨论中，都用到了"信念"和"感知"这两个词。这是因为人们往往根据其本能的感知和信念行事，而不一定刻意遵循客观事实。因此，如果学员感知到他的上司对培训的态度是负面的，或者，即使其上司对培训持有支持态度，但由于业务繁忙而无暇顾及，那么学员学以致用的可能性就会降低。

第四法则　推动学习转化

因此，如果想改善目前企业内部的学习转化氛围，首先需要对员工对现有学习转化氛围的看法做个评估。完整的学习转化系统清单包含 99 项内容，霍尔顿在《改善组织内的学习转化》（*Improving Learning Transfer in Organizations*）一书中曾列出了一个简略版的学习转化系统清单。我们根据这份清单设计了示例 D4.1 中的自我评估，希望能帮助组织评估其转化氛围，确定需要改善的地方。

> 人们往往根据其本能的感知和信念行事，而不一定刻意遵循客观事实。

示例 D4.1
学习转化氛围自我评估表

因素	描　　述	评分
效用	回到实际工作场所中的学员相信，他们如果能够在工作中应用所学内容，就会有效提升绩效	
机会	学员在工作中有很多机会应用所学知识和技能，也获得了学以致用所需的支持资源（如时间、任务、辅助、材料、人员等）	
期望/奖励	学员相信组织和管理者期望他们能够学以致用，并因此获得上司的认可。同时，如果他们未能学以致用，管理者能够给予批评指正。在学习项目设计过程中，员工发展、绩效提升和激励认可能够建立关联，同时，也能够做到持续的流程跟进和给予绩效提升者奖励	
反馈/辅导	当学员试图在工作中应用所学时，能够获得来自管理者、同事和其他人的积极的建议、帮助和辅导	
管理者参与	管理者积极支持学员学以致用。在培训前后，他们愿意与学员讨论培训后达到的绩效期望，提供培训后应用新知识的机会，帮助界定相关目标，提供反馈，协助学员克服学习转化中的困难	

续表

因素	描　述	评分
团队互助	工作中的同事积极鼓励学员学以致用。当学员在应用新知识遇到困难时，同事能够表现出足够的耐心，并愿意接受新的工作方式，不苛求受训后的学员保持固有的工作模式	
个人体验	学员体验到学以致用后的绩效结果，如生产效率提升、工作满意度增加、受到尊重，以及其他人的认可、自我水平的提升或受到额外奖励等	

总的来说，正面因素越多，说明学习转化的环境越积极，而培训后的学习转化率越高。但不是所有因素所占的比重都相同，如管理者参与比其他因素所占权重更大。当然，考虑到具体企业的内部文化，以及培训工作的复杂程度，"管理者参与"对学习转化的影响力稍有不同。

实践应用

- 了解工作环境对学习转化和结果的关键影响，对工作环境产生积极影响。
- 使用转化氛围评分卡或转化系统清单评估组织内部的转化氛围是否健康。
- 针对得分较低的方面进行改善。

D4 管理者的作用

管理者对于学习转化和转化氛围有着极其重要的影响（见图

D4.10）。他们代表着最有力的潜在资源，而这些资源决定着学习能否带来结果。最近的一项研究也证明了管理者对转化氛围的重要影响。这是研究者在回顾了近100篇研究论文之后得出的结论。兰卡斯特、迪米连和卡梅伦给出了这样的结论："管理者在培训前、培训中和培训后的表现，对培训转化起着关键影响。"美国运通公司也表示："直接领导可以决定任何培训项目的成败。"布林克霍夫则更简洁地表示："有了管理者的支持，培训就能发挥作用；反之则不能。"

图D4.10 管理者的看法影响了培训的应用情况

但是，要想说服管理者积极地为学习转化提供有用支持，对于大多数学习部门来说，仍然是件难事。布罗德和纽斯特罗姆在他们1992年合著的《培训转化》（*Transfer of Training*）一书中写道："管理者无法为培训在工作环境中的转化提供持续有力的支持。我们认为这是一个根源问题，还好它有很大的改善空间。"虽然这本书是20年前出版的,但是这个观点放在今天也依然适用。

为什么管理者会对学习效果产生这么大的影响？这是因为不管员工对上司的看法如何，有一点是肯定的：上司是加薪、升职和发展的关键。所以，员工会特别留意自己的上司（有意或无意）发出的信号。如果上司对某件事表现出兴趣，就说明他们认为这件事比别的事重要。这一规律放在学习和应用中依然有效。

在员工把学习转化为业务结果的过程中，管理者发挥着不可或缺的关键作用。正因为如此，安捷伦公司的 CEO 比尔·沙利文希望自上而下地推行以业务为导向的学习应用项目。在这个项目中，首当其冲的就是公司里的 100 名总经理："我们得确保给员工提供合适的应用氛围；有了来自经理和同事的理解和支持，我们就会达成更好的转化和应用成果。"

> 管理者会对学习转化产生超乎常理的重要影响。

⊃ 管理者的参与程度

柯克帕特里克博士认为，管理者对于培训的反应分为两个极端（见图 D4.11）。一种是极力制止下属员工应用学习内容："学归学，但是工作还得按我们的规矩来。"我们听过最过分的例子是加拿大一家石油公司的总经理告诉我们的。公司曾经花费重金（包括学费、工资、交通费、住宿费等），派他去哈佛大学参加一个为期一年的管理培训项目。学成归来以后，他被经理叫到了办公室。经理对他说："欢迎回来。我可没兴趣听你讲在哈佛学到的那些玩意儿。"

当然，这只是一个极端。但是，差不多每个企业都存在几个特别热衷于阻碍员工应用新知识的管理者。管理者和培训这样完全脱节，只能导致业务需求不明确，员工无法获得来自管理层的

第四法则 推动学习转化

支持。

图 D4.11 管理者对员工应用新技能和新知识的反应

那些对应用持有不鼓励态度的管理者，其实也在浪费资源，而且会让员工感到迷茫和受挫——"如果没机会应用这些东西的话，为什么我还要花时间学它？"

柯克帕特里克把"中立"或"漠不关心"放在了区间的中间位置，因为他

> "漠不关心"会造成负面影响。

认为这种态度不会造成任何影响。我们不敢苟同。"漠不关心"其实会造成负面影响。员工参加了学习项目，兴致勃勃地准备应用学到的内容；这时，如果经理不发表任何看法，大部分员工都会觉得经理的意思是"别在这上面浪费时间"。

"如果你是一名经理，挫败员工士气的最好办法就是当着他们的面否定他们的努力。如果你不想这么直接的话，可以直接无视他们和他们的努力。"罗西·海温斯顿告诉我们："在职场中，否定一个人及其工作的最极端做法，就是对他们表现出漠不关心的样子。这种冷漠比批评还可怕，因为批评至少还说明这个人值得注意。"漠不关心是一种负面态度。如果管理者没有对学习及应用表示出积极的兴趣，他们就扼杀了员工的动力，浪费了极好

205

的改进机会。

与上面这些管理者相对的另一个极端，是那些鼓励下属应用学习内容的管理者。他们的积极态度是营造良好的转化氛围的关键（见图 D4.9），同时也是决定企业的培训投资是否值得的关键。对于新的学习内容，管理者应该至少表示鼓励；如果他们能把这件事当成强制规定，那就更好了，因为这样就能给组织的变革带来强大的动力（见案例 D4.2）。

案例 D4.2　让营销培训的价值实现最大化

当豪尔赫·瓦尔斯接过 SmithKline Beecham Animal Health 集团管理者职位的时候，他发现公司的营销现状亟待改进。于是，瓦尔斯与 Impact Planning Group 签订了合约，准备开展一场针对营销能力的密集型培训。他不仅要求营销部门参加这次培训，还要求所有经理的加入，因为他想借此强调营销是每个人的责任；每个部门都会对客户对公司和品牌的看法造成正面或负面影响。

就项目本身来说，这次培训还算不错；但是，真正让培训发挥作用的，是瓦尔斯在培训总结会上提出的一项不可协商要求："今后，员工在制订所有营销规划的时候，都必须遵循培训中教的内容。"他要求员工必须应用培训内容，并且承诺自己会提供相应的支持。言出即行。之后，瓦尔斯拒绝了一切不符合培训原则的提案，甚至连看都不看。

有了这一规定，每位员工都开始在工作中应用新方法和新工具。公司运营计划的质量立即得到了改善，经理、部门和领导团队的讨论质量也有了显著提升。这是因为大家怀着共同的理念。几个月之内，经过提升的规划和营销水平就在顶线增长和底线增长中起到了显著的推动作用，即使公司在这几个月并没有推出新产品。

如果瓦尔斯没有实施这一强制措施，而只是鼓励大家应用新方法，或者放任自流，那么员工就会觉得应不应用学习内容都无所谓。这样的话，整个改善进度就会变慢，效果也会略逊色。正是由于坚持要求每一个人都应用学习内容，瓦尔斯才能保证企业的学习投资能够获得应有的回报。

> **实践应用**
>
> - 了解直接上司对学习项目成败的关键影响；管理者的支持是整个项目中不可或缺的部分。
> - 避免表现出"漠不关心"的态度（"最起码我没反对"），这种态度会使员工丧失应用和转化的动力。
> - 用事实说话，让管理者认识到他们的参与可以带来怎样的影响。

○ 为什么管理者不愿意提供更全面的教练支持

一直以来，我们都在思考一个问题：为什么管理者不愿意采取进一步行动鼓励他们的直线下属应用学习内容？如果员工的效率和成绩有所改善，管理者的工作就会变得更轻松，发展前景也会更好。再说了，既然员工已经花了时间学习新内容，为什么管理者不再多投入一点点，享受绩效改善带来的丰厚回报？

管理者为没有跟进培训项目给出的最常见借口是"没有时间"。当然,在这个快节奏的时代,管理者不可能有时间兼顾每一件事。他们会进行取舍。因此,当管理者说他们"没有时间"跟进培训和提供教练的时候,其实是在说这件事对他们来说不重要。

> 管理者必须相信他们付出的时间可以得到回报。

为什么他们会有这样的想法?我们认为问题的根源有两方面:

1. 管理者没有从中看到足够的价值(回报)。
2. 管理者对自己在这方面的能力缺少信心。

没有看到足够的价值 面对事情多时间少的局面,正常的管理者都会把时间花在能够带来最多回报的事情上。对于那些无关紧要的事情,管理者就会选择忽略。

如果我们想让管理者积极地推动学习转化,就必须让他们相信,他们在教练直线下属时投入的时间,从长远来看,会得到绩效改善作为回报。我们要让管理者相信,他们可以让学习项目给自己的部门带来更多好处。至少,我们应该让他们认识到自己具有的影响。辉瑞公司曾经公布了一项内部研究的成果,这项研究证明了管理者的参与具有的价值。结果公布之后,公司内的培训后教练情况有了明显提升,因为管理者认识到了其中的价值。

除了上述内容,我们还要让公司高层意识到,如果一线经理不能给员工的在职应用提供支持的话,整个项目投资就白费了。我们应该鼓励高层把支持员工发展纳入管理层的年度考核和评

第四法则　推动学习转化

估。在那些管理绩效突出的企业里，管理者会为直线下属的发展负责，而企业也把管理者的相关能力作为晋升考评的一部分。

有了学员直线经理的上司积极监管和参与，学习项目就能更好地发挥作用。拿 AstraZeneca 的突破性教练项目来说，学习部门采用了学习转化电子支持系统（ResultsEngine®）帮助区域销售经理评估他们的下属经理实施教练的情况。在地区讨论会上，公司会表彰那些积极提供教练的经理，从而进一步巩固期望行为。高层领导对管理者参与的积极支持，进一步强调了这项工作的重要性，对项目的成功起到了实质性的推动作用。

缺少信心　对自己的教练能力没信心，会让管理者自我麻痹，觉得自己真的没时间做这件事。没有哪个经理愿意在员工面前表现出能力或技巧不足，这会很难堪的。如果经理不太熟悉培训教练的事，或者不清楚培训都教了哪些内容，他们就会用没时间这个借口拒绝和员工讨论学习内容或者应用事宜。

管理者可以通过下面三个方面来提升自己的课后指导能力：

- 了解项目内容；
- 相信自己具备必备的教练技巧；
- 制定了明确的行动流程。

关于第一个方面，最好的解决办法就是管理者要赶在直线下属之前参加培训项目；当然，如果能和下属一起参加，就更好了。可惜这种做法很不实际。可是，管理者至少要对项目的预期业务目标、项目内容、教练方法和预期结果有一个简单的了解。这个过程必要保持简洁高效。例如，一封简洁的介绍邮件，再附上几个介绍详细信息和指导的链接，要比一篇冗长的课程说明好得多。

Change Lever International 是一家学习转化咨询公司。公司 CEO 杰夫·瑞普非常重视管理层的支持所发挥的作用，所以他在员工培训前召集经理们参加了一次特别课程。课程的主要内容包括常用教练技巧，以及如何让即将到来的培训达到最优效果。

在 Centocor 公司，当员工收到直接上司对他们的反馈时，经理们正在参加一个进修项目，学习如何让 360°反馈的价值实现最大化。项目结束后，趁着双方正在关注这件事，员工和他们的上司需要尽快进行一对一的讨论。

豪瑞公司（Holcim）北美学习中心负责人丽莎·贝尔曾经为"构建领导绩效项目"的学员的经理安排了为期一天的"影响力"课程。"一开始，我们最担心的是经理们不愿花费宝贵的时间来参加这种'多余的'课程。不过现在你看，他们竟然还觉得意犹未尽。"丽莎相信，这样的课程是影响项目成败的关键因素。

请注意，学习项目开始前，管理者对其直线下属的学习效果的影响是最大的。我们要鼓励管理者和直线下属在培训开始前互相沟通。

> 指南应提供易用的形式、清晰的流程和案例。

也可以提供一个简单有效的流程供他们参考。丘博保险公司领导力项目负责人比尔·阿马克索普洛斯会在培训开始前安排学员及其经理进行电话会议，并且为他们提供有用的指导，推动双方交流。

第四法则　推动学习转化

培训结束后，我们也要鼓励学员和经理尽快会面，讨论学员的主要收获和今后的应用规划。有些项目会要求学员制订个人目标或者行动规划，我们可以把这些信息整理一下，通过邮件或其他学习转化在线支持系统发给学员的经理。另外，我们还可以给经理提供简短、具体的训后行动指导，通过他们让培训投资的价值实现最大化。

最后，我们要确保经理们了解自己的直线下属从培训中获得了（或者没获得）哪些收获。这一点可以通过多种方式进行，例如，参加总结会议（实际会议或虚拟会议），让每个学员回顾自己的目标、成就和收获；或者邀请经理评估学员的绩效改善情况。拿考克斯媒体集团（Cox Media Group）为例，他们就要求学员的经理对观察到的绩效改善进行评估。我们也可以利用学习转化电子支持系统，自动向学员的经理发送直线下属的成绩总结。有些间隔学习巩固系统（如 Lever-Transfer of Learning）则准备了评分表，让经理可以评估团队的绩效。

实践应用

- 和高层领导一起，让学习转化支持成为所有经理的工作内容之一——这是一项受监督、可以获得认可和回报的工作。
- 为经理提供必要的教练信息和支持，协助他们在培训前后为学员提供教练。

学习转化的六个基本要素

根据有关学习转化的研究，以及我们在过去 15 年的工作经验，我们认为，富有成效的学习转化管理体系需包括以下六个基本要素：

- 课程结束后的活动安排；
- 给予提醒；
- 明晰责任；
- 反馈与辅导；
- 绩效支持；
- 界定终点线。

课程结束后的活动安排　为了有效地将所学内容进行学习转化，在正式培训课程结束后，首先要做的事情是制定一份清晰的训后活动日程表。如前所述，我们将学习转化阶段归结为完整学习体验的阶段三。在这一阶段中，需要安排明确的活动，如培训后的任务分配、报告撰写、电话会议及其他能够帮助学习转化的活动，避免让人感觉"培训课程结束了，学习的任务也完成了"，同时，也能够强化组织中学习转化的氛围。培训后安排一些不间断的学习活动，能够强化学员对学习的持续认知和间隔学习效果，有助于新知识和新技能的持久保持。正如第二法则所述，制定训后清晰明确的活动安排是整个学习项目的一部分，并且是不可缺少的一个环节（见图 D2.8）。

第四法则　推动学习转化

训后安排间隔学习有助于学习的转化和持久，为此，可以设计一系列持续数周的活动日程安排（见图D4.12）。每次活动都能帮助学员回忆并且温习他们所学到的知识。其实，这些活动并不需要非常复杂，如可以通过邮件发送一些有助于学习转化的小贴士，撰写一篇相关的文章摘要，或者列举一个学以致用的成功案例等，这些活动都有助于学员重新回顾所学内容并加深记忆。

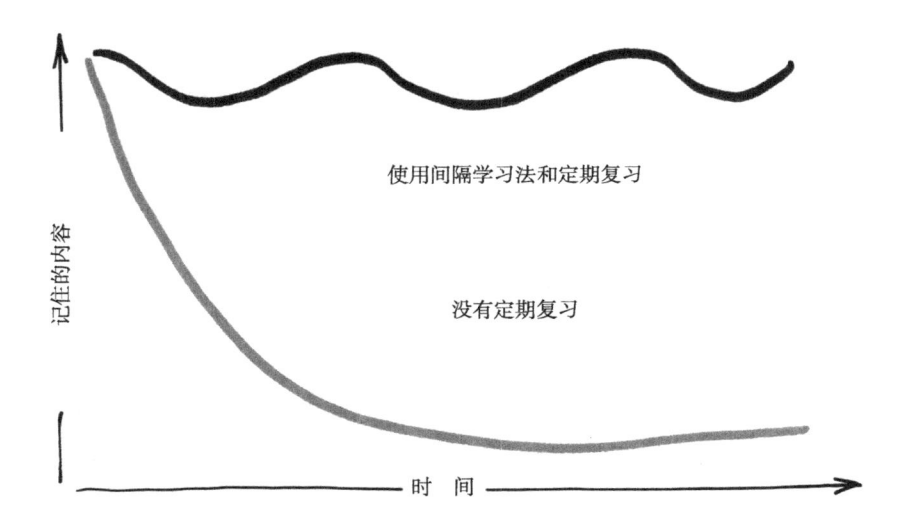

图D4.12　不复习，记忆就会逐渐淡化

相比简单的信息灌输，训后的任务或作业分配更能让学员积极参与和思考。哈佛医学院进行的一系列研究表明，把间隔学习法和游戏化学习结合起来，会产生极好的效果。如果能定期向学员提出问题，那么在几个月后的测试中，学员仍能记住大部分相关内容。更重要的是，这种方法可以持续帮助学员改变工作习惯。

游戏元素——如使用计分系统和排行榜——可以激发学员的应用动机。无论他们有没有答对问题，我们都应该给出说明反馈，这比只提供纠正性的反馈更有用。

"复述"是一种巩固学习效果的简单有效的方法。有些公司甚至把它作为员工参加项目或会议的前提。许多公司要求学员在参加培训课程之后，与同事分享培训中的一些关键主题或培训课程的概要。该做法的好处之一，就是能够在更大范围内分享传播培训的内容，更重要的是，使学员能够进一步巩固所学内容。麦金利咨询公司参考这些因素设计出了一个名为"循环学习"的流程。该流程可以巩固学习效果，保证学习转化（见案例 D4.3）。

案例 D4.3　让学习保持循环

麦金利咨询公司是多伦多的一家人才解决方案供应商。他们曾受邀为一个大型政府机构的管理团队提供领导力发展培训。麦金利咨询公司的培训一向围绕评估展开，这次项目也不例外，所以，项目的第一步就是从四个方面（同事、自我、上司、直线下属）进行360°评估。他们一共花了三天半的时间整理评估结果，确保对方的团队有足够的时间了解和内化这些内容，更好地认识自己、自己所在团队，以及团队动态。

有了这样的坚实基础，客户团队了解了自己的学习需求和原因，麦金利咨询公司才正式展开内容和理论培训。为了保证学员在工作坊结束后能继续学习——持续学习，确保应用——麦金利咨询公司引入了"循环学习"这一简短的跟进方法，利用间隔学习法和复述学习法来巩固关键

第四法则　推动学习转化

理论的学习效果；更重要的是，划分责任，推动发展规划的制订和执行。

麦金利咨询公司总裁兼首席互动官马克·汤普森是这样介绍这一流程的："让员工了解他们为什么要学习，是我们关注的重点之一。例如，要求学员（1）观看西蒙·斯涅克的 TED 演讲《从为什么开始》；（2）回答自己的'为什么'，即为什么要工作；（3）与同事分享自己的答案；（4）接受来自同事的反馈；（5）做好准备，在下一次更大规模的管理会议上分享自己的想法。

"再如，（1）复习课程中讲到的某个主题，如'回避倾向'；（2）就自己部门中存在的这一问题，列出 3~5 个要点；（3）与一名直线下属分享这一理论以及你的理解；（4）就如何改善部门中的这一现象，总结出三个改善方法。

"循环学习的好处在于，他可以推动学员复习学习内容，重温补充材料，复述相关理论——这些都是非常有效的学习方法——并要求他们制订和分享行动计划，形成责任机制。

"只需要不到 20 分钟的时间，你就可以巩固学习效果，让领导团队中的每个人为自己的执行情况负责。我们曾经试过在 45 天里安排 5~7 次循环学习，因为这是根据记忆曲线的规律设计的。毕竟，学习结束后的 30~90 天里是人们遗忘的高峰。

"真正让我们欣慰的是，客户也意识到了循环学习的价值，自己开始坚持和扩展这一做法。客户公司的 CEO 决定把麦金利咨询公司带来的这股热情传承下去。所以，他每个月都会要求不同的管理团队根据领导力课程的内容，为下一次管理层会议设计循环学习作业。相关团队有两周的准备时间，他们会在每个月的管理团队会议上讨论这项任务。为了起到表率作用，这位 CEO 亲自设计了第一次作业。

"对一家咨询公司来说，如果客户认可并坚持使用你提供的巩固流程，就是最宝贵的回报，因为后续的跟进和应用，是领导力发展项目的价值所在。循环学习是一种简单、有用、高效的方法，可以保证学习投资带来实质性的变革和业务价值。"

另一种更为有效的学习转化策略，是要求学员回到工作场所后，定期递交阶段性报告，总结他们学以致用的体验。这种报告类似于其他业务部门的个人和项目团队就业务进程所做的定期汇报。定期撰写系列学习报告，会帮助学员加强学以致用的主动性，他们会依据学习项目中设定的目标而努力。确实，如果仅仅要求学员设定目标，但不要求学员汇报目标完成进度，会使整个目标设定过程变为空谈。

> 重新召集参与培训的学员在一起讨论所学内容及学以致用的体验，对巩固和转化学习是非常有效的。

如果时间和预算允许，那么重新召集参与培训的学员在一起讨论所学内容及学以致用的体验，对巩固和转化学习是非常有效的，特别是让学员以报告的形式分享他们取得的进步、遇到的困难，以及他们在克服困难的过程中获得的体验等。如果无法将所有人聚集在一起，那么电视电话会议或网络会议也能产生很好的效果。在为客户开展 6Ds® 法则工作坊后，我们通常也会召开网络或电话会议。

第四法则　推动学习转化

> 🔧 **实践应用**
>
> - 制订和分享活动安排，从而强化学习效果，为应用提供支持。如果学习规划没有这项内容，就不是合格的项目。
> - 瞄准那些需要学员积极参与的活动——复习、加工或者反思。

给予提醒　"眼不见，心不烦"这种想法对于学习转化来说不是件好事，我们要做的是时刻提醒学员不要忘记所学内容。对于大多数培训项目来说，参训

> 麦当劳会经常、多次地通过广告等大众媒体告诉消费者，麦当劳在卖汉堡包。

学员在项目结束之后就不再提及"学习和培训"了，直到被安排下一次培训时，才会想起曾经参加过某些培训。

这一问题与市场营销领域的"心理份额"概念有关。我们的同事兼咨询师珍妮特·芮驰曼指出："麦当劳会经常、多次地通过广告等大众媒体告诉消费者，麦当劳在卖汉堡包。"麦当劳无疑是世界上知名度最高，消费者最为认可的品牌之一。但是为什么麦当劳每年仍然花费巨资投放广告？因为他们深知，如果停止广告，当消费者经常接收到其他竞争对手的信息时，麦当劳在消费者中的"心理份额"就会输给竞争对手。在大多数商业环境中，（消费者的）"心理份额"就等同于"市场份额"。所以，为了占据消费者心目中的"头等份额"，麦当劳必须投入巨大的精力和资源。

里斯和特劳特在其经典著作《定位》一书中也强调：同样的信息，要不断重复，越说越明。如果课程结束后，没有进行及时

的学习转化和应用，储存在人脑中的其他信息就会占据优势地位，那么学习转化与应用的效果就会大打折扣。学习部门需要向麦当劳一样，通过不断提醒，让学员重视学习转化并采取行动。没有及时的提醒，再好的打算都会被遗忘（见图 D4.13）。

"我说了我会做的。你也没必要每半年就提醒我一次吧。"

图 D4.13　没有及时的提醒，再好的打算都会被遗忘

有些项目要求学员写一封信，在信里介绍他们的应用目标。几个星期后，这封信会被寄到学员自己手里。根据我们的经验，这样做几乎没什么意义，而且太迟了。我们必须尽快开始提醒和复习活动，因为人们在这一时期的遗忘情况最严重。这些活动需要长期持续下去，让新行为成为习惯。

训后提醒可以采用多种形式，如信件、电子邮件、电话、电子日历，或者多种形式的结合。不管采用哪种形式，最重要的是提醒我们不要忘记要完成的目标。莱文森和格雷德开发出了一款

第四法则 推动学习转化

名叫 MotivAider 的简易装置，它形似传呼机，并且只能在设定好的时间震动。但是，这个简单的定时提醒器却能够有效地帮助人们同时处理多种任务。莱文森和格雷德认为一个有效的提醒系统必须具备两个关键因素：足够引起注意；作为一种提示工具，有一定的提醒频率。

电子邮件由于其普遍性和低成本，就成了最常见的选择。例如，罗博·巴特利特（培训部门的唯一员工）就利用电子邮件设计了一个低成本、易操作的跟进系统。没有想到的是，虽然我们每个人都被大量邮件淹没，但是邮件提醒确实有用。普拉尼科夫和他的同事们通过对加拿大五个地方的 2 000 多名参训学员的测试和研究，了解电子邮件提示能否有效改善人们在运动和营养方面的行为。凯撒医疗机构也开展了一项相似的调查研究。相比那些没有收到邮件的人来说，每周收到健康生活信息邮件的被试者明显改变了他们的生活习惯。这进一步证明了定期电子邮件提醒的作用。

> 设置提醒——这是最重要的事。

实践应用

- 学习项目结束后，安排一系列提醒，推动学员继续分享看法。
- 尝试不同的方法，如专为这一目的设计的商业系统。

明晰责任 管理效率较高的企业都会通过责任体系执行业务目标，监管员工进展，奖励相关成就。这些系统还可以保证学

习转化能够得到执行、监管和回报。

单靠提醒的确可以推动学习转化,但是,如果能结合明确的责任机制,效果会更好。当学员知道自己要为应用负责并且清楚相关的奖惩机制(见图 D4.9),他们就会更努力地应用学习内容。"会不会有人注意",是培养学员应用意向的关键因素之一。

让学员对培训效果负一定责任,其实也是企业赋予学员的应该担负的"业务"。在一家经营良好的企业中,员工应对自己付出的时间和所利用的公司资源负责。既然员工的培训和发展是一种投资,因此,它与银行贷款并无本质区别。当你从银行借款时,你就承担了还钱的责任(包括利息)。你要严格执行还款计划,如果你未及时还款,银行会毫不犹豫地提醒你。如果你未能偿还贷款,未来再想借款就会困难许多。

> 让学员对应用负责,是一种简单有效的手段。

当要求员工参加某个培训项目时,应该告知他们,参加培训也是在履行一种契约,学员有责任将所学内容进行学习转化和应用。那些参加培训,却不愿"还款"——在工作中学以致用的人(其实个人才是最大受益者),在以后的培训与发展机会中,将会被排除在外。由于学习敏锐度——"以经验为师,并且应用相关学习内容成功处理新问题或新情境的能力和意愿"——是成功的领导者需要具备的关键品质之一,所以这些人很少会获得晋升机会。

可惜,大多数学习管理系统都不够完善。这些系统是用来记录学员的学习活动的,所以对学员的实际应用并没有什么帮助。

第四法则 推动学习转化

学习转化在线支持系统填补了这一空缺。它和绩效管理系统很类似，可以帮助学员制定应用目标，记录学员进展，并且让学员的经理和其他教练也能参与进来。

反馈与辅导 前文中我们曾经提到关于技能形成的研究，也引用了大量人类技能研究的案例，这些研究无一例外地强调了反馈与辅导的重要性。一般来说，如果学习后没有任何反馈，那么提高和改善技能几乎是不可能的。试想，如果蒙住你的双眼，让你练习射箭，你看不到箭落在何方，又没有任何人会告诉你。你可能射了一万次，但射箭水平却因为没有反馈而止步不前。人们需要知道什么是有效的，什么是无效的，以此来强化积极的行为，修正无效或消极的行为。如果没有反馈，员工就不能充分发挥自己的能力，也不能纠正错误或有害的行为。

正是因为这些原因，我们需要找寻更多反馈和辅导的方法，来帮助改善学习转化的氛围。我们将会在第五法则中深入地探讨这一点。培训部门必须确保运用有效的辅导和教练方式，促进新知识的掌握和行为的改善。

绩效支持 另一个密切相关的概念就是培训后的绩效支持和辅助。学员对于自身能力的自信程度，深刻地影响学员应用新知识和新技能的动机。在第三法则中，我们也提到，需要设计能够引导学员学以致用的教学方式来进行教学，帮助学员增强自信。当然，在阶段三（转化阶段），提供持续的绩效支持也能够帮助学员增强学习转化的信心。

我们会在第五法则中就如何开展有效的绩效支持进行详细

的探讨。现在，我们想强调的是，绩效支持是学习转化管理系统中一个不可或缺的要素。

界定终点线　在第二法则中，我们界定了学习项目的四阶段，其中第四阶段是对学习成果的评估，即对学员参加培训课程，并能够学以致用后取得的成果的总结，这也就是任何学习项目期望达到的目标。对于商业环境中的大多数人来说，每个人都渴望积极进取，获得职业上的成功。我们认为，培训部门首先界定其期望达成的"满意的标准"，并朝着这个方向努力，才能取得成功。参加培训课程的学员也一样，要告知学员他们达成目标后将获得何种结果、奖励和认可等，通过直接和间接的方式促进学员的积极性并影响学习的转化。但是，如果需要激励学员学以致用，就必须让学员知道学习项目的终点线在哪里，以及什么是成功的标准。

> 人们拥有强大的内在动力坚持下去。

因此，明确培训项目的结束点，有助于营造积极的学习转化气氛。为此，许多公司开始在学习项目中实施"汇报"制度，在正式培训结束后的数周至数月内进行报告。

我们来看个例子。在惠普公司，一线领导的学习体验包括参加"学习舱"（协作小组）。学员需要在十周内参加五次这样的活动，帮助彼此解决他们共同遇到领导难题。项目最后是一场在线会议，每个小组都要分享它们在过去十周里的学习、想法、采取的行动以及获得的成果。

在霍尼韦尔公司，参加"战略市场营销"学习项目的所有学员被分为若干个项目组，每个项目组需要清晰地确认本组的成果

第四法则　推动学习转化

汇报规则。霍尼韦尔前首席学习官罗德·麦吉说："在学习项目临近结束时，每个项目组必须明确界定将来可交付的成果，以及90天的行动计划。我们不会采用'放养式'管理。我们坚信他们肯定会达成目标，同时，我们会有计划地通过电视电话会议进行跟进和沟通，确保每个人都在履行行动计划。每个项目组都知道，课程结束后的30天、60天及90天里，他们必须将可交付的成果汇报给管理层。这就是要建立训后清晰的责任分配机制。在第30天的时候，学员接到的第一个电话来自项目组业务部门的市场总监，或者战略业务负责人，他们会询问项目组成员行动计划的执行情况。这样做的目的，是强化、检验和挑战项目组的行动计划和进程。在第60天的时候，事业部的负责人会参与到电视电话会议中，参与监督行动计划的实施进程。在第90天时候，要求每个项目组成员必须向管理层汇报所获得的可交付的成果。每次电视电话会议，项目组成员的教练也会参与其中，提供辅导和帮助。"

纵观上述各种方式，我们发现其中有一个共同点，就是学员已提前知晓他们将在某个时间点上，向有关管理层汇报和解释所交付的成果。邀请企业中的重要人物出席学员的成果汇报会，这也是学员激励的一种方式。因为在某种程度上，激励与奖赏、成果具有相关性。因此可以说，明确的预期目标和清晰的培训成果评估时间点，对于学习项目的实施来说，会非常有力地推动学习的转化与应用。

> **实践应用**
>
> - 在项目之初就建立和分享标志着学习终点线（包括学习转化）的标准。

小结

至少在过去的五十年里，很多人都已经认识到学习转化的重要性，因为它能够将所学内容转化为企业的业务结果。无论你的教学设计、电子化学习模块、情境模拟工具或其他的学习体验设计得多么吸引人，但如果学员习得的新知识和新技能未能转化到工作中并被应用，充其量只不过是昂贵的"学习废品"。在当今竞争日益加剧的商业环境中，没有一家企业愿意产生任何"废品"，无论是产品缺陷、劣质服务，还是"学习废品"，任何企业也负担不起这些"废品"所浪费的成本。如果不改善培训后的学习转化流程，那么其导致的高成本是任何一家公司都承担不起的。

"学习废品"产生的根源很多，有的来源于培训与发展部门的问题，有的来源于其他因素。因此，培训与发展部门要与直线管理部门密切合作，提供一套完整的解决方案。改善学习转化流程（减少"学习废品"）需要从项目的准备期开始，无论是在项目设计阶段，还是在教学传授阶段，都需要时刻具有学习转化的意识，更为重要的是，在训后的学习转化和流程支持方面，要提供切合实际的实施策略，进一步促进学习的转化和应用。

第四法则　推动学习转化

根据一些公司培训部门的最佳实践经验，学习转化需要进行精心的设计与规划，并积极有效地管理学习的跟进过程。他们运用系统工具和完善的流程，界定学习目标，提醒利益相关方，分配责任及提供支持，确保学员能够真正做到学以致用。那些使用学习转化管理系统的企业，明显感受到投资于系统建设所带来的益处：只是少量投资，却带来巨大的结果。我们坚信，高效的学习转化管理系统的出现，能够帮助企业培训实现真正的学习突破，并由此带来巨大的价值。

使用示例 D4.2 的第四法则检查清单检查你的转化计划。

示例 D4.2
第四法则检查清单

☑	要　素	标　准
☐	目标	学员自己设定，或者组织为学员设定的能够通过学习转化和应用实现的目标
☐	提醒	通过定期的提醒，学习始终被放在第一要务的位置上。这些提醒关乎课程内容、学员学习目标及如何应用习得的新知识和新技能
☐	管理者责任	提醒管理者学习项目的最终目标，告知管理者其下属的学习目标及学习转化与应用目标
☐	学员责任	像其他业务目标一样，学员的学习目标和转化进程，对其同事和上司应是公开透明的
☐	新的终点线	设定明确的成果汇报日程表和有效的跟进机制，强化行动，促成反思，界定明确的学习项目终点线及培训评估的方法
☐	反馈	建立反馈机制，确保学员的努力和进步可以收到实质性的反馈
☐	奖赏	对取得进步或达成既定目标的学员给予奖赏和激励

行动指南

致培训负责人

- 针对你的团队所实施的每个重要学习项目，请回答下列问题：
  - 在学习项目阶段三，培训部门采取了哪些措施推动学习的转化？
  - 你知道学员的学习转化目标是什么吗？
  - 你是否积极地提醒过学员和支持他们？
  - 管理者积极参与学习转化与支持的工作吗？
  - 你们拥有帮助学习转化、跟进与应用的管理系统吗？
- 基于以上的回答，请实施一项计划，对阶段三中所应该执行的任务负责到底，因为作为培训负责人，你有对结果负责的义务。
- 找出能够帮助学习转化的一些方法和系统。
- 与高层管理者进行一次坦诚的沟通，讨论如何让学员的主管更好地参与进来，提升学习的价值，而不是削弱学习的价值。
- 与管理层密切合作，确保有效的训后学习转化与应用。这需要团队的共同努力，培训与发展部门不可能独自推动学习的转化，但是也不能推卸责任。正如埃尔德里奇·克里弗所说的那样："如果你不能解决问题，那么你将成为问题的一部分。"

第四法则 推动学习转化 6D

致业务负责人

- 认真思考你在培训与发展项目中的个人经历。有人期望你持续跟进训后的学习转化与应用吗？有人期待企业投资在学习项目上有所回报吗？或者，你是否也把培训课程的最后一天作为整个学习项目的终点线？

- 与你所在部门的最近参加培训或有下属参加培训的员工，进行一次面谈。
    - 你们部门非常认真地看待这些学员的学习与发展目标吗？
    - 你们部门对学习项目的态度，是积极支持的还是冷漠的？

- 询问最近有下属参加培训的经理们这些问题：
    - 他们了解此次培训所期望达到的业务目标吗？
    - 他们知道自己下属的个人目标吗？
    - 他们会为自己下属参与的培训投资回报承担责任吗？

- 如果你发现这些培训目标总是被给予"二等公民"（Second-Class Citizenship）的待遇，经常被管理者和学员所忽略，那么，其实你正在培训与发展上浪费时间和金钱。这时候，你需要与学习与发展部门好好商谈如何解决这些问题。

- 现在，开始发挥你的影响力和领导力，确保培训参与者对自己的学习担负责任，积极跟进和转化，将所学内容转化到工作中去，改善个人绩效，从而获得业务结果。

- 确保对那些在学习与发展过程中取得进步并达成个人发展目标的学员给予奖励。因为，学习敏锐度是未来领导者应该具备的关键特质。

第五法则

实施绩效支持

> 如果企业能把改善员工绩效作为第一要务,那么学习专家们将大有用武之地。
>
> ——大卫·凯利

现在,我们的目标从追求培训转移到了追求绩效改善,那么,第五法则实施绩效支持的意义也就不言自明了。绩效支持可以推进、深化和确保学习应用,某些时候还可以代替其他形式的学习。它可以让学员更自信地说出"我能"。

迈克尔·沃特金斯在其著作《最初的 90 天:适合所有领导者的关键成功战略》(*The First 90 Days: Critical Success Strategies for New Leaders at All Levels*)的序言部分介绍了他对这一领域产生兴趣的原因:"看到只有极少数公司会帮助宝贵的领导资源成功度过转型期,我特别震惊,因为按理说,这个时期应该是这些人职业生涯中最重要的关口。为什么企业会放任员工自

第五法则　实施绩效支持

生自灭？如果新上任的管理者可以更快地度过转型期，企业可以得到哪些好处？"

同样的问题也适用于企业培训项目。为什么大部分企业在培训结束后就放任员工自流，不帮助员工完成从教室到职场的过渡？如果员工可以坚持在工作中应用新的学习内容的话，企业会得到哪些好处？既然企业已经在学习项目里投入了时间、精力和金钱，为什么不多投入一点，确保学习内容的顺利应用？

戈特弗雷德松和莫舍对这些问题的回答如下："在我们的集体思维中，学习活动这种范式根深蒂固，根本无法动摇……我们不能设计、构建和执行完善的支持体系，帮助学员实现和保持绩效改善。"一些研究也证实了我们的个人经验：支持——特别是在转化阶段开始后的最初几周——可以通过改善工作绩效和效率，极大地提高学习的投资回报率。

新技术的诞生和互联网的广泛普及，大大增加了提供绩效支持的机会；而绩效支持可以推动、深化和延伸学习在支持中的应用。本章的主要内容包括：

- 绩效支持的力量；
- 什么是绩效支持；
- 为什么绩效支持能够发挥作用；
- 实施绩效支持的最佳时机；
- 什么是优秀的绩效支持；
- 为什么绩效支持应该成为完整学习体验中不可或缺的内容；
- 第五法则检查清单；

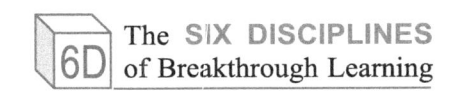

- 行动指南。

绩效支持的力量

外科团队应该是世界上最训练有素的职业人士之一。他们需要经过多年的高等教育、培训和实践，才能担任医生、麻醉师、外科护士或其他职位。他们经验丰富，每年可能要负责数百台手术。但是，他们也会失误。这些人一旦失误，就会影响到病人的健康甚至生命。尽管他们的失误率相对较低，但是每年仍然需要面临数百万美元的失误成本；而失误给病人及其家属造成的情感损失更是无法估量的。所以，对于这一行来说，绩效改善有着十分重要的意义；但是，这个问题并不是能通过增加培训解决的。

世界卫生组织曾经邀请布莱根妇女医院的外科医生阿图·葛文德进行一项实验，要求他带领一支团队协助减少医疗事故导致的纠纷和死亡。虽然葛文德一开始是怀疑的，但是他仍然同意试试，并在后来认真检验了实验结果。葛文德在他的著作《清单革命》(*The Checklist Manifesto*，2009)中完整分享了这个故事。我们之所以提到这个例子，是为了证明绩效支持的强大作用。葛文德及其团队设计了一个简单的检查清单，包含19项内容、三个部分（手术前、手术中和手术后）。这一解决方案减少了超过1/3的医疗纠纷和几乎一半的死亡率。葛文德写道："检查清单可以帮助所有人避免犯错，它的应用范围要比我们想象的广泛得多"。

第五法则　实施绩效支持 6D

如果绩效支持可以帮助这一支训练有素、经验丰富的团队显著改善绩效，那么我们可以想象一下它会给那些较不熟练的员工或职场新人带来怎样的影响。这其中的道理很明显：绩效支持应该成为所有学习和绩效改善项目的必要组成部分。

> **实践应用**
> - 恰当的支持可以帮助训练有素、经验丰富的团队显著改善绩效。
> - 绩效支持应该成为一切学习项目的必要组成部分。

➲ 与客户服务和产品支持类比

如今的企业都会在客户支持中投入大量资源，包括在线帮助网站、产品支持的免费电话、专家在线实时解答等。为什么？因为企业指导消费者的满意度在于完整的产品体验——产品支持的质量和产品本身的质量同等重要（见图 D5.1）。如果消费者弄不明白产品如何使用，或者在遇到问题时没能得到及时有效的解答，不管产品有多好，消费者的满意度都会受到影响。

因此，产品支持之所以重要，是因为满意的客户倾向于购买更多的产品和服务，同时也会将品牌推荐给亲人或朋友。如果客户不满意，他不仅会拒绝再次购买，还会将不满传递给身边的每个人。

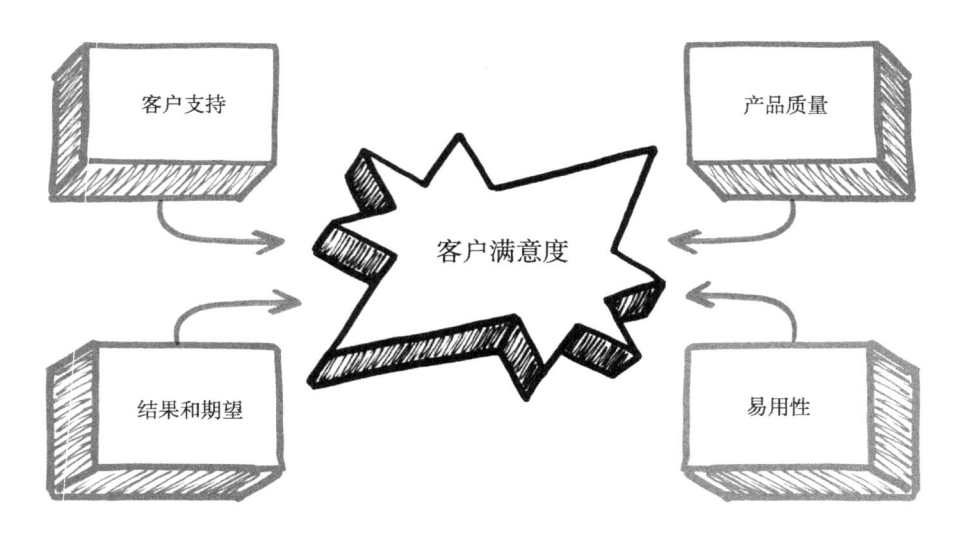

图 D5.1　客户满意度来源于完整的产品体验

这个例子与企业培训非常类似。学员对培训和发展项目的满意度取决于完整的学习体验，包括他们能不能利用学习内容实现绩效改善个人目标。及时有效的支持，可以提高人们应用学习内容的能力，从而提升他们对学习体验的满意度。

正如那些对产品和服务满意的客户的行为表现一样，满意的学员及其经理会倾向于购买更多培训，并把项目推荐给其他人。不满意的学员，尤其是不满意的经理——他们看不到投资带来任何绩效改善——很有可能将不满传播出去。如此负面的消息传播不仅会影响公司对学习项目的支持，而且在不久的将来会使培训部门更难以完成任务。

因此，在整个学习过程中，尤其在重要的学习转化阶段，提供有效的绩效支持，符合学员、公司、培训部门三方的利益。另

第五法则　实施绩效支持

外，绩效支持的改善，还会带来更多可以强化培训效果的潜在机会。

> **实践应用**
>
> - 观察学员对自身应用学习内容能力的满意度以及他们获得的支持。
> - 公司的内部客户（学员）至少应该获得和外部客户一样的支持。

什么是绩效支持

绩效支持是指一切可以帮助员工始终在正确的时机做正确的事的行动。它可是一张检查清单，也可以是一套嵌入式的绩效管理电子系统。绩效支持的内容包括自动修正错误（如拼写检查）、专为特定目的设计的工具等。绩效支持的形式可以是材料、系统，也可以是人——同事、经理、专家等。

绩效支持的优劣是由任务的性质、工作环境以及工作内容决定的。我们应该寻找最简单、性价比最高的解决方案，避开那些过度设计的内容。如果一张简单的纸质清单就能解决问题，那么就没必要考虑其他解决方案了。

为什么绩效支持能够发挥作用

为什么匹配的绩效支持会具有如此神奇的作用?因为"学习知识和有效地应用知识两者之间存在着一条巨大的鸿沟"。绩效支持可以减少人们对记忆的依赖,而且记忆很容易出错。比起记忆每一个细节,人们更擅长记忆事情的梗概。所以,虽然人们对于工作方法总能记个大概,但是大多数人都记不住正确的步骤,除非他们在工作中一直用到这些步骤(见图 D5.2)。有了检查清单、步骤顺序或者类似的记忆辅助工具,人们就能按照正确的顺序完成所有工作,绩效也会因此得到改善。

图 D5.2 人们很难记住正确的步骤

另外,即使是人们经常用到的内容——并且因此记住——每一次执行的结果也会受到环境因素的影响,有时甚至会彻底失败。尽管雅各布·凡·赞顿是一名飞行老手,执行过数百次飞行任务——所以所有的流程他都熟记于心——但是,有一天在特里内费机场执行飞行任务的时候,由于着急起飞,他忽略了一个步

第五法则　实施绩效支持

骤：滑行前申请起飞许可。他驾驶的747撞上了另一架飞机，导致584人死亡。失误的代价越高，绩效支持就越重要。

我们在第三法则中讲过，大脑的短期记忆容量有限。当员工尝试应用一种新技能的时候，绩效支持尤其有用，因为它能减少认知负载，允许新手将短期记忆用于实际的工作中。

"课程设计师应该鼓励学员使用短期记忆去处理信息，而非储存信息。例如，当学员第一次练习新工序时，帮他们打印出清晰的步骤作为参考，让他们专注于执行任务。纸质的工序表形式的工作辅助，在这方面尤其有用。"

——克拉克，1986，p.19

出于类似的原因，绩效支持对于那些涉及大量信息、步骤或考虑的工作来说格外有用。员工们不用再一边回忆一边处理所有相关因素，而是把所有的注意力都放在工作本身。

由于平板电脑、智能手机等设备的出现，人们可以随时随地观看视频，所以，如今的绩效支持除了可以告诉人们做什么，还能演示怎么做。从定位或更换坏掉的零件，到如何组织一场高效的面试，一切都不再是难题。特别是新手员工，他们首先要做的就是观看视频指导。米歇尔·贝克有一次遇到爆胎问题时，就是这么解决的。当她下车查看时，她13岁的孩子已经拿出手机开始在网上搜索相关的用户手册和教程了。

最后，当我们习惯了按照某种方式处理事情的时候，如果突然要换一种全新的或者不熟练的方式，工作就会变得特别困难。当人们尝试新方法的时候——不管是改变挥杆姿势还是演讲方式——绩效总会受到一点影响，尽管新方法最终会带来更好的结果。绩效支持可以增加人们初次应用新技能和新知识时的成功率，从而推动学习转化。旗开得胜的感觉会让人们更愿意尝试改变（应用意愿），而出师不利只会让人感到挫败（见图D5.3）。"大量研究表明，小的成功蕴含着巨大的力量，这种力量与成功本身相比简直不成比例。"

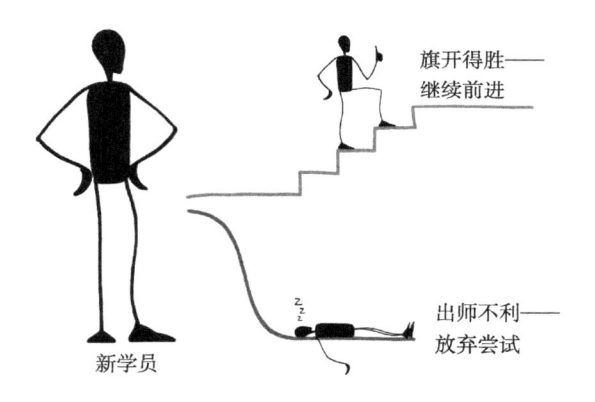

图D5.3　绩效支持会增加"旗开得胜"的概率，激励人们继续应用新技能和新知识

实施绩效支持的最佳时机

博伊德、戈特弗里德森、莫舍、罗塞蒂、谢弗和威尔莫都讨论过实施绩效支持的最佳时机。他们的结论如下：

第五法则　实施绩效支持

- 尝试掌握一种新工序或新技能；
- 执行不常用的工序；
- 执行涉及过多步骤或因素的复杂任务；
- 工序经常改变；
- 工作很简单，没有时间或需求进行培训；
- 失误会导致严重后果或巨额代价。

在上面这些情况里，工作辅助和其他形式的绩效支持都会提醒（或指导）学员如何应用学习内容，执行工序，或者解决问题。它们是其他学习形式的重要附属内容；有些内容在课堂练习中看起来很简单，但是放在紧张忙碌的日常工作中时，难度好像突然就增加了。"在课堂上能做的，不一定代表在工作中也能做到。"

绩效支持还可以减少企业对培训的需求，甚至完全取消培训。例如，没有公司愿意浪费时间教员工如何修好卡纸的复印机，因为机器的软件和硬件都提供了相关说明——这就是嵌入式绩效支持。同样，快餐店的员工流动率总是很高，所以这些餐厅会通过简化工作和在工作站张贴关键步骤等方式尽量减少培训需求。

美国海岸警卫队认为：

- 面对同一项工作，设计工作辅助只需设计培训内容所花时间的 1/4～1/3。
- 工作辅助培训只需工作培训以及记忆知识所需时间的 1/4～1/3。
- 修改工作辅助比修改培训材料更快捷、更廉价。

绩效支持本身就是一种强大的学习形式，因为它可以在员工需要学习的时候提供相关信息。绩效支持就是为了这些时候而存在的。今天，我们几乎可以随时随地地接触到所有信息，这在人类历史上也是前所未有的。你可以在需要的时候（理想的学习时机）找到自己想知道的一切。

例如，我们正和朋友在农场的后院廊上吃晚餐，然后我们聊到了腹肉牛排究竟是牛身上的哪一部分。奥西尼博士拿出手机在网上搜了一下，几分钟之后，我们就得到了答案：这是牛的横膈膜的中间部位。之所以能记住这一信息，是因为我们被这个问题困扰了许久。但是，大部分培训的情况却与这个相反，培训里讲的都是人们没兴趣也不想知道的内容。

绩效支持的类型

绩效支持的类型和形式无穷无尽，唯一的限制就是我们的创造力和提供绩效支持的意愿。最常见的绩效支持包括：

- 提醒；
- 步骤指导；
- 流程图和决策树；
- 模板；
- 检查清单；
- 视频或演示；
- 教练；

第五法则 实施绩效支持

- 信息库；
- 专家帮助。

这个清单是没有尽头的。表 D5.1 列举了最常见的绩效支持形式。注意，这些支持不仅包括材料（如纸质或电子版的表格、模板等），还包括人提供的支持，如教练、指导、专家支持等。

实践应用

- 绩效支持的形式多种多样。我们应该开阔思维，发挥创意。
- 参考消费品行业的例子，寻找提供绩效支持的有效、创新方式。

表 D5.1 常见的绩效支持类型及其应用

类　　型	适用情况
提醒	确保不会遗漏时效性较强的活动，如会议、缴费等。提醒是最简单的绩效支持，同时是应用最广的一种。如今，几乎每个人都离不开电子日历的提醒功能。我们在第四法则中讨论过提醒在学习转化中的重要作用
关键信息	在人们有需要的时间和地点提供关键信息，如轮胎侧面印的最大承压数
嵌入式设计	确保人们正确操作机械、部件或软件。这种类型的绩效支持只能通过某些特定形式使用，例如，不同容器的灌装说明，防止出现液体或气体误灌。嵌入式设计尤其适用于那些失误会导致高昂成本或高度危险的工作
检查清单	确保清单包含程序中的所有关键项目，尤其适用于内容繁杂或出现疏漏会导致严重后果的项目

续表

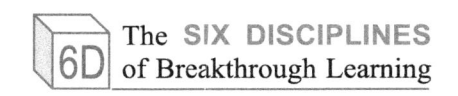

类型	适用情况
步骤说明	确保按照正确顺序执行程序中的每个步骤。尤其适用于复杂、不熟悉或初次接触的工序，或者顺序错误会导致失败或危害的工序，如食谱
工作表	适用于每一步都需要进行运算的项目，如纳税表（虽然并不常用）
流程图/条件框图	将问题分解成一系列独立选项，提供决策指导和解决方案，并保证解决方案逻辑合理、步骤清晰
图片或图表	展示特殊环节或条目的位置
实操录像	详细展示了如何执行某项程序或顺序
操作脚本	确保一致性。例如，确保所有客户都收到相同的推广信息或者电话调查。尤其适用于正在学习公司工序的新员工
可检索的数据库	用户可以快速访问大型信息库，如产品、模型和零件的在线数据库
同事或专家教练	提供交易指导、绩效质化评估、教练指导或鼓励
咨询中心/专家指导	为普通工作辅助和疑难解答无法解决的复杂问题提供援助

⮕ 提供绩效支持的最佳时机

怎样判断哪些时机和方面最需要绩效支持？在《6Ds®法则实践手册》里，我们提供了以下几种方法：

- 与参加培训的学员交谈。请他们回忆第一次应用学习内容时的情景。哪些内容记忆起来比较困难？哪些方法可以帮助他们解决这些困难，加快应用进程？
- 访问曾经参加过培训的学员。对于他们来说，哪些内容应用起来最有难度？为什么？怎样解决这个问题？
- 问员工是否有自己的工作辅助，如便利贴、统计表、待办提醒等。员工都会发明一些简单实用的小工具，也很愿意和大

第五法则　实施绩效支持　6D

家分享。史蒂夫·罗森鲍姆告诉我们，如果有人发明了一种非常高效的工作辅助，为什么不和大家分享呢？

- 访问培训学员的直线经理。根据他们的经验，员工初次面对某项任务时，哪些地方最容易出现问题？哪些地方出现失误会让公司、员工、客户信任付出高昂代价？为这些地方提供绩效支持。

- 访问学习专家。根据他们对员工绩效的经验和知识，哪些工作会让人们无法同时思考"做什么"和"怎么做"？访问讲师，在课堂上的角色扮演和其他形式的练习中，哪些地方对于学员来说最有难度？

D5 什么是优秀的绩效支持

有效的绩效支持主要具备以下特点。

- 随时随地可供使用。由于绩效支持的目标是推动工作绩效，所以，如果员工在工作中有需要，不管工作的时机和环境如何，都应该能够轻松快速地获得所需支持。这时，我们需要选择一种最佳的绩效支持形式和传输机制。例如，如果在工作中使用手机有风险，或者工作时禁止员工使用手机，那么手机应用程序就不能发挥作用。再如，如果你的网络出了问题，那么就不能利用在线搜索功能来解决问题。所以，我们应该尽量多用嵌入式说明。例如，附在汽车蓄电池电缆上的使用说明，肯定比埋在一堆用户手册里的说明更常用。

- 专一。优秀的绩效支持都是为了满足特定目的而设计的。它是一种记忆辅助，而不是对问题、事件或理论的概述。"好的检查清单……非常准确。它不会包含无关信息——我们不可能照着一张检查清单就学会开飞机。检查清单应该只提供最关键、最重要的步骤。"
- 实用。绩效支持的目的是帮助人们正确、高效地完成工作。我们在设计和测试绩效支持的时候，应该考虑到目标用户可以支配的时间和资源。
- 清晰。工作辅助和其他形式的绩效支持必须清晰直观，便于目标用户理解。例如，酒店里给非母语员工提供的工作辅助几乎都是示意图。
- 节约。绩效支持必须在两方面做到节约：低成本，少字数。绩效支持只能提供完成工作所需的必要信息：不能多，也不能少。如果员工需要花时间才能找到需要的信息或者要点，绩效支持就失去了它的意义。
- 有效。不管是哪种绩效支持，都必须在实际工作环境中发挥作用。我们提供的绩效支持应该代表最佳应用规范。检查绩效支持有没有用的唯一方法就是测试。"在测试工作辅助样本的时候，我们总能发现许多没有考虑到的问题。"只有经过测试、修改，并且通过经验和建议不断完善的工作辅助，才是最好的绩效支持。

第五法则　实施绩效支持

- 及时更新。企业和个人必须不断学习和适应才能保持竞争优势，绩效支持系统也需要不断进化和完善。这是因为环境在改变，新的最佳实践不断涌现。电脑支持系统的优势之一就是可以比较方便地进行及时更新。

有了这些标准，我们就会知道为什么项目总览不算工作辅助。项目总览的作用是说明指导，而不是为转化和应用提供绩效支持。项目总览往往内容庞杂，员工很难从中找到具体的内容或者建议。可能就是因为这个原因，我们采访的学员都表示，课程结束后，大多数项目总览都被丢到角落里遗忘了。

所以，培训材料必须根据工作内容"量身定制"，这样才是有效的绩效支持。"绩效支持的嵌入化程度越高、越直观、越具体，执行者从中获得的结果越高，越有可能再次选择这类支持。"

实践应用

- 选择专门为工作设计的绩效支持。使用培训中用到的概念和示例，但是请记住，项目总览不是工作辅助。
- 严格测试绩效支持在工作中的作用，确保绩效支持易于理解，能够发挥预期作用。
- 绝不包含无关的词语、步骤和信息，言简意赅，直击要点。
- 调查员工对于绩效支持的影响和作用的看法，如有必要，可以修改绩效支持的内容。

D5 让绩效支持成为完整学习体验中不可或缺的内容

我们认为，绩效支持应该成为一切学习项目中不可或缺的一部分。很少有项目会不需要绩效支持，这种情况应该是经过斟酌的决策，并不是学习部门疏忽大意。最好的做法就是在项目审批的检查清单里加上绩效支持这一项。只有真正成为学习项目的一部分，绩效支持才能充分发挥作用。"亡羊补牢"是没用的。卓越的绩效支持通常具有以下特点：

- 它是学习体验中的一部分。
- 它会在培训过程中出现并发挥作用。
- 它用到了培训中讲到的概念、术语和示例。
- 它是最佳实践。

⊃ 在课程中引入绩效支持

目前，人们仍然习惯在课程结束时才引入工作辅助："对了，这个工作辅助工具可能会对你们有用。"这种做法是不对的。工作辅助是另一种形式的绩效支持，所以应该在培训过程中就引入，方便学员应用；这样，学员就会明白，公司一直在鼓励和期待他们在工作中应用学习内容（见图 D5.4）。艾默生电气企业学习总监泰伦斯·多纳休认为，我们应该先设计工作辅助，然后再设计关于有效运用工作辅助的培训项目。Apply Synergies 公司首席学习宣讲师鲍勃·莫舍尔也表达了同样的看法。他指出，把学习内容从课堂转移到绩效支持系统，可以减少学员的注意力负载，腾出更多的课堂时间用于实践。我们在设计学习体验时，应该遵循这一点，这样在学习过程中，学员就会主动承担寻找答案和解决方案的责任，同时督促自己在课程结束时能够完全依靠自己解决问题。这些都离不开健全的绩效支持系统。

图 D5.4　在课程中引入和使用工作辅助

有些技能甚至需要学员在项目开始前就接触工作辅助，以便学员尽快熟悉相关内容（尤其是技术类内容），有足够的时间思考应用中的难点。我们有位客户就是这么做的。他采用的是基于平板设备的工作辅助。这样不仅节约了课堂时间（讲师不用在课堂上介绍工作辅助），也提升了课程效率。

⊃ 与培训内容保持一致

为了让绩效支持发挥最佳效果，绩效支持必须与课程中用到的方法、方式和流程保持一致并且进行巩固。如果工作辅助中用到的技术跟学员在课堂里学到的概念或流程的名称不一样,学员会感到十分困惑。术语和概念不一致,会削弱绩效支持的作用。所以,我们应该尽量保证所有的学习材料(包括在职指导)都采用同一套术语、概念和示例,这样才能让工作辅助尽量发挥实用性。同样,绩效支持工具用到的流程必须跟课堂中和工作中用到的流程保持一致。如果我们能同时设计课程内容和绩效支持,把它们看成两个截然不同却又互相推动的学习形式,实现这样的一致就不会那么困难了。

⊃ 选择最佳实践

卓越的绩效支持具有的第三个特点是真实呈现"最佳实践"。学习专家可以研究特定工作或技能的最佳实践,然后把研究成果应用到培训和绩效支持中。还有一个办法就是邀请相关工作的执行者来分享心得,从而海选最佳实践。

Aperian Global 的 GlobeSmart 在线工具就是这样一个例子。这一工具的作用是提供有关沟通效率、员工管理、技术转化、全球客户及供应商关系改善的信息。这个系统会邀请在不同文化环境中工作过的管理人员分享他们的想法和感悟,然后自动完善系统内容。嘉宾们分享的内容经过检查、编辑,然后被添加到数据库中,系统就这样日益完善、深化、具体。企业可以参考这一做法,为差别细微的技能(如管理、咨询、销售等)建立类似的行业相关知识众包系统。

Waggl®也是一种通用的在线"众包"工具。公司可以在学习

第五法则　实施绩效支持

和变革项目结束后使用它来收集和推广最佳实践。人们可以分享他们自己觉得最有效的方法，然后对他人的方法进行配对比较。那些出现次数最多的方法就会进入排行榜前几名，供所有学员分享。

> **实践应用**
> - 在课程中引入绩效支持。
> - 确保绩效支持代表了最佳实践和应用。

新的技术、新的可能

新技术的出现和互联网的广泛普及，带来了更多激动人心的可能，让绩效支持变得更加丰富、简便、具体、个性化。它们正在逐渐模糊学习和工作之间的界限。奥德里斯科尔的著作预言了这一现象：

> "随着技术变革的节奏日益加快……学习和工作之间的界限终将消失。培训和工作的融汇整合，是发展之大势所趋。最终，培训将成为一项独立职能，不再是许多工作的首要学习媒介。取而代之的是工作信息系统。"
> ——奥德里斯科尔，1999

学习专家面临的挑战在于，如何发挥创意思维，利用新技术和新发展，根据企业的实际需要选择或不选择培训。这也是从"提供培训"到"提供绩效"这一模式转移的一部分。

大家可以想一想地图工具在这几年的变革。几年前你需要拿着一张地图设计自己的路线。你也可以向当地人问路，照着他们指的方向走。但是，如果你转错了弯，或者绕了路，或者遇到道路改线，那就麻烦了。你得费好大工夫才能回到正确的路线上。

现在，有了 GPS 导航和地图应用程序，你可以根据一步一步的指示朝着目的地前进。如果你有意或无意偏离了路线，系统就会立即重新计算回到正确路线所需的时间。

如果我们把个人发展比作一场旅程，那么绩效支持工具就是我们的地图。它应该为我们指明终点的位置，然后指导我们选择最佳路线，并在我们偏离正确路线的时候及时提供和规划备选路线。

"指明和引导规划及行动"的能力尤其适合以下情况：

- 当绩效取决于可供使用的信息量时（如了解国内的每一条路）；
- 信息或流程频繁改变（如处理保险理赔或者了解药物的相互作用）；
- 当信息内容比较个性化时（如向着自己的个人财务或发展目标前进）。

第五法则　实施绩效支持

◯ **推动员工协作**

技术还可以帮助人们协作和掌握更多隐性知识，从而推动社会化学习。惠普公司前首席执行官路·普莱特说过："如果惠普能早点掌握现在我们知道的东西，公司的绩效就会是现在的三倍。"社交网络工具可以让学员在应用新技能和新知识的过程中保持联系、互相支持，从而补充和拓展课程内容（见下文"同伴：学习社区"部分）。

目前，企业内存在两种趋势，让电子协作变得更加灵活和重要。一是"数字化年轻人"的数量增多——这些人在社交媒体的陪伴下长大，习惯了用这种方式进行交流和协作。二是越来越多的人开始在家工作（不管工作时间长短），让越来越多的传统交流和协作方式难以为继。这些趋势表明，数字化社交网络在学习和学习转化中的应用将会继续扩大。

当然，企业中的社会化学习也在一直进行中，但是通常只限于你能接触到的同事。数字网络技术打破了时间和空间壁垒，大大扩展了持续学习的潜能。现在，员工可以接触到不同部门、地区，甚至不同公司的同事。软件开发商经常互相寻求帮助，接受他人提供的解决方案；他们不认识这些人，也从来没听过这些人所在的公司。人们可以自由地分享解决方案，因为他们希望别人也能贡献自己的才智，因为人们在网络中就是通过开放式交流来学习的。

课程设计师应该尽量运用数字社交网络的力量来扩大其他学习形式的影响力。但是,"有产品就会有用户"这种观点不一定对;只有真正给学员带来价值的社交网络才能存在和发展下去。

人员

到目前为止,我们的讨论主要围绕支持内容和支持系统展开,但是,有些支持只能由人来提供。同事、导师、教练,还有许多其他人,他们能提供任何绩效支持系统都无法提供的东西,如情感、智慧、反馈、鼓励、协同合作、激励等。"教学和培训主要在于讲述和分享知识,真正的教练是一种协作,让人们自己承担起变革的责任。"

所以,无论是在本阶段还是在整个学习过程中,在人力支持系统上投入时间、规划和精力是重要的。很多人——从朋友、同事到经理——在学习转化支持中都发挥着作用。四种类型的人——管理者、讲师、同伴和教练尤为重要。接下来我们将逐个讨论。

◯ 管理者

我们在第四法则中强调了管理者在推动学习转化中的重要作用。而在第五法则中我们想说的是,管理者也需要绩效支持,才能胜任自己的工作。一个人被提升为经理,不一定说明他懂得

第五法则　实施绩效支持

如何提供有效的教练（见图 D5.5）。

"不管做什么事情，不管你是谁，都要再接再厉。"

图 D5.5　管理者需要绩效支持才能提供有效的教练

理想情况下，管理者都会接受教练培训以及如何让特定学习项目发挥最大价值的培训。可惜，现实和理想还是有差距的。也正因如此，我们的许多客户发现，如果可以给管理者提供一些简单的指导，告诉他们如何最大化学习给直线下属带来

指南应提供易用的形式、清晰的流程和案例。

的利益，那么来自管理层的支持的频率和效果都会有所改善。

帮助管理者履行学习转化责任的有效绩效支持通常具备以下特点。

251

- 精练。时间，是如今的管理者最珍视的资源。所以，教练支持最重要的特征就是简洁。大多数管理者都没时间去读长篇累牍的邮件或文件。所以，指导内容应该简明扼要，直击要点。
- 高效。和上一点的原因一样，你提供的流程必须高效。只需要最少的时间投入就能产出最大的影响，例如，培训前组织一场5分钟的电话会议。
- 有针对性，以行动为导向。指导中要明确你期望管理者行动的内容和时机。不要只建议他们进行教练。给他们提供一个流程，其中要包括具体的问题或者大纲，指导他们完成讨论。
- 层次分明。支持内容要以大纲的形式列出来，管理者可以根据自己的需要学习具体的例子或说明。
- 方便易用。和所有形式的绩效支持一样，我们提供的指导（包括纸质和在线版本）应该方便员工在有需要的时候随时随地使用。

应客户的要求，我们出版了一本工作手册：《将培训转化为商业结果·转化篇》（电子工业出版社，杰斐逊、波洛克和威克，2017）。我们让出版商将其印刷成供两类读者同时阅读的版式。正面是给管理者看的，反面是给学员看的，以确保各自知道对方收到的建议。样例如图D5.6所示。

最重要的是，所有职级的管理者都必须以身作则，坚持践行他们在学习项目中学到的内容。否则，项目就无法带来任何改变，甚至造成适得其反的后果（见案例D5.1）。

第五法则　实施绩效支持　6D

		姓名：Pat O'Brain			
课程名称：高效营销					课程日期：2015/4/1
	对我所在的部门来说最重要的交付成果	对我负责的工作来说最重要的交付成果	若要达成更好的结果，需要习得的新知识和技能	在该培训或发展项目中包含的主题	因此，我想从该项目中获得的是（能做得更好或做不同的事）
学员填写	— 增加收入 — 持续盈利	— 高效的营销方案 — 品牌建设 — 感知价值	— 市场细分与定位 — 有效的项目管理	— 更好的市场细分与定位能力 — 产品生命周期管理 — 选择供应商	— 提升进行市场细分与定位及活动运营的能力 — 提升影响力
经理意见	□同意 □见修改意见 □需讨论	□同意 □见修改意见 □需讨论	□同意 □见修改意见 □需讨论	□同意 □见修改意见 □需讨论	□同意 □见修改意见 □需讨论
	评论：	评论：	评论：	评论：	评论：

图 D5.6　引导学员、经理对话的工作表单

案例 D5.1　言行不一会有哪些危害

某生物技术公司近十年来一直保持高速发展。随着业务的增长，管理者也借着这股东风快速晋升；但是，他们没受过多少正式的管理培训，而且由于发展速度过快，这些管理者职务经验和指导能力十分有限。

结果，大部分中层管理者完全在靠直觉行事，一味地模仿公司创始人的创业风格。后来，经历了市场动荡以后，公司的发展严重受挫，股票暴跌。高层管理者意识到，缺少专业的管理团队是公司发展道路上的

一大障碍。因此，他们与一家供应商合作，共同设计和组织了一项为期五天的项目，帮助管理者提升团队效率，推动创新，改善绩效，并通过代表制度建立责任机制。

高层管理者对该项目表示了强烈的支持，并且用鼓舞人心的演讲强调了这次项目对公司未来发展的意义。但是，到了项目开始那天，管理者以"太忙了"为借口没有现身。他们都要求行使半天的"高层特权"。

我们可以想象到这件事的结果。高层管理者没能掌握学习内容，无法在领导工作中运用这些流程和术语。例如，培训告诉中层管理者要通过头脑风暴活动激发创意，但是他们的上司却没有以身践行。说实话，公司高层领导的行动做法都跟中层管理者学到的内容背道而驰。

不用说，这次项目没能带来管理者期待的改变，也没能获得任何回报。高层管理者这种"言行不一"的态度不仅影响了项目的效果，也让中层管理者对上级的诚意和项目的价值产生了怀疑。

这个案例告诉了我们一个道理：学习项目需要管理者的语言支持和行动支持才能带来绩效改善。

⊃ 讲师

支持学习转化的另一重要力量来自培训部门。学员通常都希望与教学人员保持联系。在一个管理发展项目结束后的三个月内，我们对学员进行了调研。我们发现，如果讲师能够持续地支持学习项目，则学员很愿意在学习转化阶段与其保持联系。

第五法则 实施绩效支持

正如特里萨·罗奇所解释的那样："讲师之所以成为讲师，是因为他们拥有卓越的知识和授课技能，所以培训中他们的知识、看法和建议会得到学员的尊重。讲师对内容有着最深刻的理解，他们的观点最受学员欢迎。然而，教学历来止于课程结束，师生的沟通就此结束，所以学习转化并没有受到这个群体的支持。"对学员而言，讲师是值得信赖的。寻找有效的方法让讲师支持学习转化，给他们时间，明确他们的责任，最终将形成健康的学习转化氛围。

但是，为了推动讲师提供持续的绩效支持，我们需要重新定义讲师的角色和资源的再分配，以进行更广阔的构思。讲师需要时间和责任感，从而在学习过程的四个阶段中分享他们的专业知识，而不是只限于课堂或虚拟课堂教学。同时，讲师也要为管理者树立模范，在工作中实践他们教过的价值观和行为（见案例D5.2）。

案例 D5.2　YMCA 讲师的亲身表率作用

YMCA 是美国一家著名的非营利组织。它的使命是帮助人们和社区学习、发展、兴盛。YMCA 目前覆盖了美国境内 1 万多个社区。这个组织明白，组织内部的各级领导必须拥有雄心壮志，必须营造一种能够反映组织价值观以及组织对所服务社区的愿望的内部工作环境。

吉姆·考夫曼是 YMCA 领导和志愿部门的高级经理。他和团队负责为当地组织提供领导项目和材料支持。但是，他们知道，如果人们想让发展项目真正发挥作用，就必须把项目内容应用到管理者的日常工作中，让这些内容成为组织文化的一部分。

吉姆告诉我们："我们是一个以目标为导向的组织。我们的目标是建立社区，养育儿童，帮助邻里彼此回报和互助。如果我们自己的员工处在一个命令与控制的环境，我们的目标就无法实现。只有当管理者和监督者明白，每个人都有天赋，而他们的工作就是通过提问帮助人们发挥最大潜能，这一切才有可能实现。

"我们这些培训讲师的工作就是把这些行为融入我们的培训中。我们必须抛弃那种'我是专家，你得听我的，我来告诉你怎么做'心态。现在，我的课程需要学员更多地参与进来。除了讲课，我们还会问学员一些比较深刻的问题，比如，'你从练习中学到了什么？''你会怎么记忆这些内容？''刚才学的内容给你带来了哪些人生启发？'

"我们在培训暑假营地辅导员的时候，会对学员说：'如果你能认真践行我们在培训中教的内容，你带的孩子们会自觉地好好学习，好好吃饭。'但是学员看着我们说：'我以为我的工作是教他们游泳。'我们回答说：'没错，是要教游泳，但是你的影响不止于此。如果你能把工作处理好，孩子们在学校里的表现就会改善，他们会对某些职业产生特别的兴趣，还会更有自信，更有干劲。'

"员工当时的反应是：'哇，我竟然有这么大的影响？'所以他们就会觉得'这就是我参加这个培训的原因'。

"这就是我们鼓励每一位YMCA的当地成员去做的事情。别再讨论活动数量、儿童数量、钱和伙伴的数量，开始想想结果吧，想想你为个

第五法则　实施绩效支持

人和社区带来的改变。帮助人们了解他们可以为这些结果带来哪些贡献，帮助他们了解自己的价值，评估自己的表现，通过变革实现自己的愿景。"

布罗德和纽斯特罗姆也曾提出过整个观点：学习专家应重新定义自己的新角色，由严厉的培训师/演讲者转变为致力于学员行为改变的引导师。罗宾逊曾提出过如下原则：工作场所的学习专家（WLP）应该是"绩效咨询顾问"。罗奇和威克曾这样说："讲师必须从'舞台上的圣者'变为'身边的向导'，由引导学习变为引导绩效。"

凯撒医疗机构的学习与发展项目副总裁罗伯特·萨克斯认为："培训项目并不在于数量的多少。我们一直坚持认为实施大量的培训项目并不重要，重要的是，实施那些少而有效的项目。为了使项目少而精，我们必须改变讲师的角色——他们不仅仅需要承担课堂授课任务，还要在学习跟进阶段实际帮助跟进一组学员的学习转化。这意味着讲师将减少上课的次数，但这些项目会更加有效。"

因为讲师的时间有限而宝贵，所以使用技术手段提高流程效能也是非常有必要的。电子学习转化管理系统为讲师提供类似"仪表盘"的功能，他们将能看到学员小组是如何运行的，以及学员能从个性化辅导中获得哪些益处。

> 从"舞台上的圣者"变成"身边的向导"。

The SIX DISCIPLINES of Breakthrough Learning

⊃ 同伴：学习社区

第三种被忽视的支持力量是共同参与项目的学员。曾任通用电气领导力发展总监的琳达·夏基在实施通用电气有名的领导力发展项目的过程中，注意到了同伴互助的价值："因为所有学员都参加了360°评估，他们现在更像一个团队在互助提升。当他们分享彼此的发展需求，分享如何使用教练模型时，通常能发现三个共同点，即他们有相同的问题，他们能从彼此那里获得良好的改善建议，他们相互支持、改进与提升。"学习伙伴中的双方都可以从中受益，因为通过解决问题或困难的方式帮助别人思考，其实就是一种卓越的学习体验。

通过学员在整个学习阶段的相互鼓励与分享，所有的培训项目都能充分利用共享的知识和经验。同伴互助关系在学习转化阶段（阶段三）尤其有用。专门研究学习社区实践的艾蒂安·温格曾这样解释："当听到同伴讨论相关知识时，学员就能立刻获得他们的经验知识。这就是学习社区最为核心的价值。"

曾在波音、思科和家得宝等公司担任学习与发展部门领导人的加里·朱瑟拉这样说道："我最喜欢让学员重聚在一起，让他们以小组形式反思经验，然后所有学员一起回到大教室分享一些有用的经验。他们发现自己既不孤单也不怪异。每个学员都努力地分享经验，互相学习，获取一些克服困难的小贴士。"

学习与发展项目可以通过实际或虚拟的方式把学员重新聚集在一起，帮助

> 成员的行为并不总符合美好的愿望。

第五法则　实施绩效支持

他们构建和维持学习社区。我们曾在6Ds®工作坊结束两个月后通过网络会议的方式把学员重新召集到一起，请他们分享自己的经验、成功、失败以及学到的教训。这才是工作坊项目的终点线，学员也能不断地从互相学习中受益。科万（2009）建议学习部门应该在学员离开项目前就建立学习社区，以免到了"现实与理想出现偏差"的时候才想起来联系。

集体能量　当学员回到工作岗位，努力应用新学内容时，同事的反应将是学习转化环境中的一个影响因素（见图D4.9）。如果同事同时接受了相同的培训，则大量的新知识能得到应用，并在应用中获得强化，这种情况就创造了集体能量。让同一工作单元或同一部门的人同时接受相同的培训，将创造一种友好的环境，在该环境下学员能够互相支持，强化彼此的知识应用。它可以影响学员主动应用学习内容。例如，我们发现，如果团队成员都参加了6Ds®工作坊，学习团队就能更有效地执行6Ds®法则。

锁定重要部门、业务单元或工作团体，快速培训主要员工，要比应急培训（员工分散在各个部门、业务单元或工作团体）更容易成功。如果仅让一小部分员工参加培训，在他们返回工作岗位后，这群新鲜出炉的"传教士"将面临巨大的精神压力，因为他们受过新方法的培训，却仍然要沿用旧的方法。"如果你想持续改善公司业绩，那么企业里的大部分员工需要同时接受内容相似的培训。"当惠普集团决定通过"动态领导"项目改善内部交流的效率时，他们在几个月内对数千名员工展开了培

> 许多人需要同时接受内容相似的培训。

训，借此发挥集体能量的作用，而公司的效率也得到了数倍改善。

➲ 教练

教练是绩效支持的另一种潜在的力量之源。例如，经验比较丰富的员工可以帮助经验不足的员工掌握解决实际工作问题的窍门。但是，我们需要进行谨慎的思考和准备（教练和学员双方都需要准备），才能让这种教练关系发挥最大作用（见案例D5.3）。

案例 D5.3 抓住一切机会提供绩效支持

"去和乔一起工作，看看他是怎么做的。"工作见习，即经验不足的员工与经验丰富的员工结成伙伴关系，是一种重要的学习体验，也是推动新员工成长的一个重要部分。

Learning Path International 总裁史蒂夫·罗森鲍姆表示，"（这种做法）理论上可行，但实际上不怎么可行"。这是因为大多数企业都不知道怎么把员工的经验融合到学习体验中。所以，他们只能顺其自然，让员工个人来解决这个问题。这就表示每个员工的经验都是不同的，而且通常都不是最好的。

此外，这种员工配对都是要看时机的。"玛丽今天下午有时间，不如你就跟着她工作吧。"但是，当员工真的需要学习这项技能的时候，玛丽可能要到两周后才有时间。

罗森鲍姆告诉我们："为了让工作见习发挥最大作用，你不能只看员工方不方便；你必须认真规划和安排，找准它可以带来最大价值的时

第五法则　实施绩效支持

机。你得要求有经验的员工构思出明确的见习纲领，如见习的目的、内容，以及如何汇报这些内容，否则就成了'盲人骑瞎马'。"

罗森鲍姆帮助客户把见习和学习体验结合为一体。他们认真制定了新员工在每次见习中的学习内容，还准备了详细的指导：

- 新员工需要在见习中观察到哪些内容。
- 通过哪些问题来检查新员工是否吸收和掌握了关键的教学点。

"自从我们帮助客户改善了非正式学习的内容之后，客户公司员工效率增长的速度比以前提高了很多。这不仅帮教练和学员节省了时间，还给组织带来了真真切切的经济价值。"

就像教练帮助音乐家、演员、运动员及其他表演者精通表演的艺术一样，导师可以帮助员工掌握工作的艺术。2009 年，丹尼尔·科伊尔在世界范围内研究过"人才池"现象，即一些区域涌现出大量的杰出人才。他总能在其中发现"伟大的教练"——那些愿意帮助他人充分发挥潜能、有才华和爱心的教练。

Lever-Transfer of Learning 创始人埃玛·韦伯相信，利用接受过培训的教练和既有流程，比单纯依靠经理来解决问题更有优势。这是因为经理经常欠缺技能和自信，也不知道如何通过学习转化实现最大价值。她设计了"将学习转化为行动"（Turning Learning into Action®）项目。该项目邀请受过培训的教练在 12 周内与学员进行一系列有规划的行动会谈。项目的成果令人印象深刻。与那些没有收到过特别跟进支持的学员相比，该项目的学员受益颇丰。

专业教练在帮助学员实现学习价值最大化上会起到不可估量的作用，如在一些正式培训、360°评估和在岗培训项目中。本质上，教练过程就是激励学员持续学习、实践和反思的过程。富达国际（Fidelity Investment）人力资源副总裁玛丽·简·克努森说过："几乎所有的大型集团以及飞速发展的小型企业，在实施领导力发展项目时，都指派一位执行官以教练的身份参加项目。"

澳大利亚 Institute for Learning Practitioners 研究总监杰夫·瑞普向大家推荐一种被他称为"胜任教练"（Proficiency Coaching）方法。这种方法可以由许多人来执行，如其他学员、以往学员、讲师或者经理。"胜任教练"一共包括四个阶段。

- 第一阶段：准备。让学员了解培训的关联性和重要性。
- 第二阶段：课程/工作坊（热身）。第二阶段由各种形式的学习活动组成，包括工作坊、E-learning、虚拟课程和实验性学习。
- 第三阶段：胜任能力培养（实践）。至少包括三次胜任教练活动。
- 第四阶段：胜任总结。学员必须提交一份胜任（成绩）总结才算完成培训。

学习转化管理技术催生了新形式的教练，它既能促进师生互动，也能减少教练的时间投入。首先，师生双方再也不用进行"电话捉迷藏游戏"了；其次，如果在线支持系统包含教练辅导部分，在与学员交流前，教练可以先查阅学员的目标、最近活动、得失成败、感悟等信息。在线支持系统不仅比传统的电话辅导更高效准确，而且能让教练有足够的时间进行反思，系统化地提出建议或提问，而不是即时的、碎片化的反应。

Allego 系统是一种非常有趣的创新型的技术应用系统。销售人员可以使用这一系统来简要记录他们的销售过程，然后把记录发送给经理审阅。经理们可以在有时间的时候查看这些视频，并且随时暂停给员工提供改进建议。维特司制药公司（Vertex Pharmaceuticals）在准备发布新产品的时候，就是用的这种系统来培训销售员工的，并且获得了不错的效果：所有销售人员可以在 24 小时内整装待发；而这一切需要的时间和成本只是以前的一小部分。更重要的是，许多提交上来的记录里都有"扣 10 分""扣 16 分"，甚至"扣 35 分"这样的备注。也就是说，员工自己就在进行大量的自我教练——不断地重复记录、观看、再记录这一过程，直到他们觉得自己的表现值得与经理分享。这是意料之外的一个大收获。

○ **反馈促进学习转化**

但是，在某些重要的学习与发展项目中，指定高层领导者作为教练的做法有时候会投入太大的成本。戈德史密斯和摩根比较了八家不同公司的领导力发展项目的结果。一些公司从外部聘请教练，一些使用内部教练。两者都为项目做出了贡献。两位专家最后得出的结论是："教练辅导是培训的重要补充。可以清楚地看到，领导者能从教练辅导中获益，但不一定非得聘请外部教练。"我们曾参与的一些项目中，有的邀请刚结业的学员做导师，学员和导师双方都能从中获益——他们对知识的理解更深刻、更充分。

持续反馈在人们改变习惯的过程中起着格外重要的作用。我们在开车的时候会不断收到剩余汽油量的反馈,使用计步器(如 Fitbit®)的时候也会同样收到反馈;所以我们都知道有用的反馈会对我们的行为产生怎样的影响。反馈可以促进学习转化,这在我们与一家国际技术公司合作过的项目中再次得到了证实。有一家员工人数超过 5000 名的公司,我们通过检查该公司的学习转化管理系统辅导记录,比较了两种不同情况——一组学员请求经理给予反馈并获得反馈,另一组是学员请求经理给予反馈但未获得反馈。

> 经理们简单的赞扬,却能激励学员投入更大的努力。

结果差异显著。在后续发展上,前一组进步的程度是后一组的两倍(见图 D5.7)。

这个结果很有意义,也支持了我们在第二法则中介绍过的艾瑞里、阿马比尔和克雷默的研究结论。假如员工请求经理为自己的学习转化提供帮助,而经理也乐于帮助,那么对于参训的员工来说,这无疑给了他们一个积极的信号。员工会认为经理重视他们的工作,所以花时间也是值得的。相反,如果员工请求反馈,而经理却不理不睬,这同样给了他们一个信号(有意或无意的),那就是经理并不觉得他们的工作是有用的,他们应该把时间花在其他事情上。

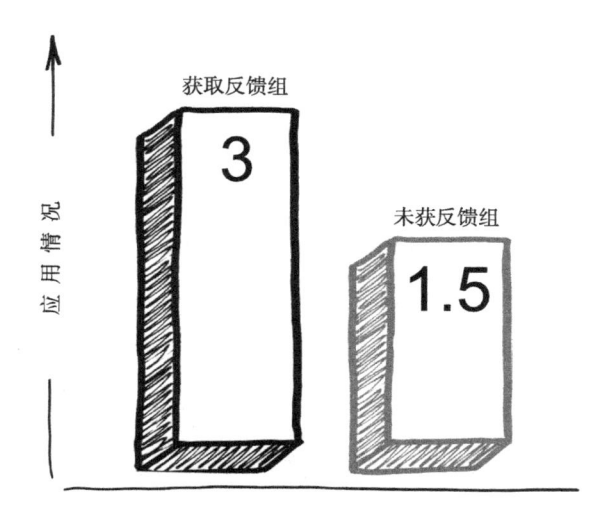

图 D5.7　反馈的效果——获取反馈组的绩效是未获反馈组的两倍

结论就是，如果培训部门想要看到更多的员工应用新知识，并真正影响业务结果，他们就应该关注反馈与辅导的数量和质量，并寻找合适的方法引导反馈与辅导更多、更有效地发生。

> **实践应用**
> - 有些绩效支持只能由人提供。
> - 让同事和以往学员化身为教练，他们是绩效支持的有效来源。

小结

第五法则描述了突破性学习与发展项目的特性，即在课堂学习结束后实施动态的、持续的绩效支持。通过在学习转化过程中赋予利益相关方责任共享的职责，增加了学习项目的成功可能性，延伸了学习的过程，加速了学习转化，从而改进了绩效。

犹如企业为客户提供产品和服务一样，优秀企业的教育项目在学习的阶段三（转化阶段）也要精心设计和规划，并且以客户为导向。正如产品的质量和客户支持影响企业的成功一样，培训后的绩效支持质量也影响着整个项目的成功。

高效的学习项目为学员提供操作手册、工作辅导材料和在线支持系统，帮助员工应用所学的原理和方法，并让员工的主管参与进来，帮助他们了解员工的学习内容，教授他们辅导员工的技巧，并通过社交网络促进协作学习，提供有效的在线指引和支持系统。

相比那些只专注于课程设计与课堂培训的企业，将学习与发展当作"一体化产品"来投资，特别是关注学习转化阶段的企业，其投资回报率明显高得多。示例 D5.1 中的检查清单可以帮助你制订一个强有力的训后绩效支持规划。

示例 D5.1

第五法则检查清单

使用下面的检查清单，确保提供稳健的教练和绩效支持计划，使学习项目的价值最大化。

☑	要素	标准
☐	整合	绩效支持是课程设计不可或缺的一部分；学习专家应该预测和解决学员可能遇到的困难或记忆模糊
☐	整合	在学习过程中引入和使用工作辅助和其他形式的支持，不要到课程结束后才开始行动
☐	工具	为学员提供工作辅助、在线材料、参考资料等，强化课程内容，支持学以致用
☐	协作	正式课程结束后，鼓励和推动学员继续与同伴学习和分享
☐	反馈	建立反馈机制，确保学员能够收到绩效反馈，从而帮助他们建立新习惯
☐	教练	为学员提供简单有效的方式，让经理、业务专家、讲师、同事或其他顾问参与学习转化和应用阶段
☐	管理者的支持	鼓励管理者担任教练，为学员提供简单、有效、明确的教练指导，尽可能增加教练辅导成功的可能性
☐	持续改善	在往期学员中进行调查，了解哪些额外支持可能使他们获得更好的学习效果；收集学员自己设计的辅助工具，并用于以后的项目

行动指南

致培训负责人

- 组织讨论，把绩效支持纳入学习项目规划。
  - 几乎所有的项目都可以从某种形式的支持中获益。
  - 提供三种支持：材料、系统和人员。
  - 如果最终决定不提供支持，请确保这一决策经过慎重考虑，而不是无意疏漏。
- 把关注重点从培训转移到绩效上。
  - 如果一种工作辅助或绩效支持工具足以发挥作用，那就使用这一种辅助或工具。
- 学习项目结束三个月后，采访部分学员，了解他们是否收到了所需的支持。
  - 如果他们自己设计了绩效支持工具，可以考虑稍做调整后把这些工具推广到所有学员中。
- 实验工作辅助和其他种类的绩效支持的作用。根据反馈进行调整和持续改进。
- 记得为管理者和教练提供绩效支持，帮助他们发挥最大效用。

致业务负责人

- 盘点公司的学习项目，确保它们具备足够的系统和资源提供绩效支持。

第五法则 实施绩效支持

- 拒绝任何没有包括绩效支持的项目提案，帮助学习团队把关注点从培训转移到绩效上。
- 激发学习团队在应用绩效支持方面的创意和灵感。

• 与此同时，回顾自己的行为和团队行为。
  - 你的经理是否提供了绩效支持，推动学习投资结果最大化？
  - 你是否向那些善于培养下属的经理提供了认可和奖励？
  - 绩效审核和绩效管理系统是否向有着卓越表现的员工提供了奖励？
  - 如果所有的答案都是"否"，那么请你先以身作则，否则，员工会察觉到你的言行不一致。

第六法则

总结培训效果

> 只有能够切实改善绩效和获得商业结果，你本人、你的上司和培训出资人才会有兴趣投资于学习项目。
>
> ——迈克尔·度沃斯、弗兰克·博尔多纳罗

终于，我们来到了见证项目学习是否成功的时刻。我们要考虑的问题包括：

- 项目有效吗？
- 项目值得吗？
- 如果有效，怎样才能让它变得更有效？
- 如果项目没有发挥作用，或者项目结果没有超过投资成本，请找出其中的原因并思考解决方案。

第六法则——总结培训效果——是我们制定未来行动决策时的重要参考因素；也就是说，我们的下一步行动是继续、扩展、修改学习项目，还是淘汰这个项目？为了回答这些问题，我们需

第六法则　总结培训效果　6D

要有关项目影响力的信息和可靠证据。因此，对导致学习项目成功或失败的因素进行评估，是我们再次展开项目和进行完善的前提。

卓越的学习组织会通过总结培训效果来制定投资决策和支持持续改善。问题在于如何确定评估内容、评估时机和评估方法，以及如何汇报评估结果，才能引导组织制定有效的下一步决策。

在本章，我们将讨论以下几个主题：

- 为什么要总结培训效果；
- 有效评估指导原则；
- 评估内容；
- 评估时机；
- 六步评估法；
- 管理学习品牌；
- 第六法则检查清单；
- 行动指南。

为什么要总结培训效果

总结培训效果是证明培训价值和改善未来项目的必要过程。之所以要证明项目的价值，这是因为企业领导的职责就是负责地使用企业资产——也就是说，在满足企业使命和实现企业目标的同时，使企业的能力最大化。这需要领导者制定合理的资产分配决策：

- 需要分配多少现有资源（时间、金钱、设施及人力）到营销、研究、生产及基础设施等方面？
- 如何分配才能使组织现状与长期发展达到平衡？
- 如何进行投资分配才能为投资者、员工及客户创造长期价值最大化？

资源分配的正确与否将深远影响公司及员工的未来。

思考这些问题并做出决策是非常有必要的。即使公司处于繁荣时期，企业管理者依然要权衡、选择最佳的投资渠道。当公司财政增长放缓时，制定资源分配决策会变得更加困难和关键。学习专业人士需要给企业领导提供可靠的相关数据，说明培训带来的价值；这样，企业领导才能制定合理的资源分配决策。

因此，评估的首要目的以及最重要的目的，就是提供可靠的证据，支持领导者制定符合企业最佳利益的决策。每

> 企业领导需要可靠的有关信息来制定明智的决策。

一次评估都应该根据评估结果提供明确的建议。我们认为，如果评估结果不可靠，评估就失去了意义；如果评估结果不可行，评估就无法发挥作用，甚至会导致错误和有害的决策。

⇨ 学习项目需要通过竞争获取资源

企业的培训与发展项目需要投入很多的时间和资金。因此，不管你喜不喜欢，培训部门都需要与其他部门、其他需求及机会相互竞争以获取公司资源。企业领导者总会面对着许多艰难的选

第六法则　总结培训效果

择。例如，需要更多的资金投入新产品的开发，为公司未来的发展提供动力；招聘更多的销售人员，充实销售团队，提高销售额；为了减少成本，引进高新技术提高生产效率；或者实施培训项目，从而提高管理效率等。

所有提议的商业项目投资对组织来说，都有助于组织的发展，但是，我们不大可能将年度预算的所有资金平均投入所有项目中。即使有充足的资金，但是也不一定有足够的时间或人力来执行这些项目。所以，企业必须进行抉择；企业领导需要考虑各个商业项目的战略价值、组织贡献度及成功达成率等，他们会经过多方面的权衡再做出决策，将对这些项目的投资分成不同的支持级别，如"全部投资"、"部分投资"和"拒绝"等（见图D6.1）。再者，一些企业领导者知道，即使他们做出投资决策，他们的上司以及股东也会进一步审核商业项目投资的可行性。如果他们没有选择广告宣传，而是选择了培训项目，他们最好能提供一个好的理由，尤其是在销售额没有达到预算目标的情况下。

> 培训部门需要与其他部门、其他需求及机会相互竞争以获取公司资源。

有些培训专业人员对这种将培训预算方案与其他业务方案相对比的做法非常不满。艾德兰·凯斯纳曾在《哈佛商业评论》上发表过一篇名为《领导力发展项目：特殊待遇还是优先考虑？》（*Leadership Development: Perk or Priority*）的文章，文章中一名企业培训总监这样抱怨："我很不喜欢人们将学习项目方案与其他业务部门的项目方案相对比。首先，我们的工作是培养人，与

273

那些诸如销售等可以量化的商业回报项目完全不同。"我们非常赞同这位培训总监对学习项目的看法,学习的价值不能仅仅按照机器计算出来的报酬来衡量。事实上,我们也认为,不加区别地用同样的方法来计算学习的价值和投资回报是完全错误的。但是,我们必须想办法证明学习是有价值的。因为,培训部门也在利用组织的资源,这些资源原本可以用在其他业务上。因此,培训部门必须给出具有说服力的项目计划,来证明学习与培训为组织带来的结果。

> 目前,大多数培训部门提供的有关项目价值的证据还不能满足领导的要求。

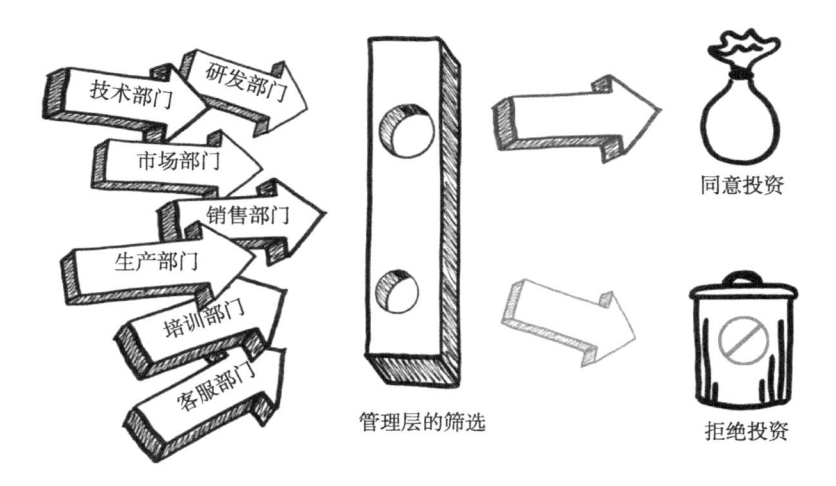

图 D6.1　管理层掌握着项目的生杀大权

目前,大多数培训部门提供的有关项目价值的证据还不能满足领导的要求。"对于 CEO 来说,他们对组织中的每项活动都负有责任。因此,他们想了解的是,投资于改善组织绩效的干预活动能否为组织带来价值。这种趋势正与日俱增。"一项针对《财富》500 强企业的 CEO 的调查发现，高层管理者期待看到学习与发展项目的结果数据，能够证明学习对业务产生重要的影响力。但这一点却很少能做到。

虽然有些企业管理者并没有要求培训部门计算培训投资回报率，但是，如果等到管理者要求你出示培训有效性的证据时，就已经太晚了。正如丹尼尔·托宾所说："如果你想等到 CEO 要求看到培训项目的 ROI 时，才开始考虑如何展示培训的价值，那就太迟了——此时，这些 CEO 早已下定决心大幅度削减在培训方面的预算，甚至将培训部门解散。"

现在需要做的是防患于未然，从现在开始，着眼于培训的效果评估系统，当企业处于财政紧缩状态时，相信你的完善的培训记录能够帮你争取到高层的支持。不要等到问题出现时才开始动手。

案例 D6.1　有理有据

罗斯·塔特尔在辉瑞公司学习中心担任 LEAD（Leadership，Education，And Development，领导、教育和发展）项目的团队领导总监的时候，他已经意识到了组织需要记录项目给业务带来的结果。他利用自己在研究方面的知识背景，把课程设计专家和指标及战略评估小组召集到一起。双方共同设计和执行了一个与组织业务问题相关的指标战略。这一战略的核心目标是为辉瑞的业务战略提供支持。这些为期数年的研究和实地测试表明，LEAD 团队带来的学习项目确实给个人和组织绩效带来了有形及无形的支持。

当市场形势和投资组合的剧烈动荡迫使辉瑞公司进行大规模裁员的时候，LEAD 团队和其他职能部门一样，也经历了编制缩减；但是，多亏团队明确记录了以往项目的价值，才不至于像学习部门一样受到那么大的影响。

如今，塔特尔已经是哥伦比亚大学教育学院的一名兼职副教授。他表示："我们应该在当下行动起来，开始建立自己的品牌，证明自己的价值。这样，你就有时间整理你的部门对业务做出的贡献，向组织证明你的价值。当组织发展陷入低谷的时候，你就有足够的证据证明自己部门的价值，证明你们可以为组织的未来做出关键贡献。"

> **实践应用**
>
> - 在管理者要求前就开始记录学习项目的价值。
> - 记住，你需要通过竞争获取时间和资源；用充分的业务证据争取培训投资。

⊃ 持续改进

在当今竞争激烈、不断革新的全球经济形势中，没有一个组织能够保证屹立不倒。如果其他竞争者在不断提升，而你的组织却止步不前，那么你的组织将会落于人后。为了保持竞争优势，每个企业里的每个部门都需要年复一年地持续改进。流程改进的

第六法则　总结培训效果　6D

核心就是记录结果："评估业务流程的目的就是为了获得可供操作的改进信息。""我们把评估看作一项重要工具。学习负责人可以利用它来完成自己的使命：培养和强化组织的学习能力，让组织从学习投资中获得持续改进。"

"持续改进"的概念最早来源于生产领域，对产品质量的提升起到了关键性的作用，同时，它帮助企业节省了很多成本。后来，该理念和方法被应用到其他商业领域中，也取得了同样的成功。杰克·韦尔奇将通用电气的伟大成功归功于该公司提出的六西格玛改进项目。如果把学习看作一个流程，那么我们就要在培训和发展项目中应用流程改进技术。职场学习专家应该起到模范带头作用，通过不断循环"规划—执行—检查—调整"流程，改善教学方法。

> **实践应用**
> - 尝试在学习项目中应用持续改进的核心原理。
> - 你是如何改进学习—成果流程的？思考这个问题的答案并收集充分的证据。

绩效改进模型　兰利和他的同事基于以下三个核心问题，提出了一个通用的绩效改进模型：

- 我们期望达到的目标是什么？
- 我们如何知道是否达成了目标？
- 为了达成目标，我们可以做些什么？

277

第一个问题，"我们期望达到的目标是什么？"如果一个流程没有目标，你就无法对它进行评估或改善。虽然这个道理谁都懂，但是，Frechtling 发现，大多数评估最常犯的错误就是"不清楚预期目标是什么"。改善我们的学习项目，使其更加高效，从明确界定项目的预期业务结果开始做起（第一法则）。

第二个问题，"我们如何知道是否达成了目标？"这是第六法则的核心。如果没有对学习项目的跟进和评估，我们不可能知道目前的培训项目是否有效，学习带来的变化是积极的、消极的，还是多余的。

第三个问题，"我们可以做些什么？"这个问题反映了持续改进背后的一个基本假设：无论现在工作多么好，总还有提升的空间。在企业学习的背景下，这就需要学习专家不断寻找改进学习项目的方法。

PDCA 循环　由已故的戴明博士提出的"计划—执行—检查—处理"循环（PDCA 循环），是最早对流程改进和全面质量运动做出贡献的理论之一。PDCA 循环与上面的三个问题联合构成了改善模型（见图 D6.2）。PDCA 循环的四个步骤是：

1. 计划——设计新项目或改革现有流程。
2. 执行——执行规划。
3. 检查——根据预期目标评估项目结果。
4. 处理——利用收获的信息开始下一循环。

第六法则　总结培训效果

我们可以做出哪些改变来改善项目结果?

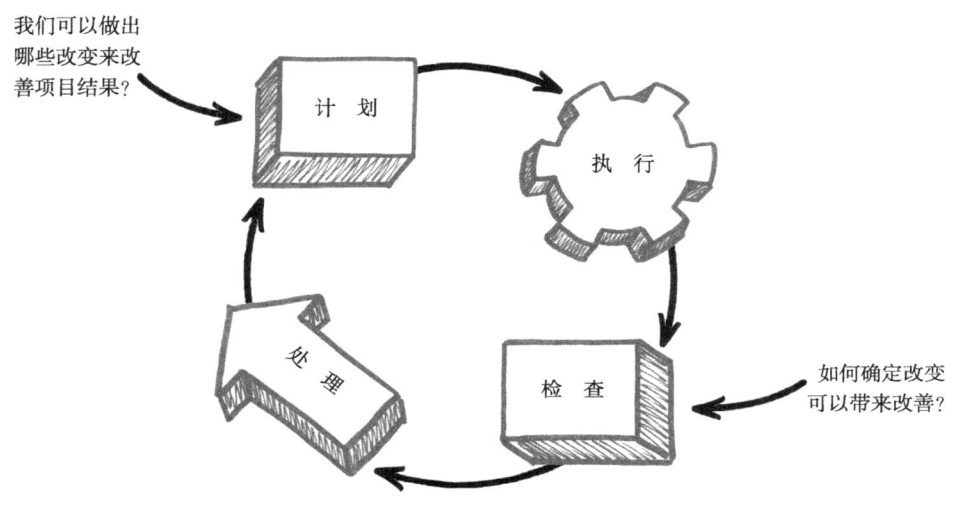

如何确定改变可以带来改善?

图 D6.2　改善模型

PDCA 循环（也称 PDSA 循环，即"计划—执行—学习—行动"），是一种简单而强大的工具。它可以用于任何流程，包括学习。六西格玛质量管理运用的是与之类似的 DMAIC 循环（界定、评估、分析、改进和控制）。"检查"（评估）环节的重要性已经不需要我们多说了。如果不比较项目结果和预期成果的话，你永远都不知道哪些行为可以改善项目成果，哪些行为没用，以及哪些行为会带来适得其反的效果——如使用 E-learning，增加模拟环节，或者引入游戏机制。"当然，你也可以凭着直觉、经验和模式，不需要评估就能改善绩效，但是，这种做法并不可靠，也很难给以后的工作提供借鉴……"

在第 2 版的《6Ds®法则》里，我们用过这样一个比喻：

> 流程改善有点像发射炮弹攻击目标。用几个炮弹作为试射，随后将每次的炮弹着陆点与目标进行对比，比较的结果将用于调整下一次发射，通过"瞄准—开火—测量—评估"这样的循环促进技术的提升。最终，每次发射都会命中目标。然而，需要注意的是，需要持续不断地进行"检查—调整—检查—调整"，以确保在环境发生改变时仍能命中目标。
>
> 想象一下，一个炮兵团拥有最好的炮弹、大量的弹药及强大的后勤支持，然而他们忙于发射，却从未找到炮弹落下的位置，那么结果会是怎样呢？尽管他们细致地记录了发射炮弹的数量、每次发射的成本、每小时所射次数等数据，却未能反馈他们所射之处是命中目标了，还是距离目标仍有1公里之遥。每次发射，尽管他们都按照自己的想法改变了发射方向，然而，因为没有可靠的数据说明他们的行为是否对结果有所帮助，他们即使射中了目标也是偶然。因此，这样的发射是不能够反复的，因为他们不知道什么原因才使其成功。也就是说，在缺少有价值的结果数据的情况下，他们不能提高绩效。
>
> ——威克、波洛克及杰斐逊，2010

遗憾的是，许多企业的学习与发展项目负责人也面临同样的情形。尽管他们知道自己的目标是什么，也有足够的经费来支持学习项目，也能够实时调整学习项目，但是，他们还是没有办法知道最后的学习成果的数据。更糟的是，他们可以采

> 你可以不通过评估改善绩效，但是这种做法并不可靠。

第六法则 总结培训效果 6D

用其他错误的"替代性测量数据"作为学习的结果，使得测量结果与既定目标没有任何关系。威尔·塔尔海默认为，缺少可靠的测量方法阻碍了培训专业人员的发展："作为学习与绩效领域的专业人员，事实上，我们很少能够得到有效的绩效反馈数据，缺乏有效的反馈机制使得我们只能在迷茫中前行，无法获取能够改善绩效的有效反馈。"

UPS相信，无论学习项目有没有达成预期目标，评估都具有重要意义："我们必须设计出能够推动战略执行的学习与发展项目；而且，只有项目还不够，我们还必须评估项目带来的业务影响。"

要想实现持续改进，我们不仅需要评估项目带来的影响，还需要评估完整的学习体验。我们必须考虑到所有影响学员应用能力和应用愿意的因素。例如：

- 是否选择了正确的培训对象？
- 学员是否做好了充分的准备？
- 学员的经理是否积极支持学员应用培训内容？
- 学员在应用学习内容的时候，是否获得了所需的工具、时间和支持？
- 是否选择了正确的时机？

在学习—成果过程中，每一步都可能导致项目失败。我们应该借助评估找出最薄弱的环节，及时解决问题。成功案例法的好处之一，就是它在记录学习成果的同时，还能找出项目中的障碍（见图D6.13）。

> **实践应用**
>
> - 开始学习项目前，思考三个问题：我们期望达到的目标是什么？我们如何知道是否达成了目标？为了达成目标，我们可以做些什么？
> - 在新的学习项目或重大变革中使用PDCA循环，给予"检查"环节特别的重视。

指导原则

正如门肯所说："再复杂的问题也会有一个清楚、简单却错误的答案。"帮助组织实现目标的学习项目千差万别，所以，用同一种方法评估所有的学习项目，毫无疑问就是一种"清楚、简单、错误"的想法。里奇说过："评估项目的过程没有固定套路，也没有特定的方法。由于大量变量的存在，大多数项目都是独一无二的；所以，我们不可能用同样的方法评估所有项目。"

但是，我们仍然可以总结出一些通用的原则，指导大家制定和执行项目评估方案。评估方案必须符合下面四个标准，才能证明和改善学习项目的价值。评估必须是：

- 相关的；
- 可靠的；
- 令人信服的；
- 高效的。

第六法则　总结培训效果　6D

你的评估策略必须成功符合这四个标准（见图 D6.3），这样才能为组织决策提供指导。举例来说，如果目标受众不相信你提供的数据的话，那么数据的相关性或者收集过程的效率都将失去意义。

相关的 ⟶ 可靠的 ⟶ 令人信服的 ⟶ 高效的

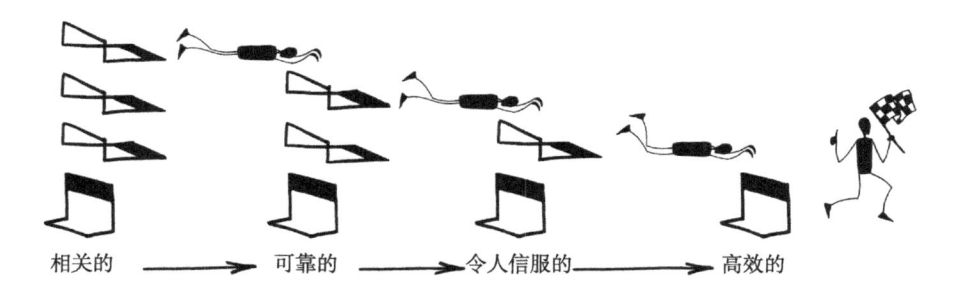

图 D6.3　成功的评估必须符合四个标准

⮕ **相关的**

有效评估的第一个标准是"相关的"，即评估内容必须与业务目标（第一法则）和项目的逻辑模型有着明确直接

> 评估的内容应该反映项目的目标。

的联系。在相关文献里，这一点也被称作"表面效度"。这一点可以说是人尽皆知的常识，我们都不好意思再反复强调了；可是，大家还是会经常忽略它。

关于这一点，大家最常犯的错误就是把"反应层级"的学员反馈评分当成评估项目结果的证据。如果我们的目标是吸引人们再次做一件事，如看电影，去主题公园，或者看球赛等娱乐活动，那么我们的确可以根据这些反馈数据评估活动的效果。但是，企业投资学习项目并不是为了获得娱乐价值；这些项目是为了解决问题，抓住业务机会，改善服务，提升效率，或者改善企业在其他方面的效率而存在的。学员喜不喜欢这个项目，或者他们对项目价值的看法，并不能帮助企业回答这个问题：项目是否实现了业务目标？（见案例 D6.2）

案例 D6.2　醍醐灌顶

克里斯·高因斯在惠氏公司的销售培训和管理发展部门担任执行总监的时候经历过一件事，这件事让他彻底意识到了记录培训结果的重要性。有一天，克里斯被老板叫到了办公室。老板问他："克里斯，如果我告诉你我正在考虑把你们部门整个外包出去，你会怎么想？"

克里斯先是震惊得说不出话，然后才开始结结巴巴地跟老板说这个想法是不对的："大家都喜欢我们的培训。""我们有优秀的员工、优秀的人才。""我们办过这么多培训课程。"……解释得越多，他越发现自己的理由有多站不住脚。

没等克里斯继续说下去，老板就转了话锋，对他说："别紧张，克里斯，我不是真打算把你们外包出去。但是有个供应商一直在跟我说这么做的好处，而且他还准备了充分的论据和数据来证明自己的观点。

"你记住，我不可能一直坐在这个位子上。也许你的下一任老板就不会像我这样了。所以，下次你最好准备一个更好的回答。'大家都喜欢我们'这种理由是不行的；我要是你的话，就会准备一些更有力的证据来证明培训的价值。"

第六法则　总结培训效果　6D

反应层级评分基本上都不具备相关性　尽管反馈评分（柯克帕特里克的反应层级）无处不在，但是它们与行为改变或业务影响几乎没有关系。例如，狄克逊（1990）曾经发现，课后测试的分数和学员对项目相关性、内容量、趣味性或讲师技巧的看法没有任何联系。艾力格和同事（1997）分析了 34 项过往研究后发现，反馈数据、学习目标评估和在职学习转化之间的联系非常有限。欧娜和同事（2002）在研究了学员的反馈和学习转化之间的关系后总结道："这次研究的结果又带来了许多关于反应层级评估的作用和价值的问题。"其实，这个结论也没什么稀奇，因为影响学习转化的因素实在太多了。

在评估培训结果的八种可用方法中，CEO 最不感兴趣的就是反应层级评分。既然这样，为什么培训负责人还要

> CEO 最不感兴趣的就是反应层级评分。

坚持不懈地收集、分析和汇报这些数据呢？原因主要有以下几点。首先，这些数据看起来很重要。如果人们对项目的评分很高，他们肯定能从中学到许多知识，这听起来很符合逻辑。可是，这种想法不仅错误，而且有可能很危险，因为反馈评分过高实际上会影响学习效果（见案例 D6.3）。

当然，反馈评分过低，就说明项目存在问题。某位首席学习官曾经告诉我们："员工要是不喜欢试听课程的话，我就会取消这个项目。"但是，反之却未必就是好的；人们喜欢试听课程，不一定意味着项目可以如期展开。单纯依靠学员的反馈，评估的娱乐性就会大于实用性。

285

案例 D6.3　反应层级评分并非越高越好

有一家欧洲的科技公司，其培训负责人对公司内部的一名讲师非常担心，因为该讲师在学员满意度（反应层级）的评估问卷中一直获得较低的分数。评估问卷基本上是诸如"你对培训师的感觉怎样"，"你认为他的授课是否有效"之类的问题。该公司找到了畅销书 *Spin Selling* 的作者尼尔·拉克姆寻求建议。当尼尔·拉克姆更深入地调查这个问题时，结果却令人大吃一惊。

当以学员的学习成果作为评估标准时，那些不受好评的讲师实际上却是最好的。拉克姆说："反应层级的评估让培训管理完全偏离了正确的方向。"

在 21 世纪房地产公司工作的罗杰·谢弗里亚也证实了拉克姆发现的结果。谢弗里亚和他的团队根据业务结果（新客户的数量、销售额及培训结束后的佣金收入）来跟踪每个课程的学员。他发现满意度评估结果处于后 1/3 的讲师，他们的学员在培训后三个月内的工作绩效却是最好的。正如谢弗里亚所说的那样："我们发现满意度评估结果与培训后的工作绩效改善没有显著相关性。"

为什么会出现这样的偏差？因为当把培训评估的标准界定在工作绩效上时，让培训有效的因素（如要求学员角色扮演，挑战他们让其思考，基于坦率的反馈）并不能让培训师受到欢迎。

反之，提高讲师满意度的行为不一定促使学习的改善或知识的应用。一家培训公司也有一个相关的案例。这家公司与客户签订合作合同，合同指出只要学员的满意度评估分数超过某特定值，培训公司就将持续

第六法则　总结培训效果　6D

> 获得额外奖金。然而从商业信用的角度考虑，培训公司告诉客户合同需要重新拟定。他们向客户承认，为了提高满意度评估分数获取奖金，他们压缩了培训内容，教学方式也没有那么严格。
>
> "你评估什么就得到什么。"获得最高的满意度分数并不一定等同于学员和组织从培训中获得了最大的价值。

为什么反应层级评估如此普遍？这可能是因为收集这些信息不需要花多少工夫和成本。美国银行企业组织发展和分析部门的史蒂芬·林迪亚将这种现象称为"投机取巧"（见案例 D6.4）。自动化系统的出现，让反应层级评估变得更简单、更普遍。大多数企业都认为，"我们只能收集到反应层级评分，这总比什么都没有好"。但是，从案例 D6.3 中我们了解到，反应层级评分不一定就比不评分好。在这一方面，我们还可以并且应该做得更好。

什么样的数据是相关的？　如果反应层级评分与学习项目的成果不相关，那么，什么样的数据是相关的？相关的评估是指那些与业务目标相关并且得到出资人认可的评估。鉴于价值的主观性，所以"出资人认可的相关性"很重要。这也是我们把出资人对成功标准的看法列入第一法则的原因。我们在决定评估内容的时候，一定要与企业出资人共同商定。学习专业人员不能自以为是地以为自己了解客户的需求或者价值观。

课程设计中的一致性原则要求学习目标和学习评估保持一致。该原则也适用于学习项目的评估。业务目标和评估内容应该保持一致；第一法则和第六法则应该是一切学习项目的起点和终点（见图 D6.4）。

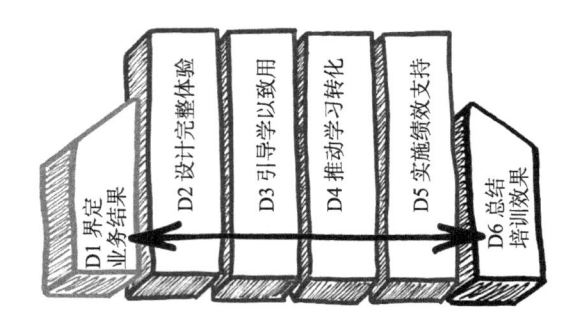

图 D6.4　从第一法则到第六法则，贯穿整个学习项目

根据项目目标，我们可以收集的相关的数据品种包括行为观察、反馈意见、业务指标、企业故事、预测数据或者这些方式的任何结合（见表 D6.1）。例如，如果项目的预期目标是改善客户满意度，那么你需要评估客户满意度方面的变化，如客户对收到的服务质量的看法。如果项目的目标是督促员工遵守标准操作流程，那么你需要评估员工遵循的程度，等等。我们没必要把所有的成果都转化成财政回报或者投资回报，这主要是由项目出资人决定的（见案例 D6.6）。阿什里奇商学院的一项研究表明，学习专业人员高估了业务负责人对通过投资回报率评估学习有效性的兴趣。

第六法则　总结培训效果　6D

表 D6.1　数据种类与收集方式

数据种类	举　　例	收集方式
业务指标	销售数据 生产数据 质量指标 停工损失 营业额	从业务信息系统中获得
行为观察	合理的流程 电话礼仪 销售技巧 教练技巧 人际交流技巧	对观察者进行调研 直接观察（公开/隐蔽） 录像 演示/角色扮演 模拟
预测数据	节约的时间 应用次数 财务效益	调研 访谈
反馈意见	服务质量 评分 领导效能 演示水平 改善程度 项目价值	调研 网络访谈 评分服务 访谈 焦点小组 学习转化支持系统
外部事件	表彰 诉讼官司 负面评价	监管机构 法律部门 网络
企业故事	成功故事 关键事件 案例	调研 访谈 学习转化支持系统

续表

数据种类	举　例	收集方式
工作成果	业务规划 电脑代码 文案写作	审计 专家分析 专栏评分

我们应该根据具体的项目选择相关的评估指标和合适的收集方式，但基本原则是一样的：对成功的定义达成一致看法（例如，什么是更好的客户服务），然后寻找（或设计）可靠、准确、高效的评估方式。

实践应用

- 认真执行第一法则，它决定了项目的相关性。
- 运用常识。你选择的评估策略应该与项目成果直接相关。
- 和股东沟通，确保他们认为你的评估提案与他们想要的信息相关。

底线　相关性是一项有效的评估提案必须满足的条件之一。如果出资人认为你所选的指标与项目成果不相关，那么，不管你收集了多少信息，不管评估结果有多令人难忘，这次评估就是一场失败的评估。

案例 D6.4　管道联通

史蒂芬·林迪亚在某家金融服务公司担任人才评估负责人的时候，公司的首席学习官给他起了一个外号——水管工。这是因为史蒂芬一直

第六法则　总结培训效果

执着于连通人才指标管道，即确保部分人力资源员工采用的方式（如学习）与其他员工采用的方式保持连通——就像关于组织评估和文化调研的绩效管理或员工措施中出现的胜任模型。史蒂芬一直在思考一个问题："如何把这一理论应用到更大规模的人才发展/员工生命周期项目中？"他还表示，看着那些平时不交流的人力资源职能部门尝试统一他们的工作和方法，总是特别有趣。

现在，史蒂芬成了美国银行企业组织发展和分析部门的领导。他跟我们分享了自己在人才发展项目评估领域工作了15年获得的经验。

史蒂芬说："你必须退一步看问题。想想你一直以来都想改变和评估的行为，确保你提供的体验具有影响力。问问自己：'有哪些关键绩效指标？这些指标对业务成果和客户成果有怎样的影响？'你不能只想着投机取巧，只看到那些容易收集的数据，如反应层级评分或者员工的参与情况；这些数据与项目的内容或目标以及特定的组织项目都没有直接联系。

"另外，你还得想一想那些内容能构成有效比对。我们总会不由自主地把学员的成果和没有参加项目的员工比对，但是，这两者是没有可比性的，这样做根本不能展示出项目的真正影响。进行比较的双方应该拥有相同的职级、工作年限和专业领域，这样才能看到项目是不是真的带来了改变。

"在思考有关评估的问题时，我会问自己：'我们想解决哪些问题？'如果你能简洁明了地描述预期行为改变，那么评估就不是什么难事了。

"还有，确保管理者可以根据我们提供的信息采取行动。有一次，当我在检查新经理们收到的评估结果（这是一个大型继任规划流程中的一部分）的时候，我留意到了排名在最后10%的经理们。我抽出时间去跟这些人的经理说：'你的直线下属的工作不怎么顺利。'我指出了需要注意的地方，还推荐了一些专门的培训项目，让他们向自己的直线下属推荐。这是我职业生涯中最有成就感的一段经历。

"有几位高层领导特意打电话给我，感谢我指出了这些问题。他们当然见过项目带来的成果，但是，由于他们收到的信息太多，所以他们需要有人帮他们总结出关键的行动点。这些领导愿意帮助年轻的管理者度过早期的难关，这一点非常重要。我可以把数据转化成有用的信息，为他们提供一些帮助。我觉得这就是我们的贡献所在。"

⊃ 可靠的

有效评估的第二个标准是所收集的数据、所做的分析及得出的结论，对目标受众是可靠而值得信赖的。即使你的评估具有相关性、结果令人印象深刻，但是，如果决策者对你提供的数据、分析或结论有所质疑，那么你的评估就无法发挥作用，无法为决策的制定提供信息支持。

从自己的亲身经历出发，我们可能更容易理解"可靠性"的含义。我们每天都会被无数推销信息、拉票信息或者类似信息狂轰滥炸。在这些信息里，有些是你相信的，有些是你怀疑的，还有些是被你直接扔到一边的。你在这里用到的标准，很有可能跟你的股东在评估你的建议时所用的标准是相似的。

第六法则　总结培训效果　6D

你可能没有意识到，你在评估事物的可靠性时参考的关键因素之一，就是事物的结果与你已经相信的事物的匹配程度。人们更愿意接受那些能够支持他们持有的观点的数据，而不是那些与我们的观念背道而驰的信息。对于学习专业人员来说，这就意味着，如果有人在一开始就对培训的价值抱有怀疑态度，那么他们对你提供的评估结果会更加苛刻。这也恰好证明了 Bersin 的观察：公司认为你与他们的需求的匹配度越高，要求的数据越少。

记住，所有的评估都具有政治性，因为它涉及了金钱、权力、声誉和权威。在提案阶段，如果人们对项目的价值争议较大，那么你差不多就能确定评估的结果将受到更为严格的审查，而评估的可靠性也必然将受到挑战。

其他影响可靠性的因素包括数据量、评估结果的合理性、感知偏差、易理解性，以及评估人的声誉。

> 所有评估都具有政治性。

数据量　总的来说，研究覆盖的主题越多，研究成果的可信度越高。一个面向 100 名参与者的研究，和一个面向几名参与者的研究，前者的结论肯定更为可靠。这主要是因为：（1）比较的样本数越大，真实性越高；（2）团体人数越多，人们对培训的效果越有信心。

但是，这其中有一个递减点。从这个点开始，收集额外数据所耗费的成本就会超过这些数据带来的价值。罗布·布林克霍夫建议我们采用法律标准："排除合理怀疑。"也就是说，我们只需证明人们对培训存疑的地方，提供的数据量应该刚好能供管理层制定决策。至于绝对证据，我们既没有能力提供，也没有必要提供。

合理性　合理性，即评估结果是否合理，是影响可靠性的第二个因素。在评估类的书籍中，它也被称为"取样测试"，即："如果观点因为太好而显得不真实，那么这个观点很有可能就是真的。"这就引出了一个有趣的悖论：结果越好越受到质疑。"可靠性"问题是投资回报率研究面临的一个特别挑战，当结果比典型的业务结果高时，企业领导者会质疑结果的公信力。

同样的道理，如果你一直频传捷报，你的可靠性就会受到质疑。企业里的事情不一定件件都能成功，尤其是第一次出现时。除了汇报成功，你也应该汇报一些失败和挫折，这样才有助于建立公信力。

偏差　如果受众对数据的收集、分析或者汇报方法存疑，那么评估的可靠性就会受到影响。所以，我们在选择评估内容和数据的时候，一定要谨慎处理，或者听从专家的建议，避开较为普遍的偏差。例如：

- **选择性偏差**——只愿意收集正面反馈。例如，只邀请那些表现出色的学员对项目进行评分，或者拿"潜能较高"的学员与未受过培训的一般员工进行比较。
- **问卷或访谈者偏差**——数据的收集或处理方式会"引导参与者"给予肯定的回答。
- **反馈偏差**——这是调研中无法避免的问题，尤其是当反馈评分较低时。如果只有极少数人提供了反馈，那么这个反馈结果可能就无法代表大多数人的想法。
- **汇报偏差**——如果员工认为评估不是匿名的，提供负面评价

第六法则　总结培训效果　6D

可能会给自己招来麻烦（虽然不一定真有麻烦），那么他们就会"美化"自己的回答，或者选择那些"政治正确"的答案。例如，讲师在场的情况下，学员对项目的评分会高得多，因为他们不想伤害讲师的感情。

如果项目的性质比较棘手，我们可以考虑使用独立的评分员或评估员来强化项目的可靠性。

易理解性　一个可信赖的评估需要得到目标受众的理解。没有人喜欢被花言巧语欺骗。如果他们不理解评估的方式或不明白培训部门对评估的解释说明，他们往往会对评估产生怀疑。除非绝对必要，否则尽量避免使用过于复杂的设计或晦涩难解的分析技术。使用商业环境中熟悉的术语和概念，避免学习领域术语或技术名词。

声誉　最后，评估的可靠性受到你个人以及你所在组织的可靠性的影响。如库泽斯和波斯纳在《领导力》中所说的那样："如果你不相信信息发出者，那么你将不信任其所传达的信息。"在其他条件等同的情况下，那些令人信赖的报告者所做出的报告更令人信服。

获得声誉需要时间，而保持声誉则需要持续的关注，因为诚信是最不容易被承认的品质之一。人类最脆弱的一项品质就是诚信。为了获得这一品质，人们不得不通过分钟、小时、月、年的不断积累，但失去它则只需要

> 如果你不相信信息发出者，那么你将不信任其所传达的信息。

很短的时间。为了在组织中赢得一席之地，并进而能得到合理的

资源，学习与发展部门必须持续不断地提供可靠的证据来赢得影响力。

> **实践应用**
> - 和股东沟通，确认他们认为你的方法足够严谨、易于理解、公平无差。
> - 用真实直观的结果（包括正面和负面结果）争取和维持信誉。

⊃ 令人信服的

有效评估的第三个标准是为某特定课程的学习行为编撰令人信服的案例，如延续、提高或改变学习积极性，或终止学习积极性等。即使学习评估具有相关性，而且是可靠的，然而，如果不能令人信服的话，评估可能仍然是失败的。

那么，什么样的案例是令人信服的呢？至少它应该是明确的、有说服力的、简洁的。

明确的 我们认为，每个评估都应该提供明确的行动建议。如果这是你的项目，那么你就是专家。你需要明确地告诉管理层数据对未来行动有哪些影响。这种"尽善尽美完成工作"的概念诞生于"二战"期间的军队，目的是确保快速有效地制定决策。Smith，Kline & French 的首席执行官弗朗西斯·博耶在发给运营委员会的备忘录中写道："你的工作是研究、整理、再研究、再整理，直到你有了一个行动提案，而且得是所有备选方案中最好

第六法则　总结培训效果　6D

的那个。"

不管你的建议最终有没有被接纳，由于你根据手头的证据提出了具体的行动建议，所以你就为自己赢得了战略思想家和行动家的称号。你应该在执行总结的一开始就清晰直观地提出自己的建议，说明现有证据是如何支持你的观点的。千万不要把它们放到报告的最后，很少有人能读到那儿。另外，你也不能出于谦虚而贬低自己的想法，如"也许你们可以考虑一下我的提案"。企业花钱雇你就是为了让你提出想法的。

令人难忘的　经理们经常受到成百上千条（通常是相互矛盾的）信息的连番轰炸。大部分信息将会被迅速遗忘；只有少数信息能够留在大脑中。要确保信息在众多的背景噪声中脱颖而出，不被忘记。

奇普和丹·希思的畅销书《粘住》回答了这个问题："为什么有些信息能被记住，而其他的却被遗忘了呢？"在回顾了许多具备"黏性"的信息后——从都市传奇到伊索寓言，以及趣味科学——他们得出了结论，难忘的信息有六个特征：

- 简单的；
- 出乎意料的；
- 具体的；
- 可信的；
- 在情感上引起共鸣的；
- 以故事的形式。

> 大多数学习评估报告太长、太枯燥无味。

这些特点与商务演示和报告形成了鲜明的对比。商务演示和

297

报告往往是复杂的、可预见的、抽象的、无聊的，而且不讲故事。苏利文直截了当地说："大多数学习评估报告太长、太枯燥无味。"

为了设计出令人信服的评估，我们需要注意以下三点：

1．简单化。确保分析后有一个简单的、清晰的、明确的建议方案。

2．令人惊奇。如果可能，从一个意想不到的角度入手或寻找一个令人意外的元素，或者将信息以不同以往的方式呈现；然而，采用后者时要谨慎，因为信息以有趣的和令人意外的方式呈现，与因太"哗众取宠"而不被接受仅有一线之差。

3．采用讲故事的方式让结果更具体、更有趣、更难忘。即使使用特定的定量测量方法，如果在其中添加故事，也将使评估更加难忘（见案例 D6.5）。

案例 D6.5　太多的数字，太少的故事

在早期，我们在咨询业务中常犯的错误是报告过于正式和科学化。我们曾帮助一家公司评估主动变革管理培训项目的结果。为了衡量结果，我们要求学员举例说明任何应用所学产生的结果。

我们收集了数百个丰富、翔实而具体的案例，这些案例证明了培训能够帮助学员提高效率、消除浪费、满足客户等。通过财务部门的帮助，我们计算出了项目所带来的金钱价值，并将产出与成本做了对比。结果，投资回报率是令人鼓舞的。

我们准备好了一系列看似有冲击力的图表、表格和幻灯片，却没有

第六法则　总结培训效果　6D

讲故事。

最终,报告呈现给了这家公司的董事会,但汇报结束后却没人记得报告中的任何图表或统计数据。如果在报告中加入一些了不起的成功故事,那么故事很可能流传很多年。这就是故事的力量!

这个案例带给我们的教训是,故事虽然无法替代定量分析,但它却是发酵剂,能够将不易记住的报告变成令人难忘的报告。

企业倾向于在报告中剔除故事,在他们看来,故事如同衣服上的绒毛,毫无价值,弄一些奇闻逸事放在管理汇报中会很不严肃。这种倾向是一个严重的错误。他们公然忽视那些众所周知的令人难忘的因素。成功案例评估法需要识别、收集、验证、使用那些"值得讲述的故事",并以有说服力的方式讲述。丹尼尔·平克在《全新思维》一书中写道:"故事更便于记忆——因为我们在很多时候都是通过故事记忆事情的。"

无论使用何种方法收集和分析数据,都要找机会将那些说明性强的故事包括进来,从而使人们记住所要传达的信息。如果故事中能加入一些情感元素,那就更好了。

> 如果有很棒的结果,却无法对受众产生影响,该是多么可悲!

有说服力的　说服力既包括传递的内容,也包括传递的形式。内容是前提;你必须证明自己的建议会给决策者带来怎样的重大影响。

形式即如何传递信息。这意味着,用他们说话的方式告诉他们最关心的事情。不要随便抛售你的观点。如果你的评估有很棒

299

的结果，却无法对受众产生影响，该是多么可悲！

简洁的 最后，有说服力的分析和倡议应该是简明扼要的。人们更容易被简短、犀利的分析所吸引，而非冗长、复杂的论断。为了确保受众能按照报告的逻辑进行思考，报告只包含必要的细节即可。

实践应用

- 确保你的报告明确、令人难忘、有说服力、简洁。
- 使用故事让评估结果生动起来。
- 评估必须具备可操作性。根据你收集到的信息制定具体的行动建议。

⊃ 高效的

"高效"是所有业务流程都必须具备的一项重要内容——只有在满足了相关的、可靠的和令人信服的这三个核心原则的前提下，评估才可能是高效的。换句话说，如果评估内容不对，评估不可能是高效的——不管评估的成本有多低，速度有多快。德鲁克说过："世界上最多此一举的事，就是高效地评估本不需要评估的东西。"

> 世界上最多此一举的事，就是高效地评估本不需要评估的东西。

高效很重要，因为评估本身需要耗费时间和资源。这里的基本原则是，评估所花费的成本绝对不能超过评估结论所创造的价值。评估只要能为相关业务决策提供支持并且满足目标受众就可以了。我们的

第六法则　总结培训效果　6D

目标是用最小的成本产出相关的、可靠的、令人信服的信息。

高效之所以重要的另一个原因，是评估结果的时效性。"评估成功的部分原因是占了天时的有利条件……有时'时间限制'与预算周期有关，如预算、生产和产品推出市场的截止日期等。如果评估没有在这些阶段的最后期限前完成，报告的作用就会十分有限。"

> 问卷的结构会影响问卷的效度和信度。

如果日常商业运营和个人绩效评估中，或学习转化系统中已经收集了数据，学习成果评估的一些指标则可以使用这部分数据，这样可以节约时间和成本。如果还需要评估经营绩效的其他方面，则可以寻找自动化的方式收集数据。对于大型项目，则可以从所有学员中随机抽样收集数据；因为收集所有学员的相关数据会增加成本，但抽样量超过一定比例以后，结果就具备了可预测性。如果你不熟悉人口抽样的详细内容和需要注意的误区，请寻求专家的帮助。

调研　目前出现的在线调查问卷相对简单、经济，因可以收集大量学员的信息而大大提升了评估的效率。遗憾的是，这会降低问卷的有效性。一是因为人们运用不当，二是因为很多问卷的设计不合理或没有很好的过程管理。

例如，询问学员认为自己学到了多少知识，然后进行测试评分，其准确性并不能代表真正吸收的知识量（柯氏四级评估的第二层级评估）；而且我们也不该这么做（虽然确实有人这么做）。同样，学员对项目预期价值的看法，也不能代表项目的真实结果带来的价值。

问卷的结构——问题的描述、问卷的长度、评分的选项等级等——将深刻地影响问卷的效度、信度和完成率。菲利普斯、菲利普斯和艾伦（2013）提供了一套非常有用的调研设计、管理和分析工具。如果你不熟悉社会学研究方法，就请教市场研究部门的同事或数据收集和分析方面的专家吧。

⊃ 标准化进程

人才报告中心（CTR）是一家以行业为主导的非营利组织，旨在"改善和统一人力资本的评估、汇报和管理流程，创造卓越的业务价值"。该中心的目标是，为人才管理设计出一套通用的定义和原则，如公认会计原则（GAAP）这样的内容，使财务数据的汇报和分析实现标准化。之所以要这么做，是因为"通过设立指导原则、统一数据评估的定义、计算、使用和汇报，给学习与发展专家带来巨大的便利和好处"。

为了实现这一目标，人才报告中心为六个关键的人力资源流程设计了统一的定义和汇报形式，其中就包括学习与发展项目。中心在其网站上免费提供了详细的指导、范例和模板。人才发展报告的核心原则和6Ds®法则非常相似，尤其是"把学习当业务"这一点：

- 确定关键业务目标；
- 将学习与这些目标联系起来，建立学习项目对业务结果的预期影响；

第六法则　总结培训效果 6D

- 确认、报告和管理最重要的影响及有效的评估结果；
- 持续管理关键项目，直至获得预期成果。

虽然这一方法在逻辑上无懈可击，而且在卡特彼勒大学的管理工作中发挥了有效作用，但是它能不能成为公认的标准，仍然有待观察。一些早期接触到这一方法的人，从中获得了巨大的价值——尤其是通过建立学习与业务目标的联系；也有一些人认为这个方法矫枉过正了。

中心提供的对效能的评估方法尤其存在问题。这些方法以课程结束后的调研为主要依据。作者表示，"尽管学员还没来得及应用所学内容，但是他们可以表明自己的应用意愿，以及可能产生的影响和价值。这些答案足以证明或预测第三层级至第五层级的评分"。目前，我们还没有发现有力的研究来支持这一论断；而且，管理者会不会把学员的应用意向和"可能产生的影响和价值"作为评估项目效度（尤其是关键项目或战略项目）的可靠手段，我们也抱有怀疑态度。

⊃ 指导原则小结

没有任何一种方法可以评估所有类型的学习项目。但是，前面讲到的四项原则可以为大家提供通用指导。表 D6.2 总结了这几个原则。

表 D6.2　有效评估的指导原则

相关的	与学习项目的目标（预期业务结果）相关 与客户相关
可靠的	充足的数据点 公平性
可靠的	合理性 易理解性 有可靠的信息来源
令人信服的	明确的 令人难忘的 有说服力的 简洁的
高效的	符合上述三项标准 合理利用时间和资金

评估面临的挑战

尽管目前存在无数关于如何评估学习的影响的著作和研讨会，评估仍然是让大多数学习部门头疼的一个问题。超过 1/3 的学习部门表示，他们对自己的评估工作不满意。沃顿商学院的一项研究表明，学习负责人认为"如何评估和传达项目价值"是他们面临的首要挑战。

我们认为，导致这个现象的罪魁祸首有三个：

- 还没确定评估内容，就在担心评估方法；

第六法则　总结培训效果　6D

- 把评估指标和业务结果混为一谈；
- 执着于"全靠自己"解决问题。

◐ **评估内容**

在 6Ds®工作坊里，我们经常会问这样一个问题："以下三种工具中，哪一个是最好的测量工具？"

- 量筒；
- 卷尺；
- 电子秤。

很明显，这个问题的答案取决于你要测量的对象：绳子、液体，还是一头大象？虽然这个道理在这里看起来很简单，但让我们大吃一惊的是，在许多关于评估的讨论中，学习专家还没有确定评估内容，就已经在争论选择哪种评估方法了，如布林克霍夫的成功案例法、菲利普斯的投资回报率，或者柯克帕特里克的新世界模型。

的确，学习部门最常犯的错误就是把"做什么"和"怎么做"相混淆。只要一提起评估，他们就会说："我们不知道怎么去评估它。"可是，他们还没搞清楚这个"它"是什么。根据

先把"做什么"搞清楚，再担心"怎么做"。

我们的经验，只要能确定评估内容，你就能找到帮手或方法来完成评估。在这之前，任何关于评估方法的讨论都是本末倒置的。

评估内容是由项目的逻辑模型（见图 D6.5）决定的。从模型中我们可以看到：

- 预期结果；
- 活动、产出和结果之间的关系。

预期结果　　了解预期结果，其重要性不言而喻：如果回答不上来"我们想获得哪些成果"，你就不能有效地评估项目是否成功。项目结果是你最终需要评估的内容。

重要成果　　另外，你还需要评估逻辑图中展示的一系列关键产出（流程指标），这些产出是项目能否实现预期结果的关键。例如，如果完成 E-learning 课程是进行学习实践的重要准备工作，那么，我们就需要追踪真正完成了课程的学员人数，这样才能知道这一环节有没有发挥作用。但是你要记住，产出（参加培训的人数、学习量、课程数等）和结果（企业期待的行为改变和结果）是不同的（见下文）。

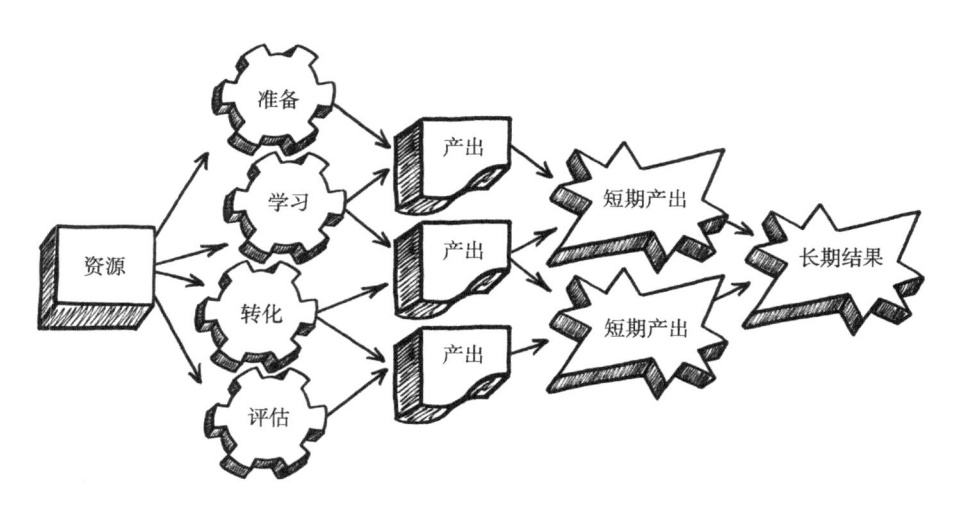

图 D6.5　学习项目的逻辑图展示了待评估的结果和关键产出变量

企业领导关注的内容　　最后，评估内容取决于企业领导关注的内容。评估,顾名思义,就是评价和估算某件事的价值。但是,"价值"并不像"公里"或"焦耳"一样是通用的指标。同一件事物对不同的人有不同的价值——甚至在不同的时候对同一个人也有不同的价值。例如,测量一条 10 米长的绳子,不会出现争议;但是,这条绳子的价值却因人而异:如果你要爬上一个 8 米高的地方,这条绳子对你来说就很有价值;如果你要下到 20 米深的地方,这条绳子就没什么用。同样,如果你是一名葡萄酒鉴赏家,你会愿意付出高昂的费用品尝一瓶陈年波尔多

> 同样的事物或数量对不同的人有不同的价值。

(表明你认可它的价值);但是,对一名不喝酒的同事来说,不管《葡萄酒鉴赏家》杂志对这瓶酒的评价有多高,这瓶酒的价值就是零(见图 D6.6)。

图 D6.6 价值受主观和环境因素影响

我们想说的是,你需要先弄明白股东是怎么定义价值的,然后再决定评估内容。高管团队需要的可能是投资回报率分析,但其他部门却不一定需要(见案例 D6.6)。

案例 D6.6　倾听客户的声音不要太迟

一家大型汽车制造公司的培训部门曾花费超过 10 万美元来评估一个学习项目的投资回报率，结果令人印象深刻，项目获得了许多倍的回报。培训部门的得意心情一直延续到向管理层汇报结果时。财务总监的一席话让他们的好心情立刻烟消云散："这并不是我对投资回报率的定义，这些数据毫无意义。"

这个故事并不是要从理论上说明该项目所使用的具体评估方法是否正确，而是想要说明他们的方法不适合所面对的情境。他们应该在开始评估之前就与管理层明确所使用的项目成果评估方法（哪些好，哪些不好，哪些无关紧要），从而使得项目评估结果与管理层相关且可靠。

客户的声音最终都会被听到，这仅仅是时机问题。应该在投入时间、精力和金钱开始评估之前，尽可能早地倾听客户的声音。

实践应用

- 始终坚持先确定评估内容，再选择评估方法。
- 确定你的评估内容是管理者认为有价值的东西，而不是你自以为有价值的东西。
- 转化氛围中的关键因素也是评估内容的一部分。

⊃ 产出与结果

爱因斯坦有一句名言："数字不一定代表意义。"放在项目评估中，就是说数字不一定能说明学习项目是否成功。

第六法则　总结培训效果　6D

培训部门可以评估的对象包括两大类：产出（流程指标）和结果（见表 D6.3）。鳞次栉比，如学员数、成本、学员反馈等，对于学习职能管理和未来改进很重要。但是，它们不是符合企业利益的结果（见图 D6.7），也不能代表项目的结果。

表 D6.3　内部学习流程指标（产出）与业务结果之间的对比

产　　出	收　　益
学员人数	行为改善的事例增加
课程数目	生产率提高
E-learning 项目数量	质量改善/错误减少
课程完成数量	客户满意度提升
教学时数	员工敬业度提升
课程/学员/时间成本	事故和故障减少
测试成绩	提高生产率的周期缩短
满意度	演示效率改善
实用性	成本降低
评估结果	销售效率提高
教练活动数量	投入市场的速度加快

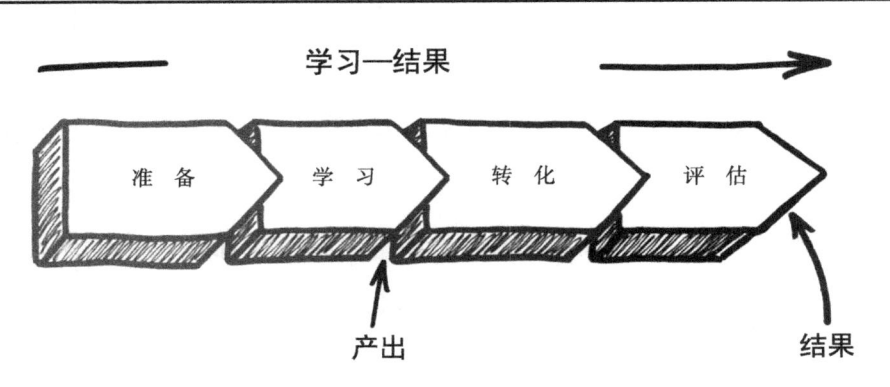

图 D6.7　项目产出不等于符合企业利益的结果

只评估项目产出是不够的，因为不了解这些活动对成功的结果（满足业务需求的结果）的影响，就无法评估活动的价值。例如，学员今年完成的 E-learning 课程数量是去年的两倍（产出实现 100%增长）。如果——仅仅是如果——完成 E-learning 课程可以带来更好的绩效，那么这就是一个好的产出。但是，如果 E-learning 没有带来任何可见结果（绩效改善），那么今年浪费的成本就是去年的两倍。这不是什么值得庆祝的事情。凡·阿德尔贝格和特罗丽表示："如果你的培训项目没有带来任何业务价值，那么就算你在培训上只花了一块钱，这个项目也是超支的。"

同样，课后测试可能是课程中的重要部分，或者最起码可以保证学员记住了学过的知识，但是，这样的学习（第二层级评估）并不是企业的目标；它只是通往绩效改善道路上的一个里程碑。可能也是出于这个原因，美国陆军课程研究中心才认为，实现行为改变才算真正掌握了学习内容。即使学员具备了应用学习内容的能力，"他们也不能只凭知识就做出符合业务需求的行动或行为"。

> 记录符合企业利益的结果。

你在项目中投入的成本、付出的努力，甚至人们学到的内容都不重要。重要的是，你的培训必须产生有价值的结果（价值超过成本）。这一点不是只靠活动和产出就能实现的，你还需要对第一法则中界定的业务结果有着透彻的理解。

第六法则　总结培训效果　6D

> 🔧 **实践应用**
> - 评估项目结果和流程产出，但是不要把两者混淆。
> - 报告项目结果评估结果。
> - 通过流程评估管理学习职能，评估学习效率，寻找改进机会。

⮕ 执着于"全靠自己"解决问题

有效评估面临的最后一个阻碍是学习专业人士"凡事都想靠自己"的态度。评估是一项专业技能。我们可以找到无数相关著作（如 Russ-Eft 和 Preskill，2009）、大学课程，甚至评估师认证课程。我们不能要求所有的学习专家兼具评估、成人学习、课程设计、授课等技能。

除非你自己或者部门里的同事具备专业的评估背景，否则我们还是建议你寻求帮助。"如果你没有接受过或不具备有关有效评估的培训或背景，请向组织中受过评估和统计培训的同事寻求帮助。这些人一般都在质量部门工作。"这些专家不仅可以带来优秀的评估，而且，在你们合作的过程中，他们还能加深你对相关领域的理解和掌握。

> 🔧 **实践应用**
> - 不要以为自己是万事通，向市场调研或流程改善方面的专家寻求评估指导。
> - 由浅入深，从行动中学习。

培训效果的六步评估法

培训效果评估包括以下六个步骤（见图D6.8）：

1. 明确关键产出；
2. 设计评估细节；
3. 收集并分析数据；
4. 报告结果；
5. 凸显价值；
6. 持续改善。

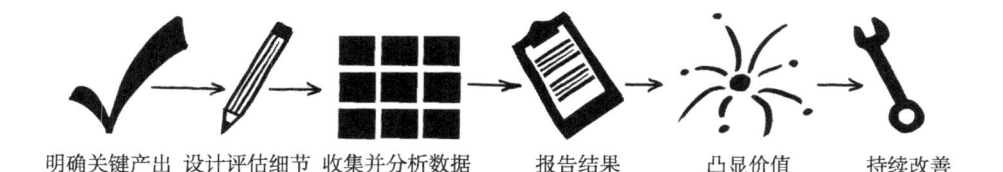

明确关键产出　设计评估细节　收集并分析数据　报告结果　凸显价值　持续改善

图D6.8　培训效果评估的六个步骤

1. 明确关键产出

确定评估什么是培训效果评估过程中最重要的决策。理想情况下，这一决策应该在第一法则阶段与项目出资人探讨并达成一致，即对业务结果与项目成果标准做出定义。如果使用过第一法则阶段的结果规划轮（见图D6.9），那么在第六法则阶段，只需简单地回顾第一法则阶段的讨论结果；如果项目发生了变化，就

第六法则　总结培训效果　6D

需要再次确认成功标准。如果还没有界定成果标准，那么你可以使用逻辑建模、GAPS!法、六西格玛工具（如质量功能展开）或者其他方法来确定最重要的业务结果。成功的关键在于，确定了出资人对成功的定义之后，你就知道自己需要评估哪些内容，然后再开始收集数据。

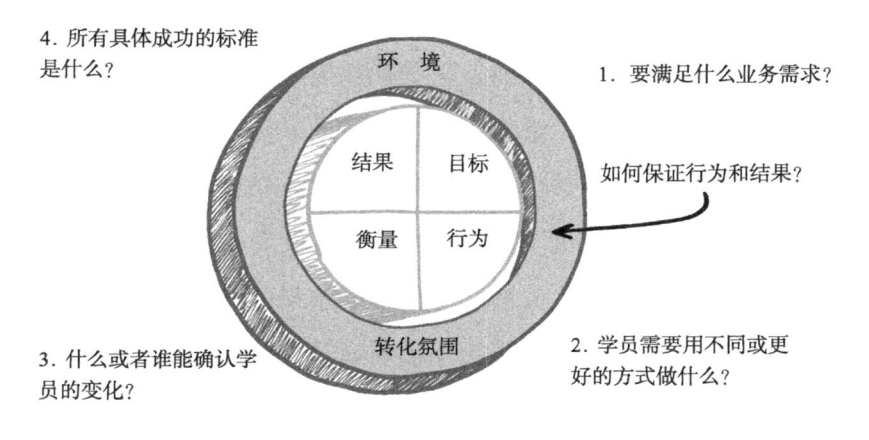

4. 所有具体成功的标准是什么？

环　境

1. 要满足什么业务需求？

结果　目标

衡量　行为

如何保证行为和结果？

转化氛围

3. 什么或者谁能确认学员的变化？

2. 学员需要用不同或更好的方式做什么？

图 D6.9　结果规划轮

当然，不管采用哪种干预措施，都有大量的指标可供选择。即便很多指标因不满足相关性或可靠性而被排除，仍然有大量的可选指标。考虑到成本、时间、指标的易理解性，可以将评估的指标缩减至可量化的"几个关键指标"。多并不意味着好。指标越多意味着投入越多（时间、金钱的双重成本）；对指标的说明越多，也越可能出现无法解释的状况。因此，我们认为你并不需要按照顺序完成柯氏四层级的所有评估。虽然建立"证据链"在理论上听起来很美，但是实际工作中，这样做既耗费成本、烦冗复杂，又毫无

多并不意味着好。

313

意义。这也是为什么新世界柯氏模型不再强调第一层级和第二层级，而是把重点放在了评估"预期回报"（第三层级和第四层级）的原因。如果你可以证明项目带来了相关结果，就没必要再证明学员学到了什么；因为这件事是肯定的。

另外，没有人希望"将所有的鸡蛋都放在同一个篮子里"——只测算一个指标。在任何研究中，数据收集或分析都可能出现意外情况，因此需要事先准备一些补救措施或替代指标。图 D6.10 所示的流程图也许能给你提供一些帮助。

另外，你还需要确定哪些成果需要评估——除了学员人数等方面——这样你才能评估项目的效果，发现改善机会。回顾项目的逻辑模型或学习价值链，寻找影响结果的关键因素。

还有一个办法是在开始评估前就写好行动总结。我们试过这样做，也获得了成功。写好后，把总结拿给出资人看，确定你选的方法可以评估他们最重视的结果。当然，结果部分肯定要留到评估结束以后再补上；但是，我们可以先想好评估方法、收集的数据、收集方法等内容。这种书面总结可以帮助出资人判断评估是否能满足他们的需求。

实践应用

- 选择几个结果指标，回答"项目是否有效"这一问题。
- 选择几个产出（流程指标），回答"流程中的哪些部分需要改进"这一问题。

第六法则　总结培训效果　6D

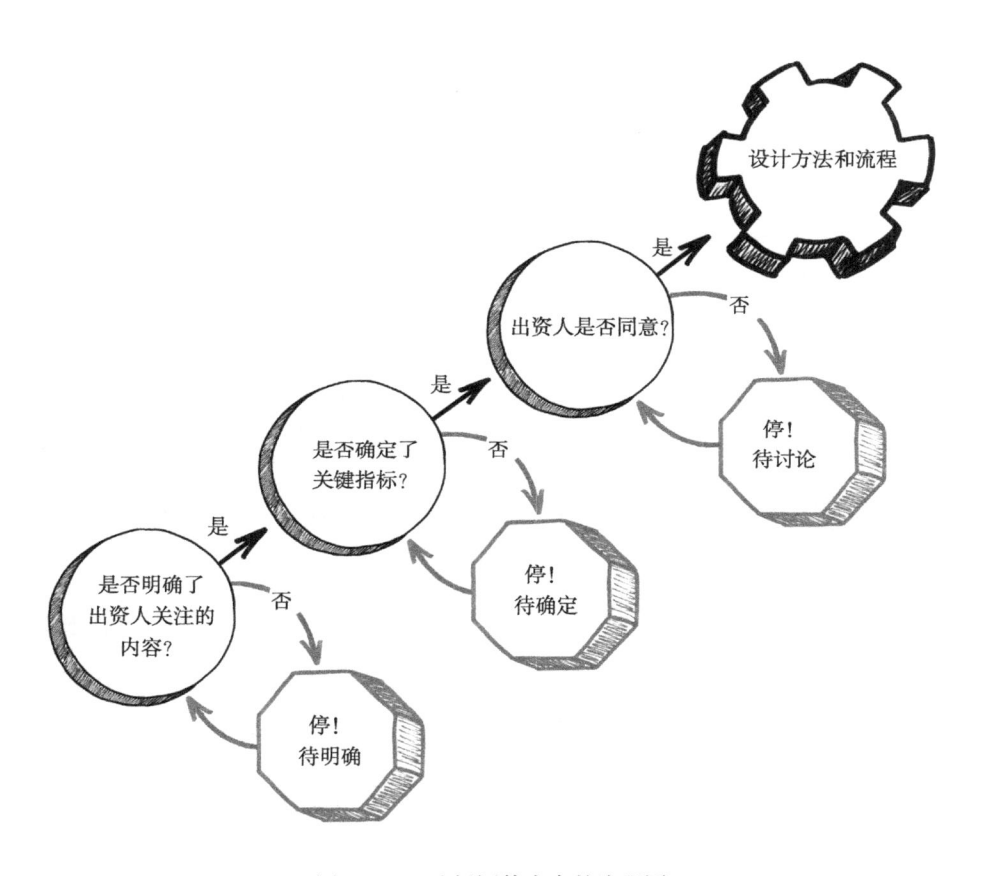

图 D6.10　选择评估内容的流程图

2. 设计评估细节

一旦选定对客户而言真正"关键的几个指标",就该立刻投入精力设计评估过程的细节。这包括：

　　A. 决定何时收集数据

　　B. 选择比较标准

　　C. 确定适当的数据收集方式

315

D. 计划分析

E. 设计项目时间表

A. 决定何时收集数据 决定何时收集数据与收集何种数据同样重要。既然第六阶段是评估与业务相关的培训效果，那么在学习的结束阶段是不需要收集任何数据的，因为此时学员还没有进行学习转化。他们需要时间将新知识、新技能转化到工作中，需要足够的时间改善或提高绩效。一些类型的培训，如客户服务或电脑系统操作技能培训，在几天内就可以看到结果。而其他类型的培训，如策略式销售、管理或领导力培训也许需要几个星期甚至几个月的时间，才能看到期望的结果。

时间很宝贵。越早评估结果，收集的数据对于持续改善和改进项目规模越有益。对于那些需要长时间才能看出成果的培训项目，要寻找重要指标。重要指标这一概念来自卡普兰和诺顿的开创性工作——平衡计分卡。平衡计分卡打破了传统的单一使用财务指标衡量业绩（过去的业绩）的方法，在财务指标的基础上加入了未来驱动因素，即客户满意度、内部经营管理过程等，从而更好地预测企业的未来业绩。

> 决定何时收集数据与收集何种数据同样重要。

衡量培训成功与否的"关键指标"指的是员工的行为改变（见图 D6.11），因为人们必须使用新方法/更好的方法，才能改善绩效。吉尔伯特指出，真正的目标不是行为，而是行为带来的成果；行为改变预示着绩效改变。许多时候，行为改变足以满足管理层要求的证据，因为他们已经接收了具体行为与业务结果之间的关

第六法则　总结培训效果　6D

联关系（参考逻辑模型）。

图 D6.11　行为改变预示着结果的改善

阿斯利康公司的 CEO 戴维·布伦南这样解释：

"诚然，人们都希望能够量化学习为企业带来的结果价值，这一点非常重要。但是，更值得我们去衡量的是，通过学习，我们的员工在行为上发生的变化是否对业务产生了重要的促进作用。

"如果我们认为教练是绩效管理过程中重要的一环，我们开始采用教练技术，然后我们想衡量教练技术产生了怎样的价值——我们需要从被教练者那里得到反馈，而不是教练自己对质量的评价。

"如果我们认为一个团队所表现出来的热情非常重要，那么我们要做的是判断这些行为是否是组员自发表现出来的，以及这些行为在管理上有无被强化。当然你还可以用其他更难的测量方式，但是考虑到组织的运营环境，评估应更多地关注学员的行为变化。"

逻辑模型中包括短期结果和长期结果。行为改变属于短期结果。使用行为改变作为项目效果的指标，一方面是因为我们很早就能观察到行为改变，另一方面是因为这些改变不容易受到学习和绩效支持之外的因素的影响。

我们很难把培训对广义的业务指标（销售额、留任率、品牌形象等）的影响单独分离出来。因此，对于那些旨在推动销售的项目来说，虽然理想的评估方法乍一看以为是销售绩效的变化，但是问题在于，销售额还会受到培训之外许多因素的影响，如广告效果、季节性、竞争中的活动、生产问题等。如果销售额增加了，那么每个部门都会跳出来邀功；如果销售额没有任何改善，那就是培训的错。

> 评估应该更注重行为结果。

评估行为改变可以获得许多直接证据，证明学习为企业做出的贡献。假设一个项目想让销售代表在发表销售演说前多问几个问题，以此来改善销售绩效。那么，评估项目成效的早期成果之一就是，销售代表在和客户交流的时候，是否多问了几个比较有意义的问题。预期行为的显著改善，是证明培训和绩效支持的影响力的可信证据；它们之所以比销售结果可信，因为销售额会受到许多因素的影响。

实践应用

- 只要结果一出现，就可以马上开始评估项目是否发挥了作用。
- 如果出资人同意，你可以使用行为改变作为评估指标，因为它们可以尽早被观察到，而且不容易被外部因素干扰。

第六法则 总结培训效果 6D

B．选择比较标准 要说培训改善绩效，就需要回答一个问题："跟什么比？是与培训前的绩效比，还是与未参加培训的其他员工比？"无论哪一种对比，都存在着隐性和显性的比较。

所以，在学习项目评估的设计环节，要考虑到学员的培训效果与什么进行比较。这一点很重要，因为无论何时做对比，都要证明该对比是合理的，从而证明你的结论是正确的。对比的相关性和公平性决定了评估的可信性和有效性。

有两种基本对比类型：纵向对比和横向对比。纵向对比指的是每位学员在培训前和培训后的绩效比较。纵向对比还可以请第三方观察员就某个学员的培训前和培训后表现进行比较。戈德史密斯和摩根曾用这种方法来说明学习跟进的重要性。

> 对比一直存在，或隐性或显性。

因为每个人都有"控制"自我的倾向性，这样设计能避免比较两组不同的学员可能引起的偏向性。纵向对比有很高的表面有效性：如果大多数培训学员在接受培训后都做得更好，或获得更好的评价，似乎看上去培训确实提升了价值。

但是，这种方法不是完美的。随着经验的增加，人们的表现肯定越来越好，所以在第二次观察中，部分或全部的绩效改善可能是由经验的增加引起的，而不一定是培训所带来的效果。同样地，让观察员比较个体目前与原先的表现，仅仅依赖观察员的记忆力是容易出错的。最后，培训前后的环境可能发生其他一些与学习不相关的变化，这样的变化可能影响员工表现。当然，纵向对比还是一种受到广泛应用的方法，是比较好的选择，易于被公司领导理解和接受。

横向的个案对照评估法避免了纵向对比评估法的很多缺陷。个案对照研究是典型的实验室研究方法，用于对比实验组（受训的员工）和控制组（没有受训的员工）。被试主题被随机分配到各组，以避免任何系统差异（偏差）。但是，在公司培训项目中很难做到随机分配。从现实角度来说，这也是没有必要的。因此，要求培训专业人员在组员分配时，考虑到实际情况，尽量避免出现极端偏向性。

更多有关评估的内容，请参考相关书籍（如 Russ-Eft 和 Preskill，2009）或实验设计（Ryan，2007）。为使评估更具可信性，关键是找到合理的对照标准。当无法完全消除偏差时，要承认其存在，及其对结果可能产生的影响。

将培训效果单独考量，其重要程度众所周知。我们与布林克霍夫的观点类似：计算培训带来的价值是一种无用的努力。首先，培训的效果一直受到转化氛围的影响。培训能够获得成功，是培训和转化支持共同作用的结果；培训之所以失败，通常是转化过程出了问题。培训和转化氛围是不可分割的两个方面。"当我们评估项目或干预活动时，我们实际上是在评估绩效系统的影响……"

因此，我们不建议大家让学员估测学习对项目成果的贡献比例，然后将培训效果单独考量。这种估测的可信性一直没有经过严格的证实；如果参考的话，可能会影响整个评估的

> 总结培训效果的目的是更好地为管理决策提供支持。

第六法则　总结培训效果　6D

可靠性和实用性。

在这里，我们不做学术上的深入探讨。总结培训效果的目的是更好地为管理决策提供支持。如果选择了错误的衡量指标或对比指标，将会出现一连串的错误决策。如果过高地估计了项目的真实价值，那么决策者依据评估数据进行决策，很可能导致投资过度，回报却很少的局面。也许更为遗憾的是，如果一个评估工具设计太差，就很难衡量学习项目的真正价值，从而可能导致该项目被砍掉或缩减投资。

> **实践应用**
> - 为学习项目的结果选择合适的比较对象。
> - 不要尝试计算学习对项目做出的贡献；这类数据缺少相关性、可信性或实用性。

C．确定适当的数据收集方式　"失之毫厘，谬以千里"，你所选择的评估数据影响着评估的相关性和可信度。因此，请务必确保收集数据的方式与评估的内容达成一致。

例如，学习出资人也许想看到行为的改变能促进某项目的成功，但是，记录行为的改变的方式多种多样。自我报告（"我已经完成很多了"）足够吗？是否需要主管的确认？需要第三方来观察并进行评分吗？

同样地，也许出资人想要了解学习对财务的影响。那么，分析报告够严谨吗？该分析必须由财务部门来做吗？这些问题的

"正确"答案是视情况而定的,要考虑资源的可利用性和受众的可接受度。

有五种可以收集的数据种类:业务指标、行为观察、预测数据、反馈意见、企业故事。如果你清楚地知道需要衡量的结果属于哪一类,那么就可以采用相应的收集方式,因为每种方式的方法数是有限的(见表 D6.4)。

表 D6.4　数据种类与收集方式

数据种类	举　例	收集方式
业务指标	销售数据 员工留任率 一次送检合格率 事故报告 重复采购	从业务信息系统中获得
行为观察	客户互动 调查反馈 销售技巧 员工互动 任务绩效	直接观察(公开/隐蔽) 演示/角色扮演 模拟
预测数据	应用次数 节约的时间 财务效益	调研 访谈
反馈意见	支持质量 领导效能 净推荐值 团队合作 工件质量	调研 访谈 焦点小组 专家意见

续表

数据种类	举　　例	收集方式
企业故事	成功故事 关键事件 工件	调研 访谈 计划或报告审核

业务指标　　业务指标指企业日常商业运营中收集的有关经营的数据，包括与销售有关的数据（业务项目数和销售额）、出错率或废品成本、生产成本、前置时间、缺货成本、预测正确性等。如果已有的业务指标符合学习项目成果的评价标准——且其效果不会受到其他因素的影响——整个指标当然是可以使用的。这些业务指标的可信度高，且与业务相关。由于它们已经存在了，所以不需要我们再花费成本重新收集数据。

如果你打算使用既有的业务指标作为标准来衡量学习项目的成效，那么，你要确保有渠道从个体学员那里获得指标细节。这些细节将会帮助你进行学员训前和训后的程度比较。你需要向企业的 IT 部门、财务部门，或者其他拥有相关数据的部门索要相关数据，告知他们你需要什么数据、谁来使用数据及使用多长时间。如果数据涉及学员隐私，也许可以通过匿名或者使用代码来解决。

行为观察　　如果一个培训项目期望达成的结果是员工的工作行为发生了变化，或者行为变化是培训评估中的关键指标，那么，观察是一种较为可信的评估方式（见图 D6.12）。从观察的严谨程度来说，可以分为高、中、低三种不同程度的层级，如自我观察属于低层级观察，而专业的观察者根据观察填写任务清单则属于高层级观察，如安排"神秘顾客"来评估客户服务的质量。在大部分情况下，中等程度的观察就足够了，例如，询问顾客："你走进商店的时候，员工向您问好了吗？"或者"销售人员清楚地解答了您的问题和疑问了吗？"其他例子还包括询问经理、同事或下属学员具体行为的变化。我们可以使用多种形式来记录，包括标明得分、评分标准或其他能够说明具体行为变化的案例。

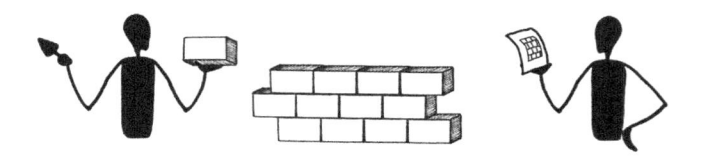

图 D6.12 直接观察是最相关、最可信的评估方式

为了确保收集的数据的有效性，评估者需要亲自观察学员的行为表现，并且确保学员能够清楚地理解评估者的问题，能够准确地回忆刚才的行为动作并描述出来。我们可以给学员提供注释，告诉他们评分对象和评分方法，这样能改善数据的可靠性。

预测数据　预测经常用在商业计划的制订中，如"你认为需要多少时间才能完成"或"下季度的销售额你预计有多少"。在培训评估中，我们有时也会使用预测，如"你利用培训所学知识的次数有多少"或"你认为它的价值有多少"。

因为有些数据只是预测所得，因此，数据的可信度肯定比那些量化的业务指标或直接观察获得的数据要低。为保证预测数据

第六法则　总结培训效果　6D

的有效性，预测人员应具有足够的知识和专业技能。例如，一位索赔处理人员能够相对精确地预测一项索赔案件可能需要的周期。但是，如果让索赔处理人员预测一个培训项目能为改善节约多少钱，这种预测可能不会靠谱。

如果你决定将预测作为一种培训效果的评估方法，那么要确保获得客户的认同。然后设计问卷或访谈提纲，根据人们的知识范围和专业方向，让预测者提供预测数据。

反馈意见　个人意见或观点应该是可信度最低的培训评估数据来源了。但是，有时个人意见也可以成为最可靠、最关键的结果衡量指标。请记住，人们是根据自己对产品价值的判断来决定是否购买的。因此，客户的意见是他们是否愿意再次使用你的服务或向他人推荐的关键指标。通常可以通过调查或访谈的方式收集数据，按照若干等级进行评分。

例如，让你向你的朋友或同事推荐某类产品或服务，分值为0~10，你可以根据你的意见给予相应分值。实际上，这个问题的答案和从中取得的净推荐值（Net Promoter Score，NPS），一直被作为预测未来增长最重要的指标。通用电气公司克劳顿管理学院的西尔万·牛顿，就曾使用净推荐值来评估领导力发展项目与股东们的需求之间的差距，并以此来推动持续改善。

> 有时，个人意见或观点也可以成为最可靠、最关键的结果衡量指标。

专家意见　专家意见是反馈与意见的一种，目的是收集相关领域专家的意见作为评估标准。对于培训项目来说，引进专家意见是项目评估的一种合适的方式，可以帮助提升员工的"工件"，如演讲、软件编程及战略规划技巧等。只有那些十分熟悉相关领域（如演讲、软件、战略规划）的专家，才能评判学习项目是否改善了成果的质量。如果某学习项目期望产出的业务结果是一种改进的产品，那么，就需要找出一位在该领域能够判断产品质量并提出专业意见的专家（或一个客观的评分系统）来进行评判。

企业故事　第五种数据类型跟其他几种略有不同，它就是案例故事——把学员在学习与发展项目中的收获通过叙述的方式讲述出来。故事能够带给人的力量是巨大的。在商业环境中，它能够启发、教育、激励和创造长远的影响，这一点正得到越来越多人的认同。

故事法是罗布·布林克霍夫提出的"成功案例评估法"的核心（见图 D6.13）。整个过程简单易懂。首先，在培训结束后的某个时间（根据具体情况与目标而定），对学员进行调查，询问他们在工作中是否应用了所学内容，并对应用过程中的成功案例进行打分，评分等级从"无成功案例"到"成功并可衡量"。例如，访谈那些有成功故事的学员，让他们描述故事的细节并进行确认；如果合适的话，记录并评估该故事对于业务成果的影响和财务价值。

同时，我们也要访谈那些没有"成功故事"的学员，了解是什么阻碍了他们的成功，而这些障碍就是我们进行持续改进的目标。将"成功故事"与"失败故事"进行比较，能够让企业管理者认识到，如果学习转化失败，那些本来具有潜在价值的学习内

第六法则　总结培训效果　6D

容也将成为"学习废品"。

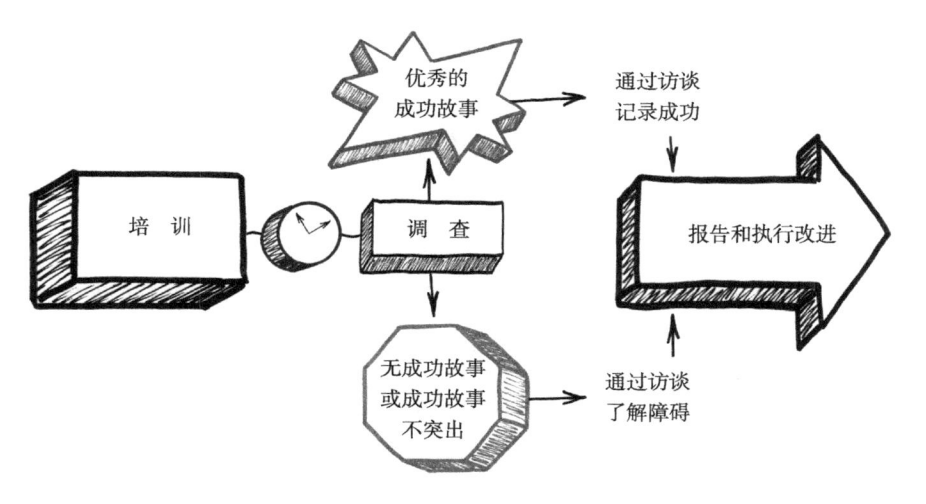

图 D6.13　布林克霍夫的"成功案例评估法"

成功故事既让人容易记住，又具有说服力。有一点必须注意：在你使用故事法总结培训效果时，你需要保持客观和清醒的判断力，确认这些案例的真实性。如果有学员说，他利用学到的技巧或内容签下了一笔重要的销售订单，那么你需要确认该笔销售记录或与客户确认；如果另一名学员说他挽留了一名原本准备辞职的关键员工，你要跟那名关键员工确认。为什么？因为你采用的是真实的成果案例，如果结果发现该故事是杜撰或夸大的，那么评估的可靠程度会受到严重质疑。

> 成功故事既让人容易记住，又具有说服力。

327

> **实践应用**
>
> - 根据预期结果选择最适合的数据收集方法，收集最具相关性、可靠性和说服力的数据。
> - 如有可能，使用定期追踪业务指标，以保证可靠性，节约成本。
> - 使用有说服力、令人难忘的案例故事。

D. 计划分析 设计有效评估的一个重要方面就是提前思考分析过程。也就是说，思考如何收集、编码（如有需要）、吸收和总结数据，以及你将使用的统计方法（如有需要）。请咨询你公司熟悉这些技巧的统计师、市场研究员或外部顾问，确定你的设计能够测定出差异并带来公平可靠的结果，然后再开始执行。

E. 设计项目时间表 设计的最后一步是制订项目的执行时间表和计划，包括所有的关键活动（何时发送问卷和提醒，接下来的访谈等）。如果你是评估的新手，或是第一次使用某种评估方式，请一名专家来检查计划将会是个不错的选择。另外，可能有简化流程或强化分析的方法。

> **实践应用**
>
> - 开始收集数据前，先思考如何分析结果。
> - 寻找专家的帮助，确保数据可用于分析。

第六法则 总结培训效果

3. 收集并分析数据

一旦设计好评估工具，经过检查和审核，我们就可以开始执行了。有人要承担责任来管理该项目并执行计划，因为即使相对简单的设计——如向内部客户收集意见——也是由好几部分组成的。

如果没有可以专门用于项目管理的资源，你就需要自己管理项目或将其外包出去。不论哪种方式，你都不可以低估执行的重要性；执行不到位是商业世界中最常见的失败原因。

数据汇总　如果你用的是新设计的问卷或新的数据收集系统，在正式使用前先进行测试是个明智的选择，这可以确保问卷是可以理解的，并能准确记录答案。如果你采用访谈的方式，就必须采取预防措施确保其连贯和公平，和那些有关定性研究的教科书所要求的一样。另外，汇总数据可以周期性地监控新信息，确保足够高的反馈率以及整个系统都是在运转的。

分析数据　一旦收集完数据，我们就可以开始最令人期待的一步：分析数据，看项目是否达到了预期效果。最基本的步骤是比较两组的结果（如将培训前数据与培训后数据进行对比）。如果数据是定量的（计数、分级、计价等），那么应该设计一些统计学的分析来确认结果不仅仅是随机变量。如果结果是定性的，那么根据主题定义和案例来进行分析。通过分析关键流程成果来确认改进机会是很重要的。例如，经理们有没有积极参与？学员对项目相关性的看法如何？是否用到了绩效支持？

记住，你有可能通过评估发现，项目没有给企业带来任何结果，或者带来的结果无法收回成本。这种可能始终都会存在。所以，我们应该在评估开始前就想好如何处理这些负面的结论。在执行评估计划前，我们可以问自己一个问题："如果评估结果不乐观的话，我们该怎么办？"我们一旦收集了数据，就不能"回避"或者无视它们。你应该像汇报正面结果一样汇报负面结果，并且提供相应的解决建议——是解决问题还是终止项目——这既是你的道德责任，也是你的管理责任。

> 项目可能无法给企业带来任何结果，或者带来的结果无法收回成本；这种可能始终都会存在。

负面的结论也有一定的价值。学习部门不能因为害怕项目带来负面结果就降低问题的难度。通用磨坊公司首席学习官凯文·王尔德告诉我们："学习项目有成功的，也有失败的。但是，除非我主动去问，我才能了解项目的真正价值。做这类事情时，我其实是在用一种非常业务化的方式在和 CEO 交流，就像他对其他业务领导的期望一样——产生结果，带来启发。有些事发挥了作用，有些没有。你必须鼓起勇气去问才会知道结果。"

实践应用

- 开始评估前，先思考你会如何分析数据。
- 提前想好你将如何处理负面结果或没有产生任何效果的项目。

第六法则 总结培训效果 6D

4. 报告结果

一旦你有了结果（好、坏或中立），你就有义务将结果汇报给管理层，这有助于决策的制定。我们认为，结果有两种重要用途。第一是向管理层做正式报告；第二是对所有关键利益相关方做"推销"（这也是我们在接下来的内容中要讲的"飘香十里"）。

花费了时间、金钱及精力运作整个学习与发展项目，培训部门有义务向出资人汇报他们获得了什么回报。作为投资方，出资人需要看到对项目所产生的价值进行的关键分析。他们希望看到相关的、可靠的和让人感兴趣的证据，以制订相应的行动规划（见图D6.14）。不管最后结果多么好，他们都想知道，你如何打算在未来做得更好。在商场中，你永远都不可能仅仅依靠之前获得的声誉一劳永逸。

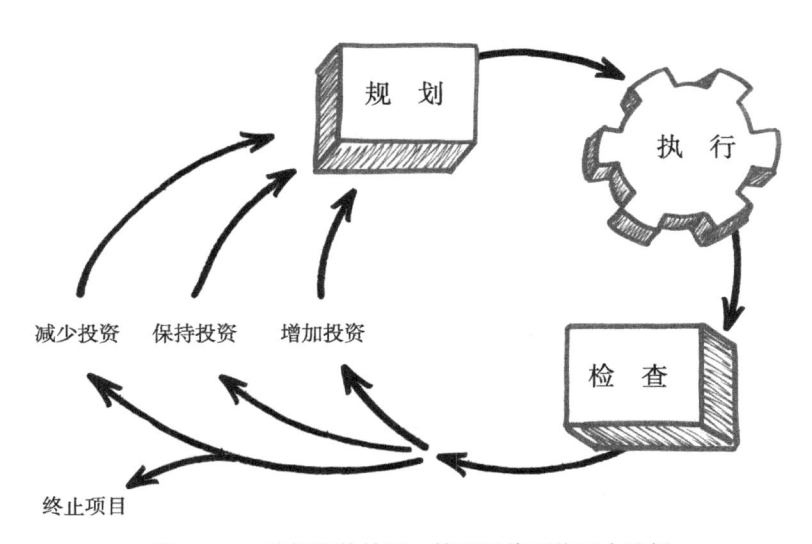

图 D6.14 根据评估结果，管理层将面临四个选择

331

提交给管理层的报告应该包含简明扼要、证据确凿、直击重点的分析和建议。使用管理者熟悉的语言，避免使用他们不了解的学习术语（如"第三层级"等）。正如苏利文所说的那样："历史已经证明了经理们不会学习你的语言，也不会从你的角度考虑问题，所以你必须适应他们。"

使用统计学方法时要注意，绝大多数的评估都需要一定程度的统计学分析，用以说明结果不仅仅是随机产生的。但是，不同的管理者对统计学知识的了解是不同的。不要试图向他们炫耀复杂的分析，除非这些分析是必需的。不管是哪种情况，你都要确保自己理解了这些分析方法。如果你的汇报中出现了连你自己都无法解释的内容，你的可信度将大打折扣。

最后，不要浪费时间，要直奔主题。管理者既没有时间，也没有耐心一页一页地看你写的内容或幻灯片来寻找合适的信息，特别是高层管理者非常忙碌。他们无法接受长时间的开场白、复杂的信息、僵化的讨好言语及松散的组织结构。如果他们不能在开头一至二段找到关键信息，他们很可能将该报告放到一边或直接丢弃。所以，一定要在第一页做一个实施概要。这非常关键，因为这是高层管理者唯一会阅读的部分。在该页中，总结你的重要发现，并提供清晰、简明、明确的建议；不要给读者留下悬念。

报告剩下的部分应该是辅助实施概要的细节内容，包括完整学习体验的设计、评估方法、数据表单、成功故事和

> 永远不要提供你不能完全理解的内容。

支持结论的必要分析。管理者擅长与数字打交道，所以请用结构

完整、清晰的表格和图形呈现那些定量的信息。在报告中感谢管理者做出的贡献及其他培训部门之外的人做出的贡献，直截了当地说明评估或结论存在的不足。说明你从中获得的经验，并说明你的改进计划：你将如何更有效地制定随后的项目。记住，在其中加入一些说明性的案例故事。

虽然向高层管理者递交正式报告是必要的，但并不是递交报告就大功告成了。为了让你的声音在周围众多噪声中脱颖而出，你的信息必须更具说服力。如果可能，最好亲自做一个成果汇报。汇报时突出重点，去掉所有不必要的幻灯片，也不要讲废话，在高层管理者给定的时间内完成汇报。

> **实践应用**
> - 清晰简洁地向管理者汇报评估结论。
> - 用一页的篇幅介绍实施概要，其中要包括评估的结果和行动建议。

5. 凸显价值

评估结果再出色，如果没人知道，那么就无法发挥它的价值。有效地宣传和推广评估结果，对建立学习品牌至关重要。学习也有"品牌"似乎有些奇怪，但是，企业大学研究中心发布的白皮书这样解释：

> "每样东西都有品牌，当然学习与发展部门也不例外。这是因为，品牌其实来自人们的看法和观点，我们无法阻止人们形成自己的观点。"
>
> ——德雷内和雷曼，2009

领导对学习"品牌"的认知，使他们愿意花费金钱、时间和精力在学习项目上。所以，知道你所在的组织的学习"品牌"是什么，以及如何积极地管理这一"品牌"，有着非常重要的意义。你必须凸显"品牌价值"，推广学习的价值："如果你想让经理注意到你的指标，不要谦虚、天真地等待。"

通常，培训专业人员认为自己工作的价值"酒香不怕巷子深"。他们认为营销是对价值和伦理道德的亵渎。这是一种非常天真的想法。印刻学习解决公司总裁克里斯·奎因说："品牌是对客户的承诺，是客户心目中对一种产品的特性、优势和价值的总结。品牌是重要的。正因为如此，我们才需要管理它。策略性营销是一系列活动和沟通的整合，它能积极地影响人们对价值的认识。"

> 每样东西都有品牌，学习与发展部门也不例外。

苏·托德认为："你的学习与发展部门有品牌，你要选择管理或不管理。"拒绝营销会使学习与发展部门的声誉流失乃至消失。不在传播学习价值上下功夫，会导致学习品牌没有价值。信实工业总裁及集团首席人力资源官普拉比尔·杰哈告诉我们："不给产品做宣传的话，别人就不会知道它的价值。"

第六法则　总结培训效果　6D

玛氏公司就利用自己的营销经验建立了玛氏大学这一学习品牌。公司和学习部门都从中获益匪浅："现在的我们有了更明确的焦点。大家都清楚自己的职责以及应该做什么和不该做什么。我们把企业的战略改变成了故事的形式，这样就能吸引人们的注意，抓住所有学员的心——不管他们在公司里担任什么职务。这个方法让我们成了公司的焦点。"

"品牌建设比商标、宣传语和抢眼的设计重要得多。"人们对品牌的看法取决于他们以往使用该商品或服务的所有经验。建立一个良好的学习品牌，首先要保证每一项培训效果（每一门课程、所有的材料、每一项支持工具、每一份报告）都是数一数二的。品牌和可靠性一样，都需要我们付出时间和精力来建立和维持。一次不好的体验、一次不够深入的评估，或者一篇敷衍了事的报告，都会严重影响学习品牌的形象。

品牌植根于客户的心中。

建立良好的品牌形象，离不开持续地宣传。从事广告宣传的人都知道，无论你传达的信息多么引人入胜，都需要通过不断重复来建立品牌和创立"共同的认知"。那些善于营销的公司，往往使用各种各样的媒介（杂志、电视、邮件等）一遍又一遍地重复核心信息。

高效的 CEO 也应用类似的方法。他们一遍一遍地强调几个关键主题，直到公司的每个人都知晓。

学习与发展部门也需要做类似的事情，确保"信息传递完成"，在不同的背景和形式下，多次传递学习与发展项目的结果。

> 🔧 **实践应用**
> - 确定你的学习品牌形象（你想让人们因什么而记住你），然后向着这个方向积极地建设品牌形象。
> - 公开、有效、反复地宣传培训的成果。

6. 持续改善

持续改善是整个过程的最后一步，也是至关重要的一步。无论结果多么引人入胜，无论成功故事多么令人着迷，无论形象转化多么有效，总会有提升的空间。我们要持续发现改进机会并采取行动。能否持续改善是区分卓越企业与一般企业的重要标志。日语中有一个词——kaizen，意思就是指竞争力（通过微小、递增、持续的改善）随着时间的推移日益发展壮大。

卓越的学习组织会设立相关流程，确保定期回顾每一个项目的成果和结果指标，并制订具体的行动方案来推动持续改善。

下面这些问题可以帮助你制订持续改善行动计划。

1. 该评价是总体评价还是个人评价？ 你永远不可能满足所有学员的需要或偏好。将关注点聚焦在流程指标分析中发现的问题或者学员多次提到的问题上。确保一定要考虑到完整的学习体验。

2. 结果有多大？ 有提升空间，不一定就应该被立即改进。寻找那些有最大提升商业价值的潜力的领域。

第六法则　总结培训效果　6D

3．根源在哪里？ 我们要透过表面看本质。如果学员认为他们学习到的知识实用价值低，那么该问题的本质是什么呢？是否真的是教学内容的问题，还是这些学员不是合适的人选，或是在错误的时间召集了合适的学员？确保你在寻找解决方案前知道问题真正的原因是什么。

4．解决问题需要怎么做？ 不要想着能够一下子"彻底改造"，你需要阅读文献，与处理类似事件的学习专家进行探讨，并寻求解决方案。

5．我们应当先处理什么？ 先选择一或两个问题处理。寻找成本效益比最优的问题，也就是那些解决起来相对简单或花费较少金钱就可以解决，但是可以获得高额回报的问题。

6．确定你检查的方法。把 PDCA 循环中的检查环节放在计划里。确定评估内容，从而了解你带来了怎样的影响——正面、负面还是没有影响。

7．重复。重复整个过程，一步一步建立你所在的培训部门的竞争优势，并建立你公司的竞争优势。

最后，积极地进行持续改善。定期从日常管理工作中脱离出来，让学习团队有反思的时间、许可和空间。不断地给自己设立调整，观察身边环境中的新机会或者破坏性的新发展（见案例D6.7）。真正的专业人士总是对改变充满了好奇、责任、包容和接纳。

案例 D6.7　责任感

安捷伦技术公司的首席学习官特里萨·罗奇曾被亚洲学习与组织发展圆桌协会授予"学习杰出人物"称号。我们曾问过特里萨她会给那些全心致力于变革的学习专业人士提供哪些建议；她表示，组织内部自上而下的包容很重要。特里萨是这样解释的：

"安捷伦为我和我的团队提供了资源，让我们能够在员工发展项目中发挥重要作用。所以，在伦理道德的督促下，我必须保证我们要充分利用这些资源。这些资源包括人们宝贵的时间——包括学员和合作领导的时间。当人们花时间学习时，我的责任就是确保学习体验可以帮助他们提升能力，实现个人目标和抱负。而我对公司的责任就是要好好利用这些资源。我觉得这一点真的很重要。我当然可以很自豪地说整个集团95%的新员工可以在60天内受到入职培训，可是，这个数字只是一项运营指标而已。CEO交给我们的任务是加快新员工产出绩效的时间。如果你是一个负责的人——如果你真的关心自己的工作任务——你就必须朝着最终的目标前进。"

特里萨还强调，学习专业人员和部门应该主动地花时间考虑一下他们的技能，以及不断变化的环境对我们的工作的影响，这一点很重要。她说："这些年以来，我们做过最成功的事情之一，就是问自己：'我们知道什么？我们知道的方法里，有哪些正在发生改变？除了这些改变，还有哪些事情需要我们用不同的方法去处理？'我们会聚在一起讨论这些问题。因为我感触最深的一件事，就是集体的力量可以促进发展。它就存在于人与人之间的交流中。我们会给每个人提供反思的时间，但整个活动都是在合作共享的氛围中进行的。

"执行控制（目标导向）是人类大脑的一部分。但是，如果我们从来不利用大脑的其他部分进行反省、思考、吸取教训，我们就辜负了自己，也辜负了世界。对于我们这些以创造教育机会为工作的人来说，我们必须在自己设计的所有体验里，都给学员预留反思的时间。这就是我们面临的挑战。我们的大脑需要反思。没有反思，我就不知道我们该如何汲取经验教训，发现榜样，获得启发。我觉得，最优秀的人才培育者，应该为人们创造条件并鼓励他们形成自己的想法。"

实践应用

- 从评估中获得启发，将启发转化为行动，为企业创造竞争优势。
- 在能够产生最大结果的领域进行变革。
- 花时间进行反思，观察环境，寻找潜在的威胁和机遇。

小结

6Ds®法则的最后一条法则——总结培训效果，是对学习项目之前的工作成就及其所产生的价值的综合评估，这是非常重要的一个环节。要提升培训部门的可信度、体现学习项目的价值，就非常有必要对整个学习项目做出严谨的评估。

其实在学习项目设计之初,就已经开始规划如何进行有效的评估。评估和分析必须具备相关性、可靠性,并且对目标受众来说具有说服力。我们根据评估结果制定的决策的价值,应该与我们投入的时间和资源对等。

设计评估的时候,我们应该以出资人的需求和关注重点、项目的性质,以及预期业务结果为基础。建立在理论理想上的评估是不可靠的。我们应该把重点放在对业务有利的结果上,不能只评估学习活动或者学习目标的完成情况。评估关键数据和成果,并从中发现改进机会。

数据分析需要平衡,既要报喜也要报忧,也要包括有助于记忆关键结论的故事。最终的报告应该简明,直指重点,在实施概要中清晰地阐明关键结论、建议及未来改进计划。

最后,我们要学会积极"营销"这些信息成果,广泛地宣传并有效地应用各类媒介,从而建立和维持一个积极的学习品牌。使用示例 D6.1 中的检查清单,评估你选用的评估方法。

第六法则　总结培训效果　6D

示例 D6.1
第六法则检查清单

使用下面的检查清单，确保制订一个健全的计划来评估结果，证明学习体验的价值，实现持续改善。

☑	要　　素	标　　准
☐	意见一致	已经事先与出资人沟通过该项目将如何进行评估，并达成一致
☐	指导原则	计划符合相关性、可靠性、令人信服性和高效性原则
☐	关键指标	已经识别出最早可以测评的指标，并且已经制订好计划，将其用于过程管理，在项目过程中进行流程内检查
☐	数据来源	已经知道评估所用数据的来源并确认其可用性
☐	数据收集	对于无法在日常运营中收集的数据，已经制订好收集计划
☐	参照指标	思考培训后的结果应该与哪些因素进行比较
☐	可信度	如果出资人选择财务分析或投资回报率作为成功标准之一，那么请向财务部门寻求支持
☐	改进机会	收集那些能够为将来提供改进机会的数据
☐	检查回顾	整个评估计划已经通过相关专家的审核，并确认其有效性和可靠性
☐	汇报计划	已经考虑了如何汇报收集的数据及结果
☐	营销推广	已经确认了谁是该结果最重要的受众，并未这些受众设计了推广方案
☐	持续改善	建立机制，确保对数据进行审核，寻找改进机会，制订行动方案，采取行动措施

The SIX DISCIPLINES of Breakthrough Learning

D6 行动指南

致培训负责人

- 回顾你目前收集到的所有数据，说明学习与发展是如何带来业务结果的。
    - 你能用一个有说服力的案例说明学习与发展带来的经济价值吗（增益绩效）？
    - 你能说明为什么减少学习与发展的投资会损害公司的长远利益吗？
    - 如果以上回答皆为"不能"，请立即采取改善措施。
- 确保在所有学习项目计划的一开始就注明评估计划和成功标准。
- 确保你汇报的每一份评估计划和结果都是：
    - 相关的；
    - 可靠的；
    - 令人信服的；
    - （满足以上三点之后）高效的。
- 请提前做好准备。开始收集各类能够证明学习价值的证据。如果等到老板要求你出示一份投资回报率的研究时才开始行动，可能已经太晚了。
- 清晰简洁地汇报评估结果（不管是好是坏，还是没有变化）。

- 报告中必须包括行动建议。
- 用一页的实施概要总结评估结果。
• "营销"学习项目的价值。
- 不"营销"的话,再好的结果也没人知道。

致业务负责人

- 回顾你目前收集到的有关学习与发展项目结果的数据。
  - 你对其满意吗?
  - 它们是否具备相关性、可靠性和说服力?
  - 它们评估的是业务相关结果还是学习活动?
  - 它们与那些衡量其他投资项目的标准一样严谨吗?
  - 如果以上回答皆为"否",请与你的学习负责人交流,说明你需要从培训投资中获得哪些回报。
- 要求每个学习与发展项目都有讨论会,讨论如何评估项目是否与投资相称。
- 必要时,让培训部门负责人与内部评估专家或外部咨询顾问进行沟通和交流。
- 就如何节省预算进行汇报——特别是如何保证结果的部分。下一年,在批准任何新的预算请求之前,先要求对方提供一份评估,说明上一年的目标是否实现。

尾　声

最后，我们记住的都是我们实际用过的学习内容。

——约翰·沃尔夫冈·冯·歌德

在本书中，我们强调了四个方面：

- 培训和发展是企业在人力资本方面的战略性投资。它像研发、销售、市场和企业并购等投资项目一样，对于企业未来的发展十分重要。
- 如果培训和发展项目能够拥有精心的规划、有效的教学传递及系统化的管理，那么它将为公司带来巨额的回报，并能够提升企业竞争力。
- 6Ds®法则是辨别卓越项目和一般项目的标准，并且为持续改善提供了支持（见图 C.1）。
- 学习必须经过转化和应用才能创造价值。

尾 声 6D

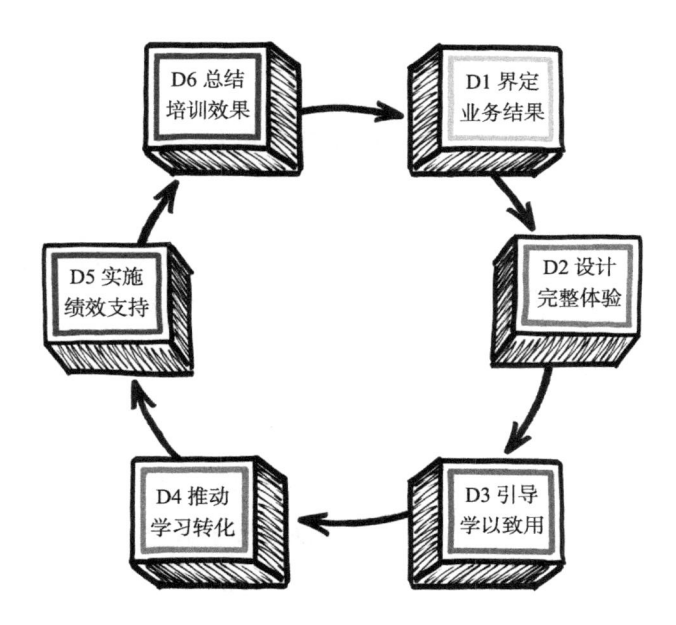

图 C.1　6Ds®法则为持续改善提供支持

最后一点也适用于所有读者。你们在阅读过程中投入了时间和精力，如果你想获得回报，就需要把你从书中学到的知识应用到实际工作中。但是，不要急于求成。"千里之行，始于足下"（老子，公元前 6 世纪）。我们在每章末尾提供了具体的建议供大家参考。

选择一两件你感兴趣的事情作为起点。以哪一项法则为核心，以及相关的执行过程，是由你所在组织的实际情况决定的（见案例 C.1）。你可以边实验，边学习。在这个过程中，你肯定会遇到一些阻力；有阻力，就说明你带来的改变确实很重要。你可以庆祝每一次小小的成功，并且坚持持续改善。最重要的是，坚持学习，享受过程！

案例 C.1　来自同行者的建议

史蒂夫是一家国际技术公司的学习与发展经理。他的主要职责是确保学习和教练项目能够成功转化为商业结果，工作内容涉及学习与发展的各个领域，包括设计、规划、授课和评估各项方法的作用；他们采用过的方法包括行动学习、速成学习、非正式社交学习，以及传统的课堂学习。目前，史蒂夫仍在探索如何将6Ds®法则与工作结合起来。他跟我们分享了他到目前为止的收获。

"每一家企业都是独一无二的，你必须根据自己的文化、类型和机构调整6Ds®法则的应用。我觉得最重要，同时也是最显而易见的经验，就是设计一个项目规划模板，这个模板不仅能协助设计师的工作，还能保持项目条理清晰，让每一位出资人承担自己的责任。"

关于如何推动6Ds®法则在企业中的应用，史蒂夫还提供了如下建议。

第一法则：界定业务结果

- 用一页篇幅总结企业中的问题。
- 使用视觉辅助工具介绍这些问题，加深人们的理解。
- 确保一线经理和高层领导对问题抱有同样的看法。
- 千万不要忽视一线经理！虽然业务领导更清楚他们想要什么，但是真正的工作是由一线经理来执行和管理的（"关于这一点我都能写一本书"）。
- 设计项目前，先评估转化氛围。
- 评估企业能够利用工具（如LMS、电话监督等）为学习项目和学习转化提供多少支持。不了解这一点，项目的可行性就会受到质疑。

尾　声

第二法则：设计完整体验

- 在设计流程中加一线经理的内容，增加他们的责任感。
- 一定要有反馈机制，让出资人也能参与到项目中（如汇报准备阶段调研的结果，召开经理大会等）。
- 向正确的出资人宣传你的项目；选错人的话，项目就会受到影响。
- 安排培训工作坊，让经理掌握提供支持所需的技能。

第三法则：引导学以致用

- 与学员分享培训需求分析的结论。
- 专注于技能应用，而不是学了多少知识。
- 随着时间推移安排一系列活动，大多数项目的时间跨度都在几个月。

第四法则：推动学习转化

- 为经理提供支持体系/技术，管理他们的行动规划。
- 将分散的学习与发展项目整合成一个持续的质量流程。
- 每两周进行一次"实施概要"审查会，邀请出资人参加，向他们介绍下一步需要他们负责的行动。设计一个PPT模板，帮助他们理清工作内容。

第五法则：实施绩效支持

- 利用现有工具和技术支持学员应用学习内容。

第六法则：总结培训效果

- 建立训前基准，以便与训后结果进行比较。

"我们还在不断前行。我们已经收集了一些证据；这些证据表明，我们的项目确实给行为和各项指标带来了影响。公司的领导表示，我们的方法提升了学习与发展部门作为业务伙伴的可靠性。外部的一些业务伙伴也开始大力执行我们的战略，并且表示，这项战略是绩效改善领域最重要的发明。"

回顾过去

自从本书出版以来，我们欣喜地看到，来自世界各地的许多组织都通过应用 6Ds® 法则大大改善了学习项目的效果。我们在《6Ds® 法则实践手册》中一共收录了 43 个成功应用 6Ds® 法则的案例。

案例 C.2 向我们展示了从基础做起的重要意义——从企业面临的挑战着手，使用 6Ds® 法则设计出一个流程解决方案。这些问题是无法通过一个又一个学习活动解决的，因为这些学习活动除了浪费成本，没有任何意义。

看到这么多的成功故事，我们感到非常自豪。但是我们知道，真正的功劳属于那些勇于突破旧有观念、大胆创新的培训专业人员。我们向他们——以及正在阅读本书的你——致敬！

案例 C.2 Securian 财务集团的学习变革

Securian 财务集团是美国最大的个人和公司财务安全服务商之一，主要业务包括保险、退休计划及投资。当克里斯·詹金斯开始担任该集

尾　声 6D

团的培训负责人时，他面临着巨大的挑战。该集团的咨询顾问的保留率连续四年低于行业平均值，培养一名新员工成长为"合格的顾问"至少需要一年的时间。这两大问题使得 Securian 财务集团及其下属机构每年平均浪费了数千万美元的经费。

克里斯和他的同事说服了管理层改变培训目标。他们彻底变革了以往的培训方式，开始认真执行 6Ds® 法则，并且特别强调学习转化的作用（学习—成果流程的第三阶段）。

四年后，詹金斯和他的同事取得了异常卓越的成绩：

- 从"新手"到"合格"的培养周期从原来的 18 个月减少到现在的 90 天。
- 与通过传统的培训方式培训出来的员工的绩效相比，新方法培训出来的顾问的绩效是原来的两倍。
- 第一年的员工保留率提升了 50% 以上。
- 分支机构的培训费用节约了 68%。

这些改变并不是一夜之间实现的。詹金斯说："千万不要以为这是一件容易的事。将旧有的培训方式转变为行为转变和结果导向的学习文化，这意味着在获取信息前先沟通。"令人意外的是，很多阻碍来自管理层，甚至包括部门员工离职率很高的经理。"他们已经习惯了过去的方式……但是他们也期望有所改变。"

为了树立一个标杆，詹金斯和他的同事找到一家面临巨大财务压力的子公司，并说服公司负责人，如果想要改变目前的困境，他就需要尝试去接受新的培训方式。因为这位负责人期待有所改变，所以他最终采纳了詹金斯的建议。现在，这家子公司成了公司的模范。

詹金斯采用的新方式有以下三个关键要素：

- 一个完整的学习体验从新人招聘环节开始，清楚地说明从入职到合格的学习过程，告知新员工期望达到的目标。入职10周后进行严格的检查。
- 建立顾问教练与支持机制。培训部门的人员负责过程的监控、记录，甚至帮助业务部门的经理们安排辅导日程。业务部门的管理者需要担负起学习转化与应用的责任。
- 培训结束后，经过10周的在职辅导，运用设计规范的评估工具，通过严谨的评估过程，确保学员掌握了既定的目标。同时，在行为表现上，新员工必须有能力通过现场演示的方式，与一些高级经理探讨、解释、展示自己的专业能力。

詹金斯介绍："6Ds®法则给我们提供了一套崭新的、更加有效的学习思路和框架。我们取得的成就就是最好的证明。经过这些事情，我认为，如果没有完整、综合地安排学习过程的阶段三，你就不应该启动整个项目。这种新的方式，能够让你的培训更容易、更有效。"

展望未来

我们已经在 6Ds®领域工作了十余年，但是，前方的路仍然很长。我们将继续向同事及客户学习，不断改善这一理论，发现更多新的应用。

尾　声

　　我们诚邀你为这一理论添砖加瓦，分享你的感悟与成功——当然，我们也欢迎你分享失败，这样我们就能共同进步，为正在成功路上拼搏的组织和同事提供更多支持。

　　我们非常期望听到你的建议与反馈。

写在最后

威尔·塔尔海默博士
Work-Learning Research 公司总裁

恭喜你抵达终点!《6Ds®法则》是一部时下热门的经典著作。在读这一版《6Ds®法则》的时候,我一直把自己想象成行走在变革之路上的旅人,虽然沿途充满挑战,但是有《6Ds®法则》为我提供指引。这场旅途就像新兵训练营、拓展训练、自我发现项目和哈佛商学院的管理培训营的混合;我们从中收获了许多工具和启发,成功帮助职场学习项目完成了转型。

罗伊·波洛克、安德鲁·杰斐逊和卡尔霍恩·威克给我们带来了一种可靠的概念结构——6Ds®法则,这为培训转型奠定了基础。我们见证了6Ds®法则在真实的商业环境中的作用。我们掌握了许多经过修改和完善的实用工具。我们领略了行业中最卓越的思想和智慧。我们目睹了一次又一次的失败,疑惑为什么还有那么多人在基本问题上跌倒。这本书为我们提供了一切答案;现在,

写在最后

我们只需要鼓起勇气，坚持做对的事。

我在这里写的内容就像旅途分别时的篝火和致辞，是呼唤大家继续行动的号角。

我已经在学习咨询这一行干了 20 多年。我的工作主要是收集世界各地科学期刊中有关学习、记忆和教学的研究，然后把这些研究带给我的启发应用到我的咨询工作中。波洛克、杰斐逊和威克和我从事的领域有所不同；但是，他们的研究是对科研项目的补充，而且对于他们从事的领域有着重要意义。对于我们这一行来说，必须把研究和实践结合起来，才能充分利用我们投入的巨额成本。

我们这一行——职场学习——正处于转型阶段。这是一个缓慢的过程，缓慢到我们还没意识到它已经开始了。但是，我们仍然能从四个方面感受到行业的基础正在发生改变。

首先，学习科学开始围绕着几个基本的学习因素融合。不管是我的 Decisive Dozen，还是露丝·克拉克的著作纲要，抑或是最近出版的《粘住》，都为这些全新的基础理论提供了有力的研究基础。这些基础理论包括真实工作环境中的实践做法、间隔学习活动，以及为学员设计合适的心理模型提供支持。传统的培训项目一直专注于课程内容，而如今这些与研究挂钩的培训虽然教的内容少了，但学员却能更好地理解、记忆和应用那些最重要的概念。

第二个改变是企业的关注从学习内容转移到了绩效上。其实，这股浪潮至少在 30 年前就已经冒头了，只是最近才被推到了风口浪尖。越来越多的组织开始在这方面做出改变。越来越多的学习部门开始注重绩效。在这股浪潮中，波洛克、杰斐逊和威克是最大的助力者，我想大家在读这本书的时候也注意到了。

第三个改变出现在技术方面，尤其是数字技术的普及，让学员/员工可以选择除了 E-learning 之外更多的学习方式。当学员准备应用新知识时，或者相关的环境因素足够成熟时，我们可以利用这些技术提供支持。绩效支持工具就是其中的一种。其他学习机制包括订阅学习（定期进行的简短互动）、综合游戏化学习（加入游戏元素却不失严肃），以及绩效教练工具等，都可以加强学习生态系统内的联系。这是以前从未发生过的。

第四个改变其实和第一个是同源，这就是心理科学。我把这个方面称为"触发"，虽然我知道研究者会使用更严肃的术语。"触发"的基础在于：人们在更多时候都是被动的，而不是主动的。实际上，如果不加以控制的话，我们的短期记忆会一直受到我们接触到的外部环境的影响。我们来看几个例子。当我们用小盘子吃饭的时候，食量就会减少。这是因为小盘子会让我们以为自己会获得更多的食物。当我们在窄路上开车的时候，会自动放慢速度。当我们购物的时候，商家微妙的向上销售手段会刺激我们的购物欲，让我们不自觉买了许多——商店里的"减价"。海报会导致我们购买一些用不着的东西。

重点在于，我们日常生活中越来越多的部分正在接受外界因素的"触发"。广告、网络新闻弹窗、政党、网站、手机应用——它们都在伺机抢占我们的注意力。当然，"触发"只是一个客观事实而已，不存在好与坏。人类的认知构造就是这样的，而我们就是用这样的构造来实现转变的。在学习领域，我们可以利用"触发"来为学员的学习和应用提供支持。如果能和技术一起使用，"触发"就会发挥最大潜能。

把这四个方面（学习科学、绩效关注、技术联系、"触发"）整合在一起，学习专业人士的效率将会得到大幅提升。我有一个秘诀要告诉大家：你不用再等了。从今天开始，你就能做到飞跃性的改善。使用 6Ds® 法则作为你的元体系。然后在其中加入心理学方面的理论；不过 6Ds® 理论已经包含了不少心理学的知识。最后，让技术把你和学员/员工联系起来，为他们提供学习和绩效支持。

不过，你还是得处理一些比较难缠的问题。职场学习和绩效的未来充满了新的范式；这些范式将挑战以往的心理模型和做事方法。对某些组织来说，这个过程会异常艰难。到处都充满了阻力！

为了最后的成功，你必须让自己和同事养成一种管理变革的态度。关于如何实现变革，可以学习的东西太多了，我们在这里肯定说不完。我只强调几个要点。

第一，招兵买马。实现改变需要时间和毅力。你需要来自意识形态和真实社会两方面的支持。你需要其他人的支持——不仅是为了完成工作，还为了创意，为了通过不断的检查来完善观点和项目。我们在保持自己的决心的时候，最常犯的错误就是忽略他人的重要性。我们真的很需要彼此，尤其是当我们走在漫长的变革道路上时。

第二，不要总想一口吃成胖子。做到完美只是一个幻觉！你只要做好自己的工作，让管理者准备好迎接改变就行了。最好的办法就是"潜移默化"——从日常工作中的小处开始一点一点改变，让大家逐渐意识到哪些内容比较重要。这本书介绍了许多这样的方法。例如，当有人来请你的团队办培训项目的时候，不要忘了问问对方影响培训的其他因素是什么。当人们把课程结束当成学习的终点线时，提醒他们真正的终点线是绩效。传教式的讲述不一定有用，因为它会唤起心理筛选过程，加深人们的抵触情绪。用温和的方式，每次只讲一点，但是千万不要尝试说服对方。这样你就能在工作中完成"潜移默化"了。

总之，你要记住，帮助人们学习和工作是一件非常有意义和有价值的事。我们应该把这一点记在心里。我们当然要为企业做贡献，但是这只是冷冰冰的道理；我们是人，我们需要更多——更多启发、更多坚持、更多合作、更多创新、更多意志——才能实现变革和改善。归根结底，我们既在帮助同行，也在帮助自己。

下一步就看你的了。

反侵权盗版声明

电子工业出版社依法对本作品享有专有出版权。任何未经权利人书面许可，复制、销售或通过信息网络传播本作品的行为；歪曲、篡改、剽窃本作品的行为，均违反《中华人民共和国著作权法》，其行为人应承担相应的民事责任和行政责任，构成犯罪的，将被依法追究刑事责任。

为了维护市场秩序，保护权利人的合法权益，我社将依法查处和打击侵权盗版的单位和个人。欢迎社会各界人士积极举报侵权盗版行为，本社将奖励举报有功人员，并保证举报人的信息不被泄露。

举报电话：（010）88254396；（010）88258888
传　　真：（010）88254397
E-mail：　dbqq@phei.com.cn
通信地址：北京市万寿路 173 信箱
　　　　　电子工业出版社总编办公室
邮　　编：100036